感谢我的父母题写书名

# 穿透

## 理顺业务和组织的22个关键动作

姜力 著

电子工业出版社
Publishing House of Electronics Industry
北京·BEIJING

# 内容简介

本书是作者对自己两次创业、服务各行业近百家优秀企业，以及在湖畔创业研学中心工作等经历的总结。

本书内容主要包括从实操的角度对使命、愿景、价值观、文化等概念的深度解读，对组织、人才、绩效管理等机制的务实思辨。在此基础上，重点探讨战略洞察、战略制定、战略拆解、战略执行各个环节的关键动作及注意事项，以及如何设计持续增长飞轮，最终目的是帮助企业把业务和组织打穿打透，从而拿到结果，支撑企业稳定和高速发展。

本书适合企业的创始团队、中高层管理者、人力资源及组织发展部门的专家阅读。

未经许可，不得以任何方式复制或抄袭本书之部分或全部内容。
版权所有，侵权必究。

图书在版编目（CIP）数据

穿透：理顺业务和组织的22个关键动作 / 姜力著.
北京：电子工业出版社，2025. 3. — ISBN 978-7-121-49624-0

Ⅰ. F272-49

中国国家版本馆CIP数据核字第2025WZ8448号

责任编辑：张彦红　　　文字编辑：李秀梅　　　特约编辑：杨晓好
印　　刷：天津嘉恒印务有限公司
装　　订：天津嘉恒印务有限公司
出版发行：电子工业出版社
　　　　　北京市海淀区万寿路173信箱　　邮编：100036
开　　本：720×1000　1/16　　印张：19　　字数：304千字
版　　次：2025年3月第1版
印　　次：2025年3月第1次印刷
定　　价：69.00元

凡所购买电子工业出版社图书有缺损问题，请向购买书店调换。若书店售缺，请与本社发行部联系，联系及邮购电话：（010）88254888，88258888。
质量投诉请发邮件至zlts@phei.com.cn，盗版侵权举报请发邮件至dbqq@phei.com.cn。
本书咨询联系方式：faq@phei.com.cn。

# PREFACE
# 前　言

这部分主要用来回答两个问题：一是我是谁，为什么要写这本书？二是这本书写给谁，大致讲什么内容，有什么用？

## 1. 我是谁，为什么要写这本书？

对于创业者这个群体而言，我的经历很有意思，也有一定的代表性。

我出生在鲁西南和苏北交界的贫困地区，小时候饿过肚子，后来成为了村里第一个大学生，家里卖了存粮凑齐学费。我从一个偏远乡村的土孩子长到现在，见证了我们国家近四十年的发展历程。我将毕业后的经历分成三段，通过介绍这三段经历，也就回答了我是谁，为什么要写这本书的问题。

**第一段经历：打工，做基础的积累。**

我先后在中德合资的世界500强、头部电商和互联网公司工作过。现在回看一下，那时大部分时间是在支持老板们定战略、做规划、调组织、设计绩效体系、建设企业文化、搭建干部梯队，简单来说，都是围绕战略和组织做事情，因此积累了一些这方面的经验，更重要的是对快速发展的民营企业、互联网公司与成熟的跨国公司之间的差异有了一些源自实践的观察和对比。

**第二段经历：创业，创立两家公司，在实战中学习。**

2016年，30岁的我陷入危机之中，主要有两个原因：一是认识到不创业很难实现阶层跃迁；二是总觉得自己见过这么多、做过这么多，好像有点本事，不创业搞点什么总是不甘心，于是就开启了创业的旅程。所以你看，我一开始并不是因为有特定的使命或者愿景才创业的。

**穿透：理顺业务和组织的22个关键动作**

在服务了近百家优秀企业后，我发现大部分创业者其实都是这么开始的，为了多赚点钱来改善生活，或者想做点事来证明自己，还有一些是自己的兴趣爱好无意间"长"起来的。慢慢地，公司做得越来越大，尤其当团队人数越来越多的时候，有些不一样的东西，比如使命、愿景、价值观也许能逐渐成形，会开始思考"世界因我有何不同"，而不仅仅是为自己。所以，创业的朋友们聚会时经常会感慨，创业更多是被逼出来的，领导力更多是逐步觉醒的，天生就有的毕竟是少数。

**第一次创业做咨询、培训业务，公司叫茅庐学堂。**

这家公司在业内还算小有名气，于2016年成立。我是公司里最能做业务的人之一，和小伙伴们一开始可以说啥业务都做，公司总得想办法先活下去。盘了一圈之后，发现培训、咨询是我们能做且擅长的事情。很快我们发现源自阿里巴巴的三板斧实战工作坊[1]非常受企业客户，尤其受到企业决策层的欢迎。

我对这个产品非常投入，在2017年国庆期间不眠不休地写的一本《三板斧白皮书》，在圈子里得到广泛传播。这里要特别感谢电子工业出版社的张彦红老师，他发现了我们，于是我们进一步写了《阿里三板斧——重新定义干部培养》一书。伴随着这本管理类畅销书的出版，三板斧实战工作坊成为培训、咨询圈子里的现象级产品，我的第一次创业因此还算小有成就。现在回忆起来，那个时候的自己是多么投入，也很开心，通过做自己擅长的事情来不断满足和超出客户的期望，这真是最大的成就和乐趣，也是一种非常好的创业状态。

这段经历也埋下了一个问题——业务确实在高速发展，服务的对象都是各行业的知名企业，客户决策层的满意度很高，复购率也超出预期，但需要处理的问题和面对的场景越来越复杂，经常会觉得自己力不从心，本质上是自己能力不足、修炼不够，还需要多一些创业经历，和更多的优秀创业者充分交流，最好能跟顶级高手学习。所以，一直以来，我总觉得心里空落落的，缺了这一块总是希望有一天能够补上，这是我写这本书的主要动力。

---

[1] 对三板斧实战工作坊的介绍，请参考附录A。

# 前言

**第二次创业做数智营销业务，服务企业客户，加速企业线上业务的增长。**

茅庐学堂一直在运营，发展得还不错。2020年，我和几位做人工智能、数智化营销的朋友看到了更大的机会，一起开启了新的创业，做的是面向企业服务的SaaS（Software as a Service，软件即服务）业务，公司叫索引科技，主要通过数字化、智能化的方法帮助To C企业实现线上业务用户量、营收、利润的提升。当时，这个"赛道"比较火，那几年甚至催生了一个新的职务，叫作CGO（Chief Growth Officer，首席增长官）。

这段经历非常刺激，可以说公司是含着金钥匙出生的，一开始就有大佬青睐，顺利拿到了大笔的美元投资，华为云也给了很大支持，第一个客户就有千万元级的订单，可惜一路艰难地走下来，也验证了国内不好做SaaS的判断。这是市场成熟度和客户交付模式的问题——本来想做高复用的产品，却生生地被拖成做定制化开发的外包服务，这就很难跟投资人交代。更麻烦的是，只有服务大客户才有高价值订单，而大客户的技术部门，本来应该是大客户内部对接我们的合作伙伴，但他们也希望自己能掌握这个能力，于是就成了竞争对手，甚至会问我们要核心代码。服务中等规模客户的话，又发现他们的营销预算往往支撑不起数智化模型的训练。小客户更别提了，根本没有付费能力，更习惯免费使用你的功能，这就非常尴尬了。

以上问题其实还只是表象，根因是这个业务本身高度复杂，人、货、场、机、价的链条非常长，可以做的事情太多了，我们的野心太大了，没有搞清楚自己到底有什么、想要什么、能放弃什么，没有聚焦。另外，我们也发现在头部企业内部运转自洽的技术、产品，背后都有庞大的数据、流量、业务支撑，比如阿里巴巴自己有淘宝、天猫、饿了么、高德等。头部企业拥有足够的数据及业务场景，能"喂养"和训练各种模型、算法，而离开这些支撑，一个初创公司去做这些事情，确实有些"强人所难"。这些事情非常有意思，考虑到数智化营销是To C创业公司必须了解的内容，我索性在后面专门放了一章，这里就不再展开。

**第三段经历：湖畔，深度的学习、总结。**

2020年，我面临着一个选择，一边是湖畔[1]发出了邀请（湖畔是全国知名的面向创业者的学堂），另一边是继续创业做索引科技。我选择了后者，创业确实很容易让人"上头"。

索引科技的业务和组织经历了多次调整，目前依然在运营，团队规模小了很多，由合伙人在打理。这是一段刻骨铭心的经历，大悲大喜，非常爽快，虽然目前看没什么大的成就，但要么得到，要么学到，我们确实成长了很多。所以说，创业会让你有丰富的人生经历，生命的密度和体验要远超一般人。有机会、有能力的朋友，在不影响家庭、身体健康的前提下，建议能尝试的还是要尝试一下。

幸运的是，湖畔又发出了邀请。2022年我加入湖畔，深度学习了湖畔多年来积累的内容，与全国知名的创业者们有了对话和交流的机会。现在回头去看，我的第一段经历是在做基础的积累，第二段经历是两次创业，服务各行业优秀的企业，在具体的业务场景中解决战略共识、战略落地、组织、文化、干部培养、业务增长等具体问题。我在第二段经历里获得了质的提升，但思考的深度、广度还不够，而且有点疲于奔命。如果我两次创业的时候每服务一家企业都算一场战斗的话，那第三段在湖畔的经历可以称得上是"百战归来再读书"，能够安下心来总结和学习，开始思考"我因世界有何不同"，开始真的向内看，确实再一次获得了质的提升。为此，我发自内心地感谢湖畔。

上面所有这些加起来，是我写这本书的主要能力，不见得真的够用，我会尽我所能，毕竟不写下来、不做整理的话，也就不会真的知道自己到底学到了什么，学到了什么程度。这是我检阅自己的一个过程，希望对你能有一点价值。

---

[1] 浙江湖畔创业研学中心（本书中简称湖畔）成立于2015年，旨在"发现并训练具有企业家精神的创业者"，面向创业者学员提供企业家交流及企业经营管理类培训、咨询服务。

## 2. 这本书写给谁，大致讲什么内容，有什么用？

这本书适合企业的创始团队、中高层管理者、人力资源及组织发展部门的专家阅读，内容包括对使命、愿景、价值观、组织、人才、绩效管理等核心要素的深度解读。在此基础上，结合丰富的实战案例，重点探讨战略洞察、战略制定、战略拆解、战略执行各个环节的关键动作及注意事项，以及如何设计持续增长的飞轮，最终目的是帮助企业把业务和组织打穿打透，从而拿到结果，支撑企业稳定和高速发展。如果这些事情处理不好，在企业日常经营管理中，就会遭遇各种各样的问题，导致效率低下。随便举几个例子，看看有几个发生在你身边。

- 相互错位：老板觉得下属执行不力，下属反过来说老板没有战略。
- 疲劳作业：老板和高管劳心劳力，啥事都是"一号工程"才推得动。
- 路径摇摆：真推进工作时总是有各种争论，甚至演变成派系斗争。
- 讨价还价：无论搞KPI还是OKR，目标都没被真正地理解和接纳。
- 回避沟通：上级不会训练下属，互相回避冲突，缺少有效的对话。
- 队伍板结：内部培养不出人才，外招活不下来，轮岗更无从下手。
- 无人负责：出了问题都有理由，所有人都有借口，或者沉默不语。
- 社会难题：越成功就越保守，有点权力就"官僚"，一有机会就贪腐。

还有很多，上面这几个只是明面上最常遇到的而已，但这些都是现象层的东西，是表征，不是病因，直接瞄着这些问题去，有的时候运气好能有效果，但无法从根本上解决，问题还会反复出现。

这本书尝试给出的是一套指向根因和系统解的经验和实操方法，不是高深的理论，都是实践中的积累，背后是我在近百家优秀企业的交付经验与交流所得，以及在湖畔的学习、对照、总结。

本书内容大致可以分成三个部分，逻辑结构如图1所示。

**穿透：理顺业务和组织的22个关键动作**

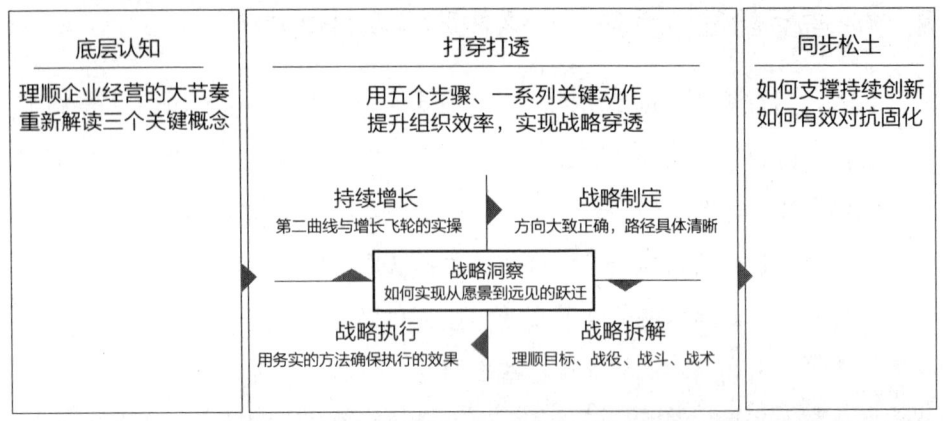

图1 本书的基本框架

这里需要说明一下"愿景"和"远见"的差异。图1的中心位置写了"战略洞察：如何实现从愿景到远见的跃迁"。阿里巴巴原"参谋长"曾鸣在他《看十年：智能商业大爆发》的演讲[1]中提到，"愿景"这个词翻译自英文Vision，严格来说应当翻译成"远见"，其实就是"看十年"。这个说法解决了我一直以来纠结的一个问题，那就是在谈愿景的时候，最容易掉进的"坑"就是这个"愿"字——大部分企业的愿景，主要讲的是自己公司多少年以后会有多大，是自己的"愿"，而不是因为对内外部环境、客户、趋势有深刻的洞察，然后在此基础上看得足够"远"。这个差异极其微妙和重要，可以说这就是企业经营中最大的因和果。更具体的内容，参考第6章。

我一直在琢磨，图1如何才能被更形象地解释和说明，直到2023年年底我跟一位企业家聊天，发现这位大叔练了二十年的传统武术，还是一个半拉子中医，而我大学时出于兴趣练习了三年散打，也是一个有段位的业余运动员，后面也接触过一些传统武术。于是，我们一上头就去武馆切磋。我上来就猛攻，没有起势，也没有收势，虽然拳怕少壮，但毕竟缺乏实战经验、疏于练习，输

---

[1] 具体可查阅公众号"曾鸣书院"2023年10月18日发布的《看十年：智能商业大爆发》文章。

得一塌糊涂。后面复盘的时候，大叔就告诉我传统武术里的起势、收势，以及我输在哪里，这很适合用来解读上面这个图。

**什么叫起势？**

你得站稳了，调整好气息，做到意念合一、含胸拔背、气沉丹田、目光如炬，其实是高度放松。

对照图1就是底层认知，比如你要明白战略不是莫名其妙、突然迸发的灵感，得先理顺一年十二个月的大节奏，什么时候坚决执行，什么时候总结复盘，什么时候由谁、怎么寻找新的闪光点和机会，什么时候组织创始人和核心高层、业务骨干之间的交流对话，什么时候开战略会、怎么开，什么时候把战略意图、策略拆解到具体的战役和考核指标，这是一个过程。这些还只是业务线，与之配套的还有组织与人才线，市场与品牌线等，这么多条线纠缠在一起，理不顺的话一定会疲于奔命，活该被累死。

你还得明白到底什么叫企业文化，为什么说文化是一种选择，是你要去选择相信和证明的东西，而不是你的管理手段。你还要知道管理工作的泥潭是价值观，之所以如此艰难是因为价值观本身有两种：一种是管理学层面的价值观，另一种是心理学层面的价值观。

这都类似于武术里的起势，就是底层认知先要到位。

**起势准备好，接下来就是实打实短兵相接的格斗了，即打穿打透。**

真到实战的时候，花架子用处不大，大叔放倒我用的只是最简单干脆的几个动作而已。原来传统武术分两种：一种以修身养性为主，这种比较常见，其实很像体操；另一种不太常见，其实就是战场上真正的杀人技，放在现代竞技体育里基本上都是违规动作。

这些对应的就是五个步骤、一系列关键动作，借此把业务和组织打穿打透，获得高速且持续的增长。这部分主要是对经验、理论的解读，有很多案例和实操方法，不要太花哨，不要绕来绕去，"讲人话"才有生命力，要抓重点，打赢才是硬道理，要反复训练成肌肉记忆。这部分内容非常多，而且都得

### 穿透：理顺业务和组织的22个关键动作

结合具体案例、场景展开介绍，这里就不多举例子了，只重点强调两件事。

第一，业务和组织、人才必须适配，而调整组织的核心在于调整决策链路，尤其是决策权。

如果你对业务做了调整，那么同时必须看一下要不要对组织做必要的调整，这个道理相对好理解。再往深层去，就是关键事项的决策链路，尤其是核心决策权的调整，要设计合适的机制让真正接近和理解市场和客户的人、真正有能力的人拥有相应的权、责、利，如果只调整组织架构，那将是麻烦的开始。比如，你之前以低客单价的产品为主，主要靠电话销售出单，电话销售员工之间也没啥区别，现在你想做高客单价的产品，发现其销售动作更复杂，对人的要求也更高，这时你大概率要调整组织，需要专门的、高级别的销售负责这个事情，谁带队、利益怎么分、遇到关键事项时的决策流程、谁有关键决策权，等等，这些才是组织调整的全貌，而不是大手一挥把组织架构改一下就完事了。具体请参考7.6节，里面还有一个非常精彩的案例。

第二，要特别小心第二曲线与增长飞轮。

这两个词看着都是很热门或者高级的东西，我一度也很迷这些概念，真正实操后发现，核心是对客户细分、客户价值差异、组织能力差异三个坐标维度的判断，这三个维度至少要踩对一个才行，否则盲目拓展很容易搞砸。进一步，大多数公司不是做不好第二曲线或者增长飞轮，而是第一曲线还没真正做到极致的时候就仓促分资源去搞别的，结果往往是第二曲线没啥结果，还连累第一曲线也分崩离析、丧失竞争力，这种惨痛的教训有点多了，但你也不能怪别人误导你，毕竟业务和团队是你自己的，选择是你自己做的，是你自己起心动念，结果自然由你来背。具体请参考第10章。

### 那么什么叫收势呢？

噼里啪啦一顿打完，你总得拉伸一下吧？否则时间长了，运动过程中身体产生的乳酸堆积反而会使肌肉僵硬，那时就不好实现放松的状态了，不够放松就无法施展全力，拖太久还会导致各种疾病。

# 前言

按照图1中的五个步骤、一系列关键动作走完，顺利的话能够实现远见、策略、目标、组织、人才、资源等各方面的适配，能够找到热刀子切蜡的感觉，业务会跑得很快，感觉确实很爽。但要小心，这也会产生一些副作用，那就是在高度的资源、注意力聚焦之下，加上业务的成功，大家会越来越习惯依赖或者顺从一些模式，比如关键的判断越来越依赖某个人，视野和思考会过于集中在既有的领域，这就有可能会阻碍创新，时间长了就出现"一言堂"。进一步，业务越成功，越是容易出人才的时候，华为的说法就是"人才是一窝一窝出的"，这非常有道理。这时候要多安排一些好苗子去学习，也要考虑在不影响业务的前提下，适时、适当地让一些优秀的人带新的业务，尽可能多地发挥优秀人才的力量，多给他们创造成长的机会。这些事情如果不尽早考虑，时间长了，就会出现"阶层固化"。

"一言堂"叠加"阶层固化"，这两个东西在不知不觉中会像乳酸一样堆积，最后带来整个公司的老化，官僚习气、山头主义都有可能会出现，导致组织从青春焕发走向老态龙钟。等到问题严重了再去解决，那就需要付出很大代价的组织变革类项目了，尽量不要拖到那个时候，尽量治未病。最简单的办法就是，要像运动后的习惯性拉伸一样，并且要有一些激励创新的方法，打破固化的机制，这样才可以融入日常工作中，润物细无声地处理掉问题。

经常看到一些企业洋洋洒洒地制定了几千字的创新激励办法，鼓励员工提交想法，搞评审，发奖金，这样的操作大部分没什么结果，原因很简单，这个过程本身就有一点审批甚至官僚的味道，和创新有点背离。创新需要的是资源的支持和氛围的打造，而不是审批，这是一个机制设计的问题，有一些成熟的方法可以参考。另外，要注意不是所有企业、所有业务、所有层级都有必要鼓励创新，有的时候稳一点才是好的。至于打破固化、推动人才流动和发展，很多公司会搞人才梯队项目，这如果没有真正的高手操作的话往往会流于形式，那么有没有更简单的办法？这也是我们在这部分要讨论的。进一步，阿里巴巴、华为都提倡的轮岗，确实是一个非常好的方法，但可惜的是轮岗本身是一个企业、一个组织高度成熟和优秀的表现，换句话说，你的企业和组织要优秀到一定程度才有可能把轮岗做好，否则仓促搞轮岗往往还会把自己搞死，就好像明明是在做拉伸，结果还把自己整脱臼了，这就得不偿失了。

以上是对这本书内容的大致介绍。整体而言，这本书侧重业务、组织的深层逻辑和实践经验，是我这些年学习、实践的总结，纰漏、肤浅之处在所难免，仅供参考，希望能与你一起找到把业务和组织打穿打透的感觉，期待能对你有一定价值，同时祝我们越来越好！

# 目录 ▶ CONTENTS

**序章　保持思辨　/ 001**

0.1　盲目照搬的惨痛教训　/ 001

0.2　学先进的三个关键点　/ 005

0.3　我们可以做得更好，我们必须做得更好　/ 008

# 第一部分　底层认知

**第1章　秩序底座：理顺企业经营大节奏　/ 013**

1.1　看十年、想三年、干一年　/ 014

1.2　一年12个月的基本节奏　/ 017

**第2章　关键概念：文化的三个核心问题　/ 025**

2.1　文化真的可以决定企业的成败吗　/ 026

2.2　文化到底是什么，怎么算做到了　/ 028

2.3　文化的核心抓手是什么，要注意什么　/ 029

## 第3章　关键概念：价值观与管理的泥潭　/ 040

3.1　什么是管理工作的泥潭　/ 040

3.2　为什么是价值观的问题　/ 042

3.3　怎样用考核影响价值观　/ 044

3.4　学会分清楚两种价值观　/ 047

3.5　领导力与管理权的分界　/ 051

## 第4章　关键概念：使命的稀缺性及作用　/ 055

4.1　从七个案例聊起　/ 056

4.2　使命是什么，有什么用　/ 064

4.3　创始人、CEO的责任　/ 070

# 第二部分　打穿打透

## 第5章　写在前面：方法论的对比与本部分结构　/ 073

5.1　气质上差异明显　/ 073

5.2　内核上高度类似　/ 076

5.3　本部分内容结构　/ 080

## 第6章　战略洞察：看十年，如何实现从愿景到远见的跃迁　/ 082

6.1　从愿景到远见的三层困难　/ 083

6.2　关键动作：思考远见是手艺活　/ 086

6.3　关键动作：避开三类关键风险　/ 113

6.4　To C创业必修：理解数智化营销　/ 123

# 目录

## 第7章 战略制定：想三年，方向大致正确，路径具体清晰 / 137

- 7.1 怎样才算有战略 / 137
- 7.2 关键动作：基于远见设定战略目标 / 143
- 7.3 关键动作：客户及客户价值的细分 / 146
- 7.4 关键动作：从所有可能性中找策略 / 154
- 7.5 关键动作：七个缸四个盖和九宫格 / 163
- 7.6 关键动作：战略与组织的同步调整 / 172
- 7.7 关键动作：怎么筹备和组织战略会 / 187

## 第8章 战略拆解：干一年，理顺目标、战役、战斗、战术 / 199

- 8.1 拆战略不是拆数字 / 200
- 8.2 关键动作：三种设定年度业务目标的方法 / 206
- 8.3 关键动作：理顺战役、战斗、战术的关系 / 211
- 8.4 关键动作：纵向沟通和横向"通混晒"的过程 / 215
- 8.5 关键动作：找软柿子打好开局 / 219

## 第9章 战略执行：干一年，用务实的方法确保执行的效果 / 221

- 9.1 持续对抗懒惰和冷漠 / 221
- 9.2 关键动作：要盯住三类仪表盘 / 223
- 9.3 关键动作：两招实现穿透管理 / 227
- 9.4 关键动作：三拳拆掉部门隔阂 / 230
- 9.5 关键动作：一句做到有效沟通 / 232

## 第10章 持续增长：第二曲线与增长飞轮的实操 / 237

- 10.1 大企业的增长飞轮，仅供参考 / 237
- 10.2 关键动作：从三个要素中找支点 / 239

XV

10.3　五年增长十倍的实操案例　/ 242

10.4　傲慢与焦虑是战略的敌人　/ 261

# 第三部分　同步松土

### 第11章　持续创新：如何培育和激发创新的土壤　/ 267

11.1　关键动作：融入日常工作　/ 267

11.2　关键动作：留出足够资源　/ 268

### 第12章　人才辈出：三个动作破解板结固化难题　/ 270

12.1　关键动作：隔代带班　/ 271

12.2　关键动作：岗位分类　/ 272

12.3　关键动作：轮岗大招　/ 276

附录A　三板斧实战工作坊简介　/ 281

后记　/ 288

# 序章

# 保持思辨

开篇单独放一个序章，就最基本的思辨能力跟大家做一个交流。

我见过太多"血淋淋"的案例，事后归因的时候，基本都绕不开这个问题——保持思辨是创业者、管理者能力的底线，不能轻易迷信权威、人云亦云，包括这本书里的内容也都是供读者参考的，切不可生搬硬套。

## 0.1 盲目照搬的惨痛教训

先来看一个真实发生的案例，故事的主角是消费品行业内的知名企业，至今也有小十年历史了，股票市值一度非常惊人，此后跌到谷底。在某次交流的时候，创始人分享的主题叫作《从愚昧之巅到绝望之谷》，取自1999年康奈尔大学心理学家邓宁和克鲁格的一个著名心理学实验，对应的论文是《初学者的过度自信：学一点是一件危险的事吗？》[1]，其中有一张图可能很多人见过，如图0-1所示。

---

[1] 英文原名"Overconfidence among beginners: Is a little learning a dangerous thing?"，2017年发表在《个性与社会心理学杂志》上，该杂志是美国心理学会主办的心理学专业期刊。

## 穿透：理顺业务和组织的22个关键动作

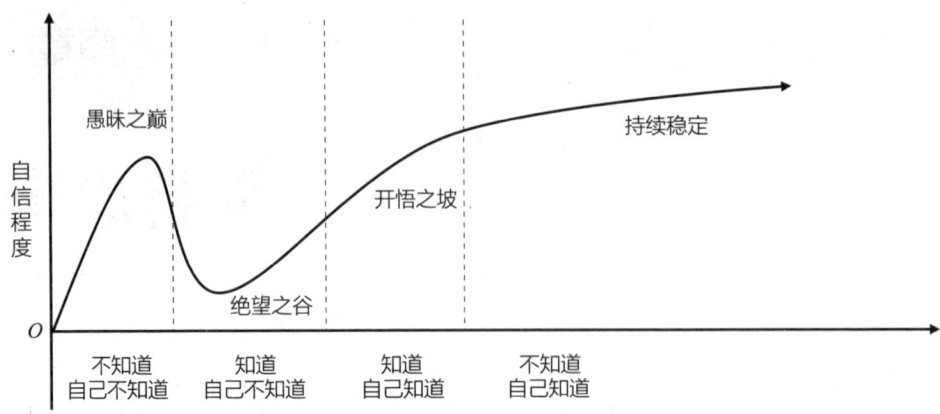

邓宁和克鲁格的这项研究，主要想找到学习与学习者自信程度之间的关系。
论文深度研究了股市交易员、医生等职业案例，试图找到其中的规律。
论文的内容里，以此图流传范围最广。

图 0-1 邓宁-克鲁格效应

整个交流过程是相当刺激的，有太多值得总结的地方，其中有这么一个"坑"，相对好理解，且不涉及太多数据隐私，单独拿出来供大家讨论，那就是出自阿里巴巴（以下简称阿里）的一个管理上的惯例，念起来像顺口溜一样："老人做新事，新人做老事"。

如果你跟阿里在职的、离开的组织方面专家、人力资源专家交流，会发现这句话经常会蹦出来，这是阿里的管理理念、用人理念。阿里的很多高层管理者确实也这样说过，这方面的成功案例也确实很多，几乎可以说，这句话在阿里就像教科书上的公理一样，非常自然。

这些年向阿里学习的企业众多，包括案例中的这家企业的创始人，他自然也就这么做了。用他自己的话讲，学阿里确实学到了很多能够救命的东西，但也有一些"坑"，比如这句"老人做新事，新人做老事"。在这些年服务企业客户的过程中，我发现这个"坑"里不止他一个人。

背后的故事是，这家企业是以相对中低端的产品、大众品牌起家的，后来有了一定资本，在业务上开始开发新的条线，多价格带、多品类，做了一个漂亮的"九宫格"产品、品牌矩阵，想要往高端走，为此收购了一些知名品牌，算得上是行业奢侈品那种。有了新的业务后，在组织和人才上，自然而然地就让老人负责了新的业务线，付出了惨痛的代价。

为什么会这样呢？创始人自己的分析是，其实老人都带着过往成功的经验。在这些经验的背后，是过去中低端产品、大众品牌的成功，当去打其他品类或者行业奢侈品的时候，老人的思维模式固化在过往的成功经验里，那就麻烦了，毕竟偏高端、类似奢侈品的打法和逻辑，对比老人擅长的中低端产品，自然是不一样的。从产品的调性，到品牌的营销语言、市场的推广动作，到落地的文案、定价、促销手段，再到与客户的关系维护，以及背后配套的运营团队的选、育、用、留，都是不一样的——你能想象运营百元价格带服装的管理者和团队直接去运营路易威登甚至爱马仕吗？

那阿里这么做为什么没事？这就得做最基本的思考、判断了。创业者、管理者要具备这方面最基本的能力，如果这一关都过不了，注定只能人云亦云，运气好还行，运气稍差一点，基本上就万劫不复。

案例中的创始人总结的是，阿里这样的平台性质的互联网公司，不断地有新的业务出来，当老人去做新业务的时候，新老业务之间很可能没什么可比性，这就逼着老人得放空自己，不能也不会带着过往的经验去做新的东西——应当说这一点极其重要。《基业长青》[1]里专门提到过，优秀是卓越的最大敌人，这也是人性。如果没有经过特别训练或者没有环境要求，人确实更习惯沿用过往的成功经验，毕竟每次吃饭的时候，如果还要重新思考怎么用筷子那就麻烦大了。

但这个话题如果就到这里，并不算结束，真正的问题是，如果用一个老人做新业务，那么看重的到底是什么？背后的思考逻辑又是什么？

我的看法是，这里至少有如下三点。

---

1 《基业长青》是美国管理学家吉姆·柯林斯、杰里·波勒斯创作的管理类著作，原版于1994年首次出版发行。

**第一，日久见人心。**

创业过的人都知道，选对人太重要了，尤其是选核心业务的负责人。

越是高层岗位的人员选择，越要多看人的特质、品质，其次才是专业能力。与之对应的是，毕竟老人待得时间长了，我可以更准确地判断他的特质、品质：思考深度够不够？思考速度快不快？是不是对结果高度负责？是擅长攻还是守？是喜欢稳扎稳打还是擅长出奇制胜？是耐得住性子还是急性子？是看重名还是看重利？他对自己的要求、规划是怎样的？最重要的是，要看他的忠诚度怎么样，价值观怎么样，人品怎么样，如果这方面出问题，那么所有的努力都会毁于一旦。

对于新人来说，识别这些问题的风险一般会更高。当你没得选的时候，或者指望这个新人带来什么不一样的东西的时候，另当别论。

**第二，方便沟通协调，最大化效率。**

老人毕竟人头熟，可以很方便地上下左右沟通对接，面对各方的时候相对也更放得开，公司甚至可以围着老人快速集结一支彼此熟悉的队伍，作战效率大增。

新人在这方面的劣势比较明显，极少有天生领袖或者跟谁都自来熟的人才。把新人放在老的事情上，反倒能够比较方便地帮助他补上这方面的缺失，这也是对新人的保护和训练。

**第三，借事修人，多给老人机会和上升空间，有助于激活组织。**

有一个基本的理念，就是一个人在一个岗位上做的时间久了，难免会倦怠、有瓶颈，失去新鲜感和创造力，立功的机会变少，上升空间也会受限。但这并不绝对，有些岗位就适合经年累月地钻研。

当有了新的战场时，把合适的老人放过去，是很好的历练机会。有时为了训练一个真正核心的人才，比如某块业务的接班人，甚至需要刻意地创造场景把他反复"淬火"，反复地磨炼其能力与心性，可谓用心良苦。与此同时，也可以让老人们看到机会，而不是感觉自己被忽视，然后聚在一起吐槽"只见新人笑,不见旧人哭"。再者,这也是发展人才队伍的一般路径,伴随着业务的扩大、组织的发展,老人要不断往上、往外走,新人要不断地进,整个队伍持续地优化迭代,才能保持战斗力。

这里必须提一下向阿里、华为等大厂学习必然会遇到的轮岗机制,这和老人做新事有一定联系,也是阿里、华为的管理惯例。但是轮岗机制可以说是所有向阿里、华为学习的东西里难度最高的,在这方面,阿里当年学的通用,华为当年学的IBM,都是循序渐进地准备了几年才真正实现了落地,其间也遇到了很多问题。创业者如果不经过深度思考和准备,直接照搬套用,弄不好就不是"天坑"这么简单,很可能把自己搞死。我在后续章节还会专门介绍这块内容。

## 0.2 学先进的三个关键点

这些年,我在自己创业及服务企业的过程中,也曾经把各种先进企业的经验、案例挂在嘴边,实践的多了、栽的跟头多了,就逐渐形成了这么几个习惯,供大家参考。

**第一,永远不要迷信权威**。

所有理论、成功经验都有边界,从BAT(百度、阿里、腾讯)的风光无限,到现在各有各的苦,永远没有什么可以不管不顾地直接拿来用的东西,包括本书里写的任何内容,一定是只能作为参考的。你要自己做决定,并为结果负责,因为你是创业者、管理者。

**第二,随时保持深度思考**。

至少,习惯性地多看看背景信息,分析一下有几方在里面、各自的关系是怎样的,多问几个为什么吧。

在碎片化时代,短视频、自媒体泛滥,太多杂乱乃至愚蠢的信息干扰着很多人,能提出好问题,以及系统和深度地思考,对于普通人而言或许没那么重要,但对创业者、管理者而言,这是基本功。毕竟能力要求有云泥之别,责任和愿望也无法相提并论。

举一个例子，经常看到一些很火的"专家"，随口举的都是顶级企业的闪光案例，比如奈飞在招聘时不和面试者讨论薪酬，直接提供世界范围内最顶尖的薪酬，甚至鼓励员工在职期间出去面试来搞清楚自己值多少钱。这些"专家"讲课的时候，其实是在演讲，他们会在台上质问："你能有这样的胸怀和魄力吗？不能，所以你招不到最优秀的人才。"以此来"打压"台下听讲的成百上千位学员，其中不乏创业者、管理者，无非企业大小不同而已，然而这些"专家"却不同时分析清楚为什么奈飞可以这样做，是从什么时候开始这样做的，之前是怎样的，是对所有员工都这样吗，到底带来了哪些好处，又有谁学了之后真正用得好，到底是用得好的多还是把自己坑了的多。这些都没有，要特别警惕这类"专家"和内容。

**第三，理清楚目标、对象和时空。**

作为创业者、管理者，你想要解决什么问题，这是具体目标，要有针对性地去寻找，否则在海量信息面前迷失是很正常的事情，参考图0-2。

当你知道了自己想要解决什么问题时，要找尽可能匹配、关联的企业或者场景去对标和学习。一般而言，这样出错的概率会小很多。注意更重要的是场景，而不是行业，甚至很多时候跨行业、相近场景的学习会有意想不到的收获。比如石家庄有一家针对老年人做保健品的企业，主要在各地的电视台投放电视广告。现在年轻人看电视越来越少，主要是老人在看电视，那么老人看到它投放的广告之后会打热线电话进来，为此这家公司有千人规模的电话客服/商务团队。为了更好地提高接待、转化的质量与效率，它需要一个先进的人工智能辅助系统。这家公司到处学习、招募人才，自己研发了一套这样的系统。这套系统不仅能做到随时向电话客服提供具体的话术建议，还能随时提醒、警告有些违规的事情是不能做的，比如保健品是不能承诺疗效的。那么在对话的过程中，电话客服如果有这方面的违规，就会立即被识别和记录并加以警告，上级可以立即看到和选择是否介入。另外，这家公司的价值观是很正的，它不希

序章 保持思辨

望老年消费者一次购买太多保健品，而是根据老人家里需要保健品的人数与合适的疗程数提供具体建议，也直接规定了客单价的上限。如果超出了被许可的购买量，系统也会提示和禁止。这套系统还打通了数据统计的流程，随时可以导出各种报表，为业务和管理决策提供依据。可以说这套系统在电话销售场景里是相当领先的，目前来看纯人工智能还不能完全替代人工。那么如果你有类似的业务场景，就可以设法向他们学习，即便跨行业，也很值得借鉴。

当你明确知道想要解决什么问题，对应的场景是什么样的，也找到了对标学习的对象时，记得看清楚你和对方各自的发展阶段。你学习华为也好，学习阿里也好，有很多人家运行得看着很好的东西，是因为一路走来，他们的体量、利润、人才储备支撑得起来，你要多看看他们最初是怎么做的。

举个例子，也是留一个问题供大家思考，后面对应章节还会再讨论。那就是，如果你想要在你的企业里推行绩效考核管理，如KPI、OKR或者别的方式，以及价值观方面的考核，请问你要准备多久？在什么阶段做这件事情？进一步地，你的企业里的人，一般分高、中、基层管理者和员工，那么问题来了，你是同时在这几层里推行绩效考核，还是先向中高层管理者推行？还是先考核员工？如果是价值观方面的考核呢？只有深度地思考、交流，才能理解这些细节，而这些细节才是落地的关键。

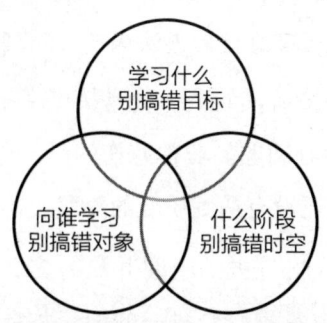

学习什么：你想要解决什么问题，这是你的具体目标，要有针对性地去寻找；
向谁学习：找尽可能匹配、关联的企业或场景对标，注意更重要的是场景；
什么阶段：看清你和对方各自的发展阶段，很多好东西底下的支撑是否到位。

图 0-2　寻找对标学习对象的三个注意事项

## 0.3 我们可以做得更好,我们必须做得更好

我们作为创业者、管理者,当然要不断地学习和进步,江山代有才人出。有一天,我们也会成为被学习的对象。那么中国能出引领世界的创新型企业家吗?在被问到上述问题的时候,马斯克的回复如下,有能力的读者推荐上网寻找原视频。

主持人:

中国能出现埃隆·马斯克吗?答案是否定的,这是李开复说的,他是谷歌大中华区前总裁,他说这是因为中国的教育系统过于强调书面学习。

马斯克:

事实上很明显,有一些非常成功的企业家在中国,例如马云、马化腾,所以我不完全同意这个观点。

但是,通常来说,创新来自于对过去传统方式的质疑,如果在一个教育系统中,你被教导不要这样做,这会抑制企业家精神。

主持人:

要能够质疑你被教导的东西。

马斯克:

是的。比如说,要问"还有更好的办法吗?",要能够提出问题。

可以看到,马斯克的情商确实很高,先是捧了一下我们的企业家,然后更加形象地指出了他眼中的核心问题。非常悲伤的是,他指出的教育系统方面的问题,我们在改进,但收效还没有达到质变的阶段,还需要时间。

我们的国家,百年屈辱史过去的时间并没有多久,老一代革命者抗美援朝打出的国际尊严还在庇佑着我们。我们的国家如此大,我们的社会如此复杂,我们的人民能够吃饱饭、全部脱离贫困,也是最近这些年的事情。我们这二三十年的发展速度如此快,也为此付出了各种代价,包括教育方面的问题。过去的教育是为了适配过去的经济发展模式的需要。我清楚地记得,在

## 序章　保持思辨

很长一段时间里，经济和历史老师教授的内容是，在二战后国际化的大背景下，世界各国被分类成原料国、生产国、消费国。现在回头去想，那时居然没觉得有任何问题，没有哪个老师告诉过我们这是不公平的，也没有哪个同学质疑过为什么要这样。

这二三十年我们看到了经济的变化、社会的变化，尤其看到了时代大背景下几代人的变迁，这是从"衬衣换飞机"的时代，到航母、055型万吨驱逐舰"下饺子"的时代，也是东西方对抗和全球秩序再造的时代。我在工作之余兼任了几所高校的客座老师，发现孩子们确实变得不一样了，真的开始自信了，敢于举手发言了，敢于讨论了，以学习为乐趣了；我也看到一些学校、专业的孩子们，眼睛里依然没有光，更麻烦的是老师、教材也跟世界大大脱节；哪些是多数？哪些是少数？我不知道，样本数量还不够，但我知道大部分家长被房子、就业等压力紧紧禁锢着，传导给孩子的压力可想而知。另外，你想在学校里培养学生的创造力、创新精神，老师能否接得住？会不会觉得烦？学生惹事了会不会给老师添麻烦？学校的评比会不会受影响？更麻烦的是，孩子们求知、好动、爱折腾，如果影响了升学，或者出了什么事，家长们能不能接受？愿不愿意？2023年，关于"课间十分钟"的讨论非常热闹，一些小学对课间进行严格管制，不允许蹦跳，不允许大声讲话，不允许快步行走，有些小学干脆要求学生除了上厕所不能离开教室。在严苛的管理下，许多荒诞的现象正在发生，小朋友们只好进行"厕所社交"，这些事情再扩展下，你会看到一个这么多年了依然广泛存在的现象，那就是高考前后，高中生们会疯狂地撕掉、扔掉陪伴了自己几年的书，这说明了什么？如图0-3所示。

> 高考前后,高中生们普遍存在撕书、扔书的行为,主要原因是承受了几年的压力之后,需要一个发泄口。也有另一类场景,文理分科后,后面用不上的书也会被撕掉、扔掉。

图0-3　某高中高考前后高中生撕书的场面

我们作为创业者、管理者,唯有对自己提要求,唯有从我们这代人开始改变,直到下一代人,直到学校的管理者、老师队伍完成更替,直到家长们的理念和生存环境也完成更替。这不仅需要时间,更需要国家的发展能够保持稳定和安全。这是我们这代人的责任和使命,尤其是创业者、管理者的责任。

我们可以做得更好,我们必须做得更好。

# 01 第一部分
## 底层认知

**穿透：理顺业务和组织的22个关键动作**

有一些极其重要的认知要先理清楚，涉及企业的经营节奏，以及文化、价值观、使命这三个关键概念。本部分有大量鲜活的案例，很多内容可能和你在别处看到的不太一样。

# 第1章

# 秩序底座：
# 理顺企业经营大节奏

很多年前，我在企业里支持老板们做战略的时候，就接触了华为专家带来的BLM[1]方法论。那个时候，并没有真正理解为什么华为的专家们在打开PPT后，首先讲的是一年里每个月要做哪些事情。其实是自己不明白其中的深意，所以也没有真的在意。后来自己在创业经营公司、管理团队的时候才深刻意识到，当团队很小、业务还处于探索期的时候，你可以灵活地安排时间和工作，跟着感觉走，不断试错、找方向。一旦业务和组织有了一定规模，如果没有一个基本的经营节奏，那么忙忙碌碌、疲于奔命、四处"救火"就成了常态，基本节奏乱了，就很难保证战略的质量和结果。就像人的生物钟一样，该吃饭的时候吃饭，该睡觉的时候睡觉。

这部分内容从流传很广的"看十年、想三年、干一年"展开讲，**这就是战略制定和落地的过程**，然后放到一年12个月里，看怎么把这个过程分解到具体的日常工作中，理顺企业经营的大节奏，从而支撑战略制定和落地的过程，其中有一些实践经验供大家参考。

注意，本章内容会比较枯燥，如果你感觉读不下去，其实很正常。大家都

---

[1] BLM（Business Leadership Model，业务领导力模型），源自IBM，2007年华为将其引入。

喜欢看刺激的案例、听跌宕起伏的故事，这些在第二部分会有很多，但是企业的经营确实乏味且烦琐，很多线头都得理顺，理顺了才有好的效率和结果，才能实现从远见到落地的穿透，这是一个过程。没有经营过企业的读者可能没有感觉，等有需要的时候再回来看这一章也可以。

## 1.1 看十年、想三年、干一年

在正常情况下，企业每年都要在合适的时候组织合适的人一起展开"看十年、想三年、干一年"的思考，这就是战略洞察、制定和落地的过程，是一个不断滚动调整、螺旋上升的过程，不是静态的。不是说某一年做了看十年的思考和判断，后面十年就拒绝再去看或者调整，而是每年都要看有什么被验证、有什么变化、之前的判断有哪些要调整、哪些要坚持。这件事情一般由战略部、总经办、商业分析、人力资源、组织发展等部门或者职能牵头，本书统称为战略及组织部门，本身战略和组织也是一体两面的事情。

参考阿里原"参谋长"曾鸣2023年10月12日的演讲《看十年：智能商业大爆发》，看十年、想三年、干一年不是三件事，而是一件事情的三个角度。之所以说是一件事情，是你随时要想到这件事情短期、中期、长期是什么样的取舍。看十年是远见，努力去理解未来可能的演化；想三年是具体战略规划，基于对未来的想象，确立发展的路径；干一年是计划，保证落地的执行。这些就是战略的功夫。

再具体一点，看十年指的是永远不要停止对未来的思考和洞察，重点是看到产业的未来，不一定非得卡着十年这个数字，但至少要看到完整周期的更替，比如汽车、电脑、手机等硬件，差不多几年就得换；又比如生猪及猪肉价格的周期，也有各种说法。在思考产业的未来时，至少要能够看到和把握基本周期。

## 第1章 秩序底座：理顺企业经营大节奏

想三年指的是具体战略规划，用华为从IBM学来的语言讲[1]，就是SP（Strategy Plan，一般指中期三年左右的具体规划），也不是卡死一定要三年，要看具体行业和竞争态势。这件事情其实是最难的，因为它链接当下与未来，必须有明确的目的、路径、节奏及拆解出来的具体目标。这些直接决定了干一年的具体细节，以及在干一年的同时，要为中期做哪些准备，这样一来，一年的核心事务就有了缘由。这背后有一个基本假设，那就是你愿意为了十年的未来而努力。在此基础上，你厘清了这十年的基本发展规律。你要在看十年的基础上进一步地想三年，这是干一年的必要前提，否则干一年就只是干而已，为什么干却搞不清楚，自然容易陷入为了干而干、畏难后退的泥潭，丧失了应该有的斗志和动力。

干一年很好理解，一年内怎么干，重点干什么，就是BP（Business Plan，商业计划），要说清楚具体怎么干，干到什么程度，同时为三年准备什么，怎么调整组织，匹配预算和人力等资源。在这些工作的基础上，要有系统、严格的绩效管理工作贯穿其中。太多创始人、管理者没有理清楚这些事情，导致业务结果不好、管理混乱。比较好玩的是，基于我过去服务近百家企业的咨询工作经验，当创始人、管理者说管理有问题的时候，根因往往在于对业务的思考、拆解不清楚，而不仅仅是在具体的管理行为或者工具上。如果有一天你发现你的公司在讨论是KPI好还是OKR好，此时你要警惕，不要被工具层的争论所迷惑，要把业务想清楚，带动团队看到能打赢的希望，这远比管理行为和工具重要。

**注意，这三个时间段内做的事情，大多数时候是一脉相承的，但也有时候表面上看起来是截然相反的。**比如我国人口的低出生率、老龄化问题，在数据上已经非常清楚了，借鉴全球的经验，基本上也是不可逆的，未来看似很清楚吧？那么商业上就会出现很有意思的争论，比如现在还要不要进儿童、青少年市场？老年人市场是现在就开始投入，还是再等一等？再具体一点，自己几

---

[1] 很多阿里内部高管在具体做战略时用的也是这套逻辑，只是表达方式不同而已，具体在第二部分会有专门的对比。

## 穿透：理顺业务和组织的22个关键动作

岁的孩子还要不要"卷"、要怎么"卷"？这些基于长远的预测，和基于中期的判断，以及短期内的行动，也许表面上看起来是不一致的，再叠加地域的区别，差异就会更加明显。

进一步地，伴随着技术的加速扩散、人才的加速流动、媒体的加速传播，以及资金的越加泛滥，世界变化的速度被大大加快了，一年内一个行业可能就从出圈到消亡。这样的时代背景迫使创始人、管理者们回答一系列很有意思的问题：到底是抓机会、快速反应更重要，还是抓不变、持之以恒地积累更重要？真的还要去看十年、想三年吗？是不是看一年、想半年、干三个月就可以了？

对这些问题的回应有两点，第一点是看自己公司及行业的发展阶段，比如区块链、人工智能行业的客户就经常吐槽，说觉得自己是看一年、想半年、干三个月；再比如基于人工智能的数字化营销业务，过去几年这个行业以月甚至以周为单位在刷新，各种技术创新和规则改进层出不穷，其中有很多都能颠覆之前的业务模式、产品模式，不得已必须随时跟上，这也是这个行业做得很累的原因。这些比较前沿的行业，事实上处于快速变革期，但是有一些事情是不变的，那就是B端客户永远希望更精准、更低成本、更高效率、更大规模地触达自己想要的客户，C端消费者永远希望多快好省。这就是第二点，变化总是会有的，但你得围绕不变的方向积累，不断建设自己的能力，不能只顾着眼前的战斗，要为三年的战略意图做准备。

阿里一直在说"战略是打出来的"，华为等大厂也有类似的说法，其实不是让大家脚踩西瓜皮滑到哪里算哪里，而是不要刻板地在办公室里制定所谓的长期战略，然后在来来回回无数次战略会上激烈讨论导致丧失了战机，要边打边优化。

亚马逊的贝索斯有一个流传很广的视频，他说经常有人问他，未来十年会有什么变化，但没有人问他什么会不变，他认为消费者会一直希望价格更低、品质更好、送达更快。他的原话是："在零售行业，我们知道顾客总希望低价，而我确定这在未来十年都不会发生改变；他们想要更快地送货，想要更多选择，在未来十年内任何一个顾客都不太可能说'我爱死亚马逊了，但我希望它的价格更高一些'，或者'我爱亚马逊，我只是希望它的送货再慢一些'，这几乎是不可能的。"贝索斯的意思在强调把握这些不变的需求是重要的，其实是在强调客户第一，客户需求的本质是不会变的。对于亚马逊乃至所有零售业而言，"多快好省"是一直的追求，但很难兼顾。在这四个字里，要有所偏重和取舍，但是他并没有否认变化的重要性，亚马逊也在一直变化，一直在紧跟乃至引导技术的前沿。比如2006年，亚马逊正式推出AWS云服务，开启了云计算的新时代，被外界称为"全球商业奇迹"，如今亚马逊在这方面仍处于头部位置。有时候回望这些事情，都会有些恍惚，亚马逊一个做零售的企业怎么就成了科技巨头？他是为了更好地服务客户才构建了这方面的能力。现在你再来说，贝索斯到底重视不重视变化？

进一步地，这里衍生出来一个现实的话题，变化引发的企业改变是自下而上好还是自上而下好？现在很多CEO都在说要赋能和授权一线，"让听得见炮声的人呼唤炮火"，真的是这样吗？什么事情是要自下而上地发现和推动的，什么事情是必须从上往下地决定和推动的？这件事情到底该怎么理解，两者之间有什么区别和分界？在洞察方向的章节里，我会专门用案例来跟大家详细阐述，这件事情之所以重要，是因为对于绝大部分创业公司而言，资源有限、"血槽"不够厚，一次大错基本就没了半条命。

## 1.2　一年12个月的基本节奏

前面大致把"看十年、想三年、干一年"的逻辑梳理了一下，这就是战略制定和落地的过程，也强调了这是一件事情的三个角度，具体的方法、案例、注意事项，将在第二部分详细讲。在这一节我们要搞清楚，实操的时候要怎么把这些事情拆解到一年12个月的时间表里，**要把战略的制定和落地过程变成日常工作**，不要指望突然之间灵光乍现，要找到节奏和规律，训练整个团队加以适应并高效地运转。

## 穿透：理顺业务和组织的22个关键动作

一年12个月，假设只需要一轮战略的制定和落地，这就是一个最小战略循环，需要梳理一个大致的时间表，把每个月干什么都排好序，把关键事情安置进去，这是CEO找到自己和公司节奏的基础。一年时间看似很长，但是真正创过业、管理过企业的人会知道，在真正做战略制定和落地的时候，至少会有以下三条线纠缠在一起，时间经常不够用。

- 业务与预算：战略不是灵光一现，而是持续的验证、对话与碰撞。
- 组织与人才：执行不是理所应当，而是持续的调整、辅导与激励。
- 市场与客户：品牌不是自然而然，而是持续的走访、沟通与宣贯。

上述问题都是CEO日常工作的关键构成部分，是拿结果的保障，这些事情怎样才能有节奏、有规律地展开，实现人事合一，而不是乱七八糟、一团糨糊？没有整理是不行的，会把自己"搞死"。也不能说"我是CEO，只管战略、大方向，其他事情你们搞定"。因为很多时候人才不够、底下人接不住，这是懒惰或者愚蠢的表现，你不能等最后没做成，说我的战略没问题，有问题的是预算、组织、人才的支持，毕竟拿不到结果的战略就不是好战略。创业、带团队做CEO，真的是很苦的活儿，个中滋味只有做过的人才知道。

华为和阿里都足够重视这件事情，结合这两家的方法论和我这些年实践、研究的经历，大致可以给出如图1-1所示的一年12个月的核心工作分布，供大家参考。注意在一年12个月里，很多行业都有自己的淡旺季，总有相对不忙的时候方便展开思考和调整，忙的时候抓营收，同时锻炼队伍，所以在一年的排序里，事情还是那些事情，但是具体时间点是有细微差异的，你可以根据自己的公司和行业的情况做调整。当然能力的差异也会造成影响，别的企业、组织复盘两天就很透彻，如果你三个月还在捣糨糊，那就很麻烦了。我遇到过最极端的案例是，到6月份了，公司整体、各部门、各关键岗位的年度目标居然还没有理清楚。希望你不要遇到这种事情。

书面的表达毕竟是二维的，平时我在线下分享的时候，会组织创业者、管理者先画一下，然后在对焦过程中基本上都会吵得不可开交。如果方便，你也可以先画一画，看看是否能完全清楚地掌握自己公司的经营大节奏。注意图1-1针对的是只有一块核心业务的公司，对于有好几块大业务，甚至有分事业部乃至分子公司，有董事会的企业，需要升级一下版本，核心点的区别不大，主要区别在时间节奏和分配上，不得不考虑不同业务间的区别和联系，并将其分开或者串联，本书就不再赘述了。

下面会对图1-1做一些说明，供大家批判、参考。

☑ **6月底之前：全力执行，轻易不摇摆**

前面两个季度，要用绩效管理循环推动团队努力落地执行，**策略可以灵活，目标不能轻易地摇摆**，阿里的土话是"把目标刻在石头上，把计划写在沙滩上"。

很多时候不是外部变化太快或者我们的方法、路径不对，而是我们挖得不够深、挖得不够长。如果你对战略的思考下了足够的功夫，那对于坚持半年看看情况就不会有太大的心理负担。当然有两种情况可能是例外（只是可能）：第一种情况是你的企业才处于0—0.1的阶段，就是要不断地试错；第二种情况是确实行业变化太快了。

结合两个季度的执行情况，要对关键人才有基本的识别，新一轮的战略讨论需要谁参与要做好准备。不管你有没有系统、严格的职级和晋升体系，都要在6月底、7月初前做好关键人才的识别工作。后面的战略讨论、制定工作要拉他们一起，避免在真正执行的时候，因为关键人才没有参与，导致没有Ownership[1]或者跟不上节奏、领会不了深层的意图，导致执行出现各种偏差。在实践中，很多企业对人不够重视，反映到企业经营的大节奏上，往往就会出问题。我在为企业提供咨询的时候，非常关注这个细节，这是人事合一的基本操作要求。

---

[1] Ownership是管理工作中常用的名词，一般理解为认可度、接受度、主人翁精神、参与感。

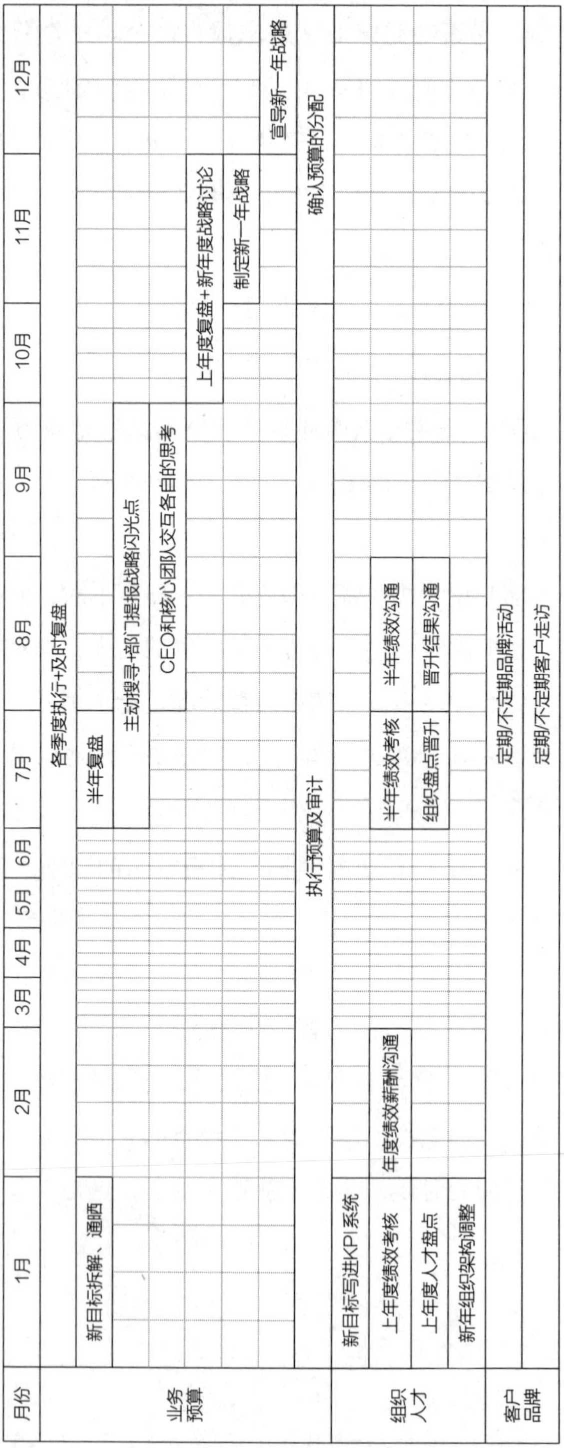

**穿透：理顺业务和组织的22个关键动作**

| 月份 | 1月 | 2月 | 3月 | 4月 | 5月 | 6月 | 7月 | 8月 | 9月 | 10月 | 11月 | 12月 |
|---|---|---|---|---|---|---|---|---|---|---|---|---|
| 业务预算 | 新目标拆解、通晒 | | | | | | 半年复盘 | 各季度执行+及时复盘<br>主动搜寻+部门提报战略闪光点<br>CEO和核心团队交互各自的思考 | | 上年度复盘+新年度战略讨论 | 制定新一年战略<br>确认预算的分配 | 宣导新一年战略 |
| | | | | | | 执行预算及审计 | | | | | | |
| 组织人才 | 新目标写进KPI系统<br>上年度绩效考核<br>上年度人才盘点<br>新年组织架构构调整 | 年度绩效薪酬沟通 | | | | | 半年绩效考核<br>组织盘点晋升 | 半年绩效沟通<br>晋升结果沟通 | | | | |
| 客户 | 定期不定期客户走访 | | | | | | | | | | | |
| 品牌 | 定期不定期品牌活动 | | | | | | | | | | | |

图1-1 一年12个月的核心工作分布

## ☑ 7月—9月：筹备新一轮的战略思考

各部门负责人在每个季度结束后，基于执行的过程和结果，以及自己收集的信息，都要进行季度的复盘总结，拿出数据检查什么做到了，什么没做到，什么做对了，什么不对劲，什么还得试，什么必须停，以及为什么。要有自己的判断，7月份的季度复盘要连着把上半年度的复盘也完成。

复盘工作的质量、深度，极其考验各部门负责人的思考能力、真实的业务水平，以及整个公司的数据能力，尽量在日常工作中顺手完成，真有必要时再组织专门的复盘工作会议。但这种会议的效率、质量非常具有挑战性，大部分公司都开成了报喜会、批斗会、"甩锅"会、流水会，很没意思，还不如不开，否则长此以往，很影响团队的"味道"，不够严肃，还助长了惰性。

同期，战略与组织部门要去深入地收集信息，不放过任何可能的闪光点和关键问题，要"跑到炮弹坑里跟士兵聊天"，各部门也可主动提报什么事情要上战略会讨论。类似"双十一"活动，第一年是几个"小朋友"自己突发奇想搞一下，第二年是总监牵头搞得大一些，第三年就上了战略会，后面的事情大家就都知道了。注意，对于信息的来源，自己的内部信息、对手信息比较被重视，但往往容易忽略客户信息，客户的数量和分布只是一小部分，还有更重要的是客户的痛点和真实、动态的想法。

在收集信息的同时，战略与组织部门还要推动和参与各部门负责人与CEO的深度交流。一方面要把上述信息传达给CEO，听一下CEO的判断，接受CEO的辅导；另一方面CEO理应视野最大、格局最宽、思考最深，那么半年下来，CEO有哪些新的信息、刺激和感受，对未来的判断有哪些变化，即看十年；接下来三年要重点关注什么事情，也就是想三年，这些事情要有足够深度的交流，要花足够的时间，必要时组织核心层和一线关键业务骨干开务虚会。至于务虚会怎么开，也是一门极大的学问。

在保证上述工作质量的基础上，可以要求各部门负责人提交一个自己理解的战略，他们怎么看十年、想三年，尤其要拿出自己干一年的计划，不是说后面就由他们决定了，而是推动他们站在CEO的视角去系统地思考，训练他们这方面的能力。更重要的是，CEO一定要有完整的判断，切不可偷懒，这个过程还是CEO训练高管的过程，也是CEO寻找潜在接班人的必然环节。

☑ 10月—11月：讨论制定新的战略

基于1月—6月的坚定执行、7月—9月足够的总结、沟通（一些新的想法也可以在这一阶段进行小范围试错），10月份就可以组织核心决策层、一线关键业务骨干一起做上半年度的复盘和下半年度的战略讨论。11月份，在核心决策层、各部门负责人层面，把新一年的战略确定下来，包括方向的取舍、具体的业务目标、背后的用意、路径的选择及节奏的控制等。

与此同时，要把预算梳理清楚，没有预算支撑的战略全部是空谈；反过来，预算一定是贴着战略去设定的，关键的资源往哪里投和各部门的状态有直接影响，这件事需要财务、人力部门深度参与。你不能嘴上说重视，但就是不给资源。我在服务客户的时候经常发现，战略讨论到最后，如果各部门都真的认自己的目标，真的想做好，肯定会抢资源、争预算或者挖关键人才，这是大家想做好的表现。要知道，类似华为、阿里这样的大厂，资源足够多，多到会有"插根扁担也开花"的烦恼，绝大多数企业其实到"死"都不会有，你想得再好，资源考虑不足或者放错位置，等于什么也没有。

最后，战略的思考是看十年、想三年、干一年，十年是对未来的判断，三年是具体战略规划，三年规划拉动一年具体怎么干。所以配置预算资源的时候，需要同时特别注意两件事情：第一，财务职能上习惯计算投入产出比，习惯性地想要节省，但是在战略上尤其考虑三年期的话，就不能习惯性地要求所有投入都能在一年内有回报，尤其是在建设能力、壁垒的投入方面。第二，需要为第二年预留一定的资源。经常遇到的情况是，一年内的投入总是急于求成，忘记了三年的战略追求，分配资源的时候又总是不记得为第二年预留一些"启动资金"，导致经常因为第一年没盈利或者盈利不足，第二年就没了预算，把本来可以继续执行的规划改得面目全非。对于这些事情，比较早期的企业可能没有感觉，等到企业足够大，有了复杂的预算管理时，再回头看这些文字，可能会有深度的共鸣。

### ☑12月：宣导新的战略

再次强调，在讨论和制定战略的时候，一定要注意把一线关键业务骨干、专家拉进来。这一方面决定了你的战略是否能围绕客户、围绕团队能力、围绕事实展开，而不是围绕你自己的想当然；另一方面决定了12月份宣导的时候，员工群体能否快速理解和认同，能否落地，**参与讨论的民间领袖的意见可以事半功倍**。我经常会找关键人群问这么几个问题，以便检验这个步骤的执行落地程度：这个战略方向和目标是如何制定出来的？这对公司、部门及你自己意味着什么？哪些人知道/理解这个战略和业务目标？哪些人不知道/不理解这个战略和业务目标？知道/理解什么？不知道/不理解什么？

### ☑1月—2月

1月份要做上一年度的绩效考核，2月份要把考核结果、薪资福利沟通好，让所有人都能安心过年。

与此同时，1月份必须把所有部门新一年的目标分解到位，每个人的KPI都必须录入系统，不管是成熟的系统还是Excel表，都必须要有，而且必须完成录入；一定要组织关联部门之间做通晒，即互通有无，确保部门之间的联动。这个动作还能推动"大家来找茬"，很多细节的设置你可能监督不到，但关联部门比你上心，毕竟会直接影响他们的利益，群众的眼睛是雪亮的。

这里要多思考一个问题：在数字化时代，对于目标如何能做到随时可以查看和调整？

我在做咨询服务的时候，发现相当数量的管理者盯绩效管理盯得不紧，或者甩给HR，集中表现就是对1月份各部门、每个人的绩效目标关注不够，给接下来一年埋雷，这是你自己的公司或者团队，各部门、各层员工到底认不认战略、接不接目标的表现。你不盯紧，不发自内心地相信、希望和推动他们借助公司的业务打磨、训练、提升自己的能力，这是你允许他们在这里浪费自己的时间，浪费公司的资源，这是你的懒惰和对自己的不负责。

　　进一步地，要在1月份、2月份完成人才盘点和组织调整工作。人才盘点和业务复盘工作的目的都是面向未来的，在战略的规划里就要明确地提出对人才的需求，基于人才盘点工作，可以找到差距，人力资源部门就可以知道接下来在招聘、培养上的目标是什么。至于组织调整工作，广义地讲，包含了调整关键岗位和调整架构，毕竟看一家公司战略有没有变、能不能落地，一个关键点就是看它的组织有没有调整、有没有适配新的战略，如果没有，就都是假的。这也很好理解，难的是这些调整不是你一声令下就能到位的，而是在前面讨论的时候怎样水到渠成。在1月份、2月份真正调整的时候，大家都能配合，自然就有了结果。

第2章

# 关键概念：
# 文化的三个核心问题

在理顺企业经营的大节奏、构建秩序底座的基础上，我们需要务实地解读三个关键概念，分别是文化、使命、价值观，重点是虚事实做，怎么理解这三个最务虚的东西里蕴含的巨大力量。至于愿景，严格来讲，英文叫Vision，翻译过来应该叫远见，本身是一个非常务实的概念，指的就是看十年里对未来的判断，在第二部分会详细介绍。

首先看文化，为什么要在一开始跟大家聊企业文化的话题？

有一个非常有意思的现象，很多优秀的创业者，其中不乏商界领袖级别的，他们愿意把自己和企业的成功归因到文化，非常强调文化的重要性。然而经过各路专家、自媒体加工后，口口相传，类似阿里的武侠、倒立、铁军、阿里日等，很多文化现象层的东西被夸大了。

在优秀企业的成就映衬之下，你会觉得这些事情非常自洽，好像这么做就对了，这也影响了很多创业者，纷纷地都想去学，那么到底学到了什么，真的能落地、做得好的有多少？为什么？

我们必须尝试找到背后的因，以及从因到果的作用机制，这才是我们需要的，所以要用最基本的思辨能力，提出如下问题。

（1）文化真的可以决定企业的成败吗？

（2）文化到底是什么，怎么算做到了？

（3）文化的核心抓手是什么？要注意什么？

## 2.1 文化真的可以决定企业的成败吗

这个问题争论到现在，并没有什么定论。即便在湖畔，即便是千挑万选出来的创业者学员，也会提出这个疑问。阿里的核心管理者们一直反复强调，阿里真的是因为坚定地相信文化的重要性才有今天的成就的，但总是会有企业家提出挑战，这是不是幸存者偏差？你不能因为你相信然后你做成了，就要求所有创业者都跟你一样，毕竟像马云这么能讲、天生自带"现实扭曲力场"的人很少，也有大量看着很讲究文化的企业没做起来就死掉了。

创业者之间的对话很有意思，各自都有自己的实践经验和社会阅历，往往谁也说服不了谁。在这里，我亮明我的理念：首先，这是一个选择题，而非具有统计学意义的、严格的数据和事实，不是客观题；其次，企业文化根本就是和业务、组织一体的东西，不必神化，不需要经常单独拿出来说。

**先看为什么说这是一个选择。**

没有任何人可以言之凿凿地说，成功的企业里有百分之多少是因为企业文化做得好；反过来，也没有任何人可以确切地说，失败的企业里有百分之多少是因为企业文化做得不好。这方面根本没有可信的统计数据，原因很简单，关键参数不好衡量，相关系数不好界定。

### ☑ 什么叫成功或者失败

标准是什么？是上市，是盈利，是营收规模，是人数，还是企业存续时间？或者说就是文化做得风生水起？我认为，最重要的是为客户、为员工、为社会创造了多少价值，然而这些也不好具体衡量。

这其实并没有统一的标准，这是一个哲学或者心理学、社会学问题。

## ☑ 什么叫企业文化做得好或者不好

标准是什么？是年会的精彩程度，还是下午茶的丰富程度？是员工里有见义勇为的道德模范，还是大家都主动加班，普遍积极向上、敢于创新？这上面的任意一条和成功或者失败之间的相关系数又是多少？

看到没有，稍微较真一些，就说不清楚，根本无法建构一个严格的等式，比如企业文化=A+B+C。

因为关键参数不好衡量，相关系数不好界定，自然无法量化，导致无法统计、计算，也就没有统计学上严格的数据和事实。所以本质上，这不是一个可以用数学解释的客观题。

上面这些话，其实是有一次主持一场私董会，一群创业者就"文化真的可以决定企业的成败吗"这个问题争论不休时，我抛出的信息，目的是把他们从观点对观点的冲突中捞出来，避免无效的争论。然后他们就停止了争论，开始看向我。然而我在现场也并没有直接回答这个问题，而是抛出了一个升维的理念：这是一个选择题。

企业文化无论怎么展现、拆解，其内核的东西最终一定是追求真、善、美，一定能够激发人心的善、抑制人性的恶。你可以选择去相信，然后层层展开，落地到企业的业务设计、组织设计里，最终用自己的成就去证明，这就是你想要的世界。

在当时的私董会现场，以及后面我跟不同企业家在不同场合交流的时候，这个理念基本都能获得认同，但是文字太单薄了，这样写也许还是不好理解。也许读完本书，你可以再回头看这几句话。

**再看为什么说文化根本就是和业务、组织一体的东西。**

文化这两个字本身太虚了，所以有个说法，叫作"虚事实做"，要在业务设计、组织设计里，通过关键的业务选择、管理动作，用果敢的取舍、持续的耐心、到位的激励、透彻的诚意去拨动人最软的心弦。

所以事实上，文化要以业务和组织作为载体才得以存在，一体两面，交织在一起。有的创业者经验丰富、功力深厚，一开始就想清楚了自己要什么样的文化，将其作为指导思想直接指导业务设计、组织设计；更多创业者则需要在摸爬滚打中，慢慢地摸到、悟到、做到。无论你是否选择相信文化的力量，只要你创业，只要你展开业务设计和组织设计的动作，并且真的在花心思、努力想要做好，事实上你就是在构建企业文化。

我将在本章后续内容中专门展开讲这个内容。

## 2.2　文化到底是什么，怎么算做到了

那么我们总得搞清楚，什么是文化？

其实这不是一个好问题，因为太抽象、太难回答，各种辞典、专家的定义也大多偏学术。阿里有个说法，认为"文化就是言行举止"，这对创业者而言可能更有穿透力一些。读完这一章，你也许会更容易理解为什么这么说。

我换一个问法，什么样的存在/现象，可以被称为文化？这样就具体多了。在这个基础上，寻找事实、归纳、提炼，这是认知的一般过程。

我经常出去演讲、交流，聊到文化的时候，都会问所有人这个问题，一开始答案都是五花八门的。给大家一个提示，你去看咱们国家的整个历史与现在，在所有社会现象里，什么事情最让你觉得这就是文化？再聚焦一点，你看看在我们国家的各种节日里，最有味道的是哪几个？

聊到这里，你会发现，基本上答案就会集中在端午、中秋、重阳、国庆、春节等。提到端午，就想到划龙舟、吃粽子，中秋就要吃月饼，重阳就要登高祭祖等。但是反复比较之后，大家基本上都会认可春节是最有文化味道、最能代表中国文化的节日。

为什么？首先，它获得了绝大多数国民的认可，春节就是要团圆的，在外辛苦打拼多年的孩子们总想要回到老家抱抱父母，老家的父母总是期盼着孩子们至少这个时候能回来一趟。然后，这样的思念和理念的一致，造就了地球上规模最大的哺乳动物的迁徙，几亿甚至过十亿人次。最后，春节的稳定性足够

强，即便在社会压力增大、生活节奏加快、通信手段升级，以及物质丰富等原因造成大多数节日都已经没那么重要的当下，春节的生命力和存在感依然如此顽强，可以不看春晚，可以不点烟花，可以没赚到钱、灰头土脸，但还是挡不住回家过年的脚步。

总结一下，什么样的存在/现象可以被称为文化，有以下三点。

（1）要在一群人里获得普遍、自发的认同。

（2）要能够影响这群人普遍、自发的行为。

（3）要能够抗住冲击，而不仅是昙花一现。

放到企业里，很多时候员工缺少真的认同，认为自己只是打工而已，即便有认同也不一定有行为，即便有行为也不一定能持续。这些事情很有意思，看到这里，作为创业者，你可以衡量和评价一下，在你的公司里有没有，以及有哪些存在/现象可以真的被称为文化。

那么问题就来了，春节是几千年累积出来的，一家企业总不能也等几百、几千年吧？毕竟太多企业没几年就"凉"了。那么有没有办法，能比较快地建设自己企业的文化呢？或者说，企业文化的核心抓手是什么？前面还提到了，文化根本就是和业务、组织一体的东西，不必神化，不需要经常单独拿出来说，那么到底怎么去构建呢？

## 2.3 文化的核心抓手是什么，要注意什么

经常遇到企业找我做企业文化项目，从商业的角度讲这挺好的，但是我一直非常抗拒。因为我认为根本没有单独做企业文化项目的必要，花的都是冤枉钱。基本上诚心找我谈这类项目的创业者，都被说服了，明白了该怎么"虚事实做"，要先从自己的业务、组织管理基本功下手，而且很多时候都得靠自己，更不能自己骗自己。只有少数确实准备好的企业，可以直接做文化的提炼、共识，解决文化的具象化问题，并作为组织升级的起点，后面还得匹配一系列工作。

还有很多企业打着做企业文化项目的名义，背后其实隐藏着别的目的。比如其实就想着怎么让员工更努力，或者自愿加班，或者想怎么能提高工作效率，或者想把文化项目/专家当枪使，解决组织内部的一些权力斗争等糟心问题，这些都会被识破。这种发心不对，需要调整自己的发心，否则也没什么好谈的。所以你看，这样真的不是好的商人，不会做生意。

我的理念是，企业就跟人一样，想要身体倍儿棒，神清气爽，有这么几层，如图2-1所示。

灵魂：核心人物的自身特质。
骨架：到底是做什么业务的。
肌肉：策略选择和组织设计。
血脉：基本的绩效管理循环。
皮肤：各种文化活动和宣传。

文化真的可以决定企业的成败吗？
- 没有统计学意义上的、严格的数据和事实，这是一个选择题，而非客观题。
- 企业文化根本就是和业务、组织一体的东西，不必神化，也不必单列。

图2-1 企业文化的层次

灵魂层的东西，指向的是企业里最有影响力的一个人或者一群人留下的烙印，极具时代和个人特质。比如马云和阿里初创团队都很喜欢武侠，所以阿里有一股武侠风、江湖气，阴差阳错中这也是很巧妙的设计，一旦你把自己带入进去，不自觉地就会用"侠客"的标准要求自己，比如"侠之大者，为国为民"。再比如任正非和华为的初创团队，很多人都是吃过大苦的，在他们的精神世界里，艰苦奋斗、以奋斗者为本就是自己生活的写照，就应该这样。在我们国家的社会大背景下，这些会很有感染力，能够得到比较快速的传播、共鸣和认同，但这些毕竟和创始人、初创团队的个人特质、成长经历密不可分；更麻烦的是，只有少数创始人、初创团队有足够强的表达能力，可以将这些高

第2章 关键概念：文化的三个核心问题

效、有感染力地表达出来，使之成为企业文化的旗帜，所以可遇不可求，可以被提炼、具象化，但不能强求所有创始人都跟马云、任正非一样具备强大的领袖气质。

至于皮肤层的东西，比如各类文化活动、年会、下午茶、运动会等，甚至类似阿里铁军的启动会、对赌、淘宝运营团队的花名、Cosplay游行、敲垃圾桶、倒立、文化衫、阿里日等重要活动，都是现象，都是类似衣服的东西。衣服当然重要，毕竟人靠衣装，但是衣服再好，你也得依靠衣服下面的血肉之躯把它撑起来，不要本末倒置。另外，你也不需要羡慕别人家有那么多文化活动，看起来妙趣横生，本质上是因为他们利润足够高，能支撑起这个成本，或者他们需要用这些事情去传递一些信息。当你利润不够高或者没有非常必要的传递特定信息的需求时，更加没有必要盲目照抄。举个例子，下午茶、零食真的是必需的吗？很多电商、互联网公司都有过，然而一旦公司效益不那么好了，这些就消失了，然后流言就起来了，甚至一些媒体专门用类似"消失的下午茶"这样的标题做过报道，影响很不好。

综上，灵魂层的东西很难强求，皮肤层的东西做起来相对比较简单，也容易被看见，但真正要关注的是骨架、肌肉和血脉。下面挨个儿展开介绍。

☑ 首先看骨架，到底是做什么业务的

在社会大背景下，企业所选择的业务，直接决定了文化的骨架。

假如你是开煤矿的，那和开美容院的绝不可能是同样的文化；再比如游牧民族和农耕民族，那能一样吗？当你想到游牧民族时，你会想到什么？"套马杆的汉子，你威武雄壮"对吧？当你想到农耕民族时，你会想到"你耕田来我织布，夫妻双双把家还"对吧？如果是工业文明呢？那就更不一样了。

再举一个非常极端的案例，大家知道在攀登珠穆朗玛峰的人群里，有一个默认的规则，那就是互相之间没有救助的责任和义务。换句话说，每一个攀登珠穆朗玛峰的人都要为自己的生命安全负责。如果你自己扛不住倒在那里，别的登山者确实会见死不救，核心原因是攀登珠穆朗玛峰这个"业务"实在是太危险了，如果你去救，极大概率会把自己搭进去，所以做这个"业务"的人默认就是要见死不救，虽然这直接违背了一般意义上人类的文明要求。所以在珠穆朗玛峰登顶的路线上，你会看到一些遇难者的遗体，据统计已经有300多具，有一些甚至成了"路标"一样的存在，比如"绿靴子""睡美人""休息者"。

图2-2中有一些对他们的简介，为了尊重逝者，且考虑信息源自网络，没有找到官方的正式认定，遗体照片就不放了，让我们记住珠穆朗玛峰的美，记住这些勇敢的人吧。

绿靴子：泽旺·帕尔乔，印度登山爱好者，因绿色登山靴得名，1996年登顶途中因暴风雪遇难。
睡美人：弗兰西斯，美国登山爱好者，1998年不带氧气瓶登顶，返回途中遇难。
休息者：戴维·夏普，英国登山家，两次登顶失败后，2006年终于成功登顶，返回途中遇难。

图2-2 珠穆朗玛峰上三位遇难者简介

在创业的实践里，业务选择对文化的影响，最直接的体现是不同的业务需要聚集起来的人自然是不一样的，高科技互联网行业、机械制造业、煤矿业、美容业的人的言行举止、扑面而来的味道，自然是不一样的，所以业务是什么，这是企业文化的骨架——这也是社会大背景下的产物或者惯性。

这里其实还有更深层的骨子里的东西，或者叫骨髓，那就是一个非常扎心的问题：创业者，你真的爱你做的业务吗？你谈及你想做的业务会不会两眼放光、带着情感喋喋不休？这其实指向的是内在的使命驱动。为什么在这里提这个问题？因为如果你并不是真的爱你所做的业务，你就会很容易摇摆，你会无所谓，你会不尊重或者不坚守这个业务的基本规则，你其实不打算真的把这个行业的发展作为自己的责任,你其实不在意你的客户的真实需求,你其实并不会下血本去积累和经营自己的"护城河",你可能只是需要赚钱或者打发时间,或者寻求认可而已。如果是这样,运气好的话,赶上好时代、拥有好资源,加上你的能力,你依然可能还挺赚钱,依然有可能做成很大的企业。**但如果你并不是真的爱这块业务,就不要轻易谈文化了,尤其不要太往高拔,没有必要,不要自己骗自己。**

☑ **其次看肌肉,策略选择和组织设计**

业务策略,背后一般直接影响组织设计,一体两面,必须放在一起讨论,然后又会直接影响文化,这件事情非常好理解,举几个案例。

**第一个案例中,是两家医药公司,都是上市公司,在各自的细分领域都是非常头部的企业。**

上市公司有个要求,必须要公开财务报表,里面能查到公司成本的具体分布,这两家公司的核心成本完全不同,一家把钱花在营销费用上,主要是医药代表的薪资、佣金和广告,另一家则持续性地砸钱在研发和生产上。同样是医药公司,都是我的客户,我去他们两家的总部,接触两边的团队,感受就完全不同。走进前者的办公楼,经常迎头撞见的都是帅哥、美女,整个公司给人的感觉是非常"高大上"和精致,办公区明显有化妆品的香气;到后者公司的时候,迎面走来的人全部都穿着白大褂,整个办公区给人的感觉就像实验室或者无尘工厂一样,到处闻到的是消毒水的味道。

基于上述信息,你就会发现,两家公司选择的打法是不太一样的,对应的资源投入也不一样,这些直接决定了在组织设计层面上自然也会有明显差异,部门的设置、团队的配置、不同部门间的配合关系是不一样的,你应该都能想到,这里就不展开介绍了。

进一步地,这些会直接影响日常工作习惯。像后者,我在跟他们交流、做项目的时候,整个对话逻辑是非常严谨的,所有重要判断都要有数据、案例支撑,经常会被问到有没有双盲测试之类的问题,对数字的敏感性也极高,会议纪要的整理、存档极其严格，前者就明显不太一样。

同样是做医药的，同样都是细分领域的头部企业，文化却是如此不同。

**第二个案例中，是三家做家具的公司，营收规模都为几十亿元。**

我去交流、做项目的时候，感觉在第一家公司面对的是一群设计师、创意专家，对美学非常执着；感觉在第二家公司面对的和淘宝的运营团队相似度比较高，他们对营销活动、转化漏斗极其关注，说话的语气都极其相似；在第三家公司呢，感觉面对的是会计师、工程师，对数字、时限非常敏感。

为什么？因为第一家公司主打品牌和设计，多年打拼，到现在可以靠品牌和设计活得很好；第二家公司是典型的电商模式，天天跟淘宝、京东的人员们斗智斗勇；第三家公司主要面向海外，严格来说是一个To B的企业，偏OEM（原始设备制造商），核心在制造、供应链准交方面。

你看，又不一样。

前面这两个案例里涉及的公司都是细分领域的优秀企业，都没有专门整理过文化，最多就是墙上贴几句大同小异的标语，其实也没有什么人在意，但就是在业务选择、打法选择、组织设计的背景下，长成了这些样子，它们就应该是这个样子的。

**第三个案例，是区块链领域的，某数字货币交易所，全球排名靠前。**

这个交易所在新冠疫情之前找我做项目，一开始我是很兴奋的，觉得这是最前沿的领域之一，视野、产品、技术等一定是非常不一样的，但几次交付做下来，发现涉及的业务话题、人员及"味道"，都很像之前服务过的行情软件公司及券商。我跟他们的几个主要负责人聊了这种困惑，他们反馈说这个行业并不是我想的那样门槛高，其实把这个业务理解为一个"银行+券商+证券交易所"就行，且没有类似银保监会、证监会那样的监管机构，运营团队主要做的事情就是吸引客户和机构来开户、交易，产品、技术就是运行和维护交易系统，核心的区块链技术研发等由很少一部分人在做。你看，原来是这样的。

## 第2章　关键概念：文化的三个核心问题

**第四个案例中，是一家初创企业，创始团队准备了几亿元资金，想把文化的事情在一开始就做起来。**

这家公司做的是To B业务。2024年1月，他们专门找到我，创始团队的几个人都是行业的"老人"，都是从国内一线大厂出来的，级别上相当于阿里P9（总监）以上。我先问了他们对文化的理解，大家聊得都很激动，主要集中在各种人或者组织、团队的美好品质上，比如客户第一、诚信、坚韧、创新、团队合作、不作恶等。我足足耐心听了一小时，然后问了如下几个问题。

（1）你们的业务，是面向大企业、大客户，是大中小企业群体，还是小微企业？

（2）你们是要自建销售、运营推广团队，还是借助渠道，或者设法搞线上"裂变"？

（3）产品、技术、商务、客户成功[1]等部门的配合模式是什么？

把这几个问题丢出去，发现他们还没完全想好。我跟他们分析了一下，面对不同体量级别乃至行业的B端客户，匹配不同的销售推广模式，背后是不同的产品、技术、商务、客户成功的配合模式，这件事情会直接决定他们公司文化的一些关键点，比如如果用庞大的地推团队去陌拜（拜访陌生客户）、获客，类似当年阿里的地推铁军开拓中小企业，跟用精干、成熟的社会资源去挖掘大客户对比，如直接触达大型银行、保险公司、头部制造业、互联网企业的核心决策层，差异非常大。如果用纯线上的方法去做投放或者裂变，那就更不一样了。

聊到这里，他们最后的决定是先保留最基本的几条对人的要求，主要用在招聘上，邀请我陪伴他们先把业务跑起来，把核心业务策略、组织先理顺，等到2024年年底的时候，再认真审视和开展文化的工作。

---

[1] 如果产品或服务较复杂，则需要有人去客户那里做落地工作，这部分团队和工作一般被称为客户成功。

看完上面这些案例，你会发现，谈文化是离不开具体业务和策略的。

这里又有一个扎心的问题：创业者在面对困难的时候，会选择偷奸耍滑、走捷径吗？会回避责任吗？会损害客户、合作伙伴乃至社会的利益吗？

为什么这么问？文化这种东西，构建极难，崩塌极易。听其言、观其行，越是艰难的时候，越见品质。你要求员工诚信、客户第一、有激情，结果员工看到你作为老板，自己都做不到，那还有什么好说的？

总之，文化必然会涉及的关键、珍贵的品质，不要妄图通过文化项目去无中生有地建设，你得先看创业者本人、创始人团队自己是不是真的有，真的能坚持，不要自己骗自己，或者即便在不得已的时候违心了，等困难过去了，能否正视，能否检讨，能否坦荡。

如果上述信息还不够有说服力，那么你还可以去了解一下华为和比亚迪。根据华为官网发布的《华为投资控股有限公司2022年年度报告》，华为坚持每年将10%以上的销售收入投入研究与开发，近十年累计投入的研发费用超过9773亿元人民币（其间一度超过苹果），2022年研发费用支出约为1615亿元人民币，占全年收入的25.1%，2022年年底研发员工约11.4万名，占总员工数量的55.4%。只看这些数字可能没什么感觉，根据《新京报》财经频道的报道，2022年沪、深、京三市4785家上市公司研发投入合计1.68万亿元，那么华为的1615亿元差不多就是这4785家总和的十分之一。另外，在这4785家中，比亚迪是研发人员最多的公司。2023年8月9日，在比亚迪第500万辆新能源车下线仪式上，比亚迪董事长兼总裁王传福在讲述比亚迪造车20年的故事时一度哽咽。他说，"造车之路很难走，但是我们坚持走了20年，背后辛酸只有自己知道。在最近的12年里，比亚迪有11年的研发投入，超过了当年的净利润，甚至很多时候还是净利润的3~4倍。2019年净利润只有16亿元，但是那一年，在研发上，比亚迪还是咬紧牙关投了84亿元，这才换来了今天电动汽车市场份额领先的成绩。"具体内容大家可以去比亚迪微博查找当天的完整视频。

试问，有多少人内心深处其实是想着找到捷径、一夜暴富的，而不是真的苦哈哈地长期投入和坚持？你的策略选择是什么，决定了你的资源投在哪里，决定了组织怎么搭建。层层穿透之下，你内心深处的坚持和选择，到底是什么？

☑ **最后看血脉，基本的绩效管理循环**

创业者选定了业务，决定了打法，摆开了组织阵型，就要驱动队伍高效率地跑起来，去实现业务目标，这对应的就是绩效管理循环，就跟血脉循环一样。然而这件事情背后是一组让人五味杂陈的矛盾：这是管理基本功，都不陌生，但是确实普遍没做好，有太多缺位。

**先看为什么说这是基本功？**

绩效管理是什么？就是一个循环往复的锻炼团队、借事修人的过程，在实战中实现业务、组织和人的成长，一起做得更好，一起互相成就。一般而言，绩效管理分成定目标、定打法（怎么做及节奏）、管过程、做复盘、兑奖惩五个步骤，每一步都有太多的细节可以拿出来说。注意每一步都要检讨，有没有在激发善、抑制恶，我在第二部分还会进一步展开介绍关键细节。

稍微仔细一看，就会明白，这几乎就是管理者的全部日常管理动作了，所以说这是基本功。

**那为什么我敢说普遍没做好？因为我有足够的样本。**

在深度服务了近百家各行业的优秀企业后，我发现他们的组织和干部在这方面确实普遍缺乏训练，而这件事一定是由创始人、创始团队自己造成的。

以一个典型的场景为例，我的第一家公司有一大块业务是源自阿里的三板斧实战工作坊，帮助企业梳理清楚战略、达成共识，进一步拆解落地到各层级的具体目标和策略，同时训练各层级管理者。简单来说，具体做法就是创始人或者业务部门一把手坐在嘉宾席，底下坐三到四个组，每个组都由核心业务管理者和骨干组成，每个组都自己选一个队长。在三天三夜的时间里，每个组都推进一个核心的业务议题。在这个过程中，我作为顾问，在业务、组织等各方面和创始人或者业务部门一把手一起，识别关键问题，提出建设性建议，在

## 穿透：理顺业务和组织的22个关键动作

现场同时辅导嘉宾席上的领导和底下的骨干，这叫借事修人、双向修炼。过程比较残酷，因为业务、组织上的问题都会被我挖掘和暴露出来，不讲真话的都会被拆穿，同时24小时后还会要求每个组的队长对本小组做强制的绩效工作汇报；48小时后加码，不但要做强制绩效工作汇报，每个组还要淘汰一个人（不是公司真的不要他了，是工作坊现场的小组决定淘汰他，被淘汰者可以到后面旁听，也可以看看其他组要不要他，也可以从这次工作坊"肄业"，下次再来），要求队长一定要说清楚如下三件事情。

（1）业务和团队的情况到底好还是不好？现象是什么？根本原因是什么？训练认知和思辨。

（2）小组里谁做得好谁做得不好？理由是什么？现场直接对话看看是否一致，推动直面和沟通。

（3）接下来，业务怎么继续推进？小组内部管理怎么办？每个人怎么办？直接改变和行动。

这背后就是最基本的绩效管理循环，从目标到打法，到过程管理，到复盘总结，到兑现奖惩。这就把所有核心业务管理者和骨干直接逼到墙角，让其避无可避、逃无可逃。阿里用这种方法训练自己的管理者，背后的故事缘起自2001年左右。那个时候阿里还年轻，当时互联网泡沫破裂，阿里的账上钱数只够用半年了，于是定了三个B To C：Back To China、Back To Center、Back To Coast，要关掉当时盲目扩张的全球各地的分支，关掉其他业务，聚焦中国供应商业务，关掉除沿海、制造业重镇外的办公室。这就要大举裁员，具体做这件事情的人是首任COO关明生。为此，关明生戏称自己来阿里的第一件事情就是"杀人放火"[1]。完事后，账上的钱数总算能撑更长时间了，大家缓了一口气。后面管理团队又进一步认知到了"Fire"这个动作的重要意义：你可以一辈子不淘汰一个人，但你必须得会，管绩效不是为了开掉不好的人，是为了对得起好的人、留下的人，是为了给自己一个系统的复盘和提升业务、组织的

---

[1] 商隐社《专访阿里首任COO关明生，中小企业老板为什么既"心累"又"身累"？》，2023年8月7日。

## 第2章 关键概念：文化的三个核心问题

机会。到2010年左右，在三板斧的理论体系中，将绩效管理能力的训练作为管理者训练的核心内容，这也是阿里三板斧实战工作坊的缘起。此后，大多数阿里的管理者都被这么"折磨过"，其中程维是最早几期工作坊的学员，后来他创业做了滴滴，滴滴内部也做了类似的训练项目。

从2017年到现在，我服务的近百家各行业的优秀企业，有多少管理者经受得住这种考验？

真相是只有十来家，占十分之一左右。更搞笑的是，当我把小队长和被淘汰的人请上来，要求当面、现场做绩效沟通的时候，小队长往往是满头大汗的那位，被淘汰的人反而把二郎腿翘起来——"我倒要看看你凭什么干掉我"。

基础的绩效管理循环，不做或者做得不规范、不透彻，时间长了就必然导致随时可能猝死或者偏瘫的"脑血栓"：价值观层面的混乱和崩塌，到底要什么不要什么？这其实就是做文化工作的底线，一着不慎，满盘皆输。原因非常简单，嘴上、纸上提倡的、鼓励的行为，能否真的被看到、被尊重、被奖赏？嘴上、纸上禁止的、反对的行为，能否真的被觉察、被警惕、被处罚？一方面立德、立恩、立信，一方面立威、立法、立界，你做了没有？有没有做到位？不要自己骗自己。

具体来说，在你的公司，做什么会得到上级的认可？奖金分配得合理吗？怎样才能获得晋升加薪的机会？耿直或者不善言谈，但真心做事的人能不能活下来、活得好？善于奉承、能讨领导欢心却没有业绩的人怎么处理？对于想创新的员工怎么支持他？能不能容忍失败？能忍多少、多久的失败？顶级销售人员如果踩了红线，敢不敢开掉？如果是亲戚踩红线呢？如果是高级管理者踩红线呢？更麻烦的是，到底有没有红线呢？这些事情背后是持续地对人的关注，对激发善、抑制恶的坚持。人性本善也好、本恶也罢，终究要在环境中展现，打造和维护这个环境，这就是创业者的责任了。

总结一下，文化的核心抓手，或者说无法回避的三件事情是业务取舍、策略选择和组织设计、绩效管理循环。最务虚的东西，要靠最实在的工作去支撑，没有捷径可走。

第3章

# 关键概念：
# 价值观与管理的泥潭

前面我们对文化的三个核心问题做了探讨，现在我们聊一个更具体的概念，那就是价值观。

看完这一章，你会发现，价值观其实是Leadership（领导工作/领导力）和Management（管理工作/管理权）的真正分界点，意义重大。市面上有很多这方面的内容，比如说领导是管战略、开拓、创新的，管理是管秩序、求稳定和效率的，都有一定的道理，但很少能把中间的作用逻辑、传导路径讲清楚，因此不能指导具体问题的解决，不能为了区别而区别，而是要看能给自己的工作带来哪些思考和具体指导。

如果这件事情理解不到位、处理不好，就会掉进管理工作的泥潭中。

## 3.1 什么是管理工作的泥潭

举一个非常普遍的现象，我在第一次创业做咨询服务的过程中，和很多老板、高管、HR成了朋友，加上经常出去演讲、分享，遇到的就更多了，经常发现他们都很羡慕类似华为、阿里这样的公司。首先羡慕人家业务上的成就，但也知道很难复制。然后羡慕这些公司能把员工管好，很想学习、复制。具体表现就是，总会有人问：为什么华为、阿里或者某某公司半夜的办公室依然灯火通明，很多员工在加班干活，还不要加班费？我要怎样才能让员工积极、主动，提高执行力，有"狼性"？我也用了KPI、OKR等各种绩效管理工具，也努力做企业文化、员工关怀（虽然很难跟大厂比待遇，但我也尽力了，毕竟我的人也比不了大厂的人），为何效果不尽如人意？

每当这个时候，我都会耐着性子跟对方探讨这样几个问题。

- 现象：你认为员工不够积极、不够主动、不够"狼性"，具体现象有哪些？
- 趋势：这些现象是个例还是已经成为趋势？是个别部门的趋势，还是整个公司的趋势？
- 结构：如果是趋势，是从什么时候开始的？是什么助长了这种趋势？有做过哪些应对？
- 心智：员工如果愿意在你这里拼命，会因为什么？你能做哪些事？已经做了什么？

上面这四层，现象–趋势–结构–心智，是《第五项修炼：学习型组织的艺术与实践》[1]里提及的一种基本的思考模型。一般如果能深度地聊完这几个问题，对面的老板、高管、HR们大部分会陷入思考或者沉默——他们会明白自己的局限性和差距。

当然也有一些朋友会不耐烦，他们内心的真实声音是：我是来问你作为专家的答案的，你告诉我怎么做就行了，有没有管用、好用、立竿见影的几招，别扯别的！

面对这种反应，我一般都会做出两个回应。

- 这就是管理的泥潭，本质上其实你想解决的是价值观的问题，管理有用但不是根本解。
- 需要靠领导力突围，有方法、有路径，也有大量成功案例，这是从优秀走向卓越的起点。

---

[1] 彼得·圣吉，《第五项修炼：学习型组织的艺术与实践》，原版于1990年首次出版发行。

接下来，依次展开介绍上述内容。

## 3.2　为什么是价值观的问题

为什么说，其实你想解决的是价值观的问题？

为了方便讨论，我在逻辑层次模型基础上一层层为大家展开介绍（参考图3-1），这也是我研究心理学，再加两次创业、服务近百家优秀企业后，得到的最重要的体悟之一。

```
                使命
              愿景
            身份
          价值观
         能力
       行动
      资源环境
```

逻辑层次模型，由罗伯特·迪尔茨（Robert Dilts）在前人研究的基础上整理，在1991年发表；该模型经常出现在教练能力的学习内容中。

图3-1　逻辑层次模型

简单来说，一个人想要有所成就，一般都需要翻过大山。你想简单地从平地走过去，除非有好到爆的天分或者运气。大山分很多层，很多人在抱怨自己没有钱、没人帮忙、没时间、没技术、什么也不懂、怕吃亏上当等，这是最下面的一层，这些被统称为资源或者环境问题。大部分人脑子里想想就怕了，就躲了，就停在这里了。

有的人自带一些资源，或者会想不能困在这里，要有所行动，筹集资源也是行动，用行动去改变资源，有枣没枣打一竿子，毕竟出来混最重要的是出来！于是就往山上爬了一些，进步了。

## 第3章　关键概念：价值观与管理的泥潭

再往上会发现，行动的姿势可能不太对——能力不足、方法不对，那就好好学习，训练自己的能力，而不是怨天尤人、自暴自弃。你看，这就爬到了半山腰，到了这个程度，是不是就很有主观能动性了？其实，在我们国家，绝大多数成年人在这方面都有底子，都有热血，只是需要一个努力的理由。

这是不是就是你想要的？

如果一定要提炼、总结几个关键词，你会发现诸如客户第一、激情、诚信、主动、团队合作、创新、艰苦奋斗、拥抱变化甚至狼性等，都是指向打工人优秀品质的词。但是环视四周，你会发现身边总会有这样一些人，尤其是作为创业者带着团队往前冲的时候，你会发现他们有一个模式，概括一下就是"间歇性奋发图强，持续性混吃等死"。总之你想要他们努力奋斗，他们要么说自己没有钱、没人帮忙、运气不好，要么懒于行动，要么能力不足又不主动学习，事实上他们自己也知道，但没有动力。这些事情就是日常管理工作要去解决的，你得培训他们，让他们提升能力；你得督促他们，用"胡萝卜加大棒"让他们干活；你还得为他们创造各种条件、准备各种工具，免得他们找理由撂挑子，总之又当爹又当妈。即便这样，你会发现他们的状态也不会很好，总是心不在焉，各种出问题、没效率，这还不是最讨厌的，最讨厌的是有些人明明能力没问题，却总是不努力、不出活。

这些是不是就是你不想要的？

有一天，你恍然大悟，我都这么辛苦地管他们、帮他们了，他们还不积极、不努力，这肯定是态度出了问题！翻译成管理语言，这不就是价值观问题吗？

然后更大的麻烦来了，价值观要怎么弄呢？也许你可以说员工态度有问题，这还能模糊一点；但是你不能轻易说任何人的价值观有问题，因为在我们的语境下，这真的是很严重的指责。

那该怎么办呢？是什么影响了一个人的价值观呢？用考核可不可以？

## 3.3　怎样用考核影响价值观

首先，参考通用、阿里的成功经验，考核确实是可以直接影响价值观的。注意，不要说价值观的管理、考核是互联网公司专有的。要知道，阿里这方面是向通用学的，那个时候的通用以制造业为主。

但是你必须明白，不是所有公司都可以学阿里、学通用，把价值观的考核真的做起来。你看到阿里能做起来，那是现象；阿里能做这么多年，那是趋势；背后是什么在支撑？那是结构及心智层，不挖得足够深，光抄皮毛一不小心就玩砸了。即便是阿里，这些年这方面出的问题也很多，类似"月饼事件"等，每一次都引起轩然大波，普通企业根本承受不起这种波折。

我们先看考核该怎么做，综合起来看有三个关键点。

☑ **首先要有核心团队的坚持**

2001年年初，关明生从通用带来这方面的经验，马云非常认可。在阿里非常早期的时候，就组织核心团队讨论了价值观并形成了共识。阿里的核心创始团队十八罗汉，很多都是马云的学生，他们气味相投，本身就是同类人，于是很自然地就达成了核心层的一致。这里回顾一下文化方面的内容，价值观是文化里很重要的一块，阿里能做起来，起点真的是当年那群人有这种一致和坚持，他们真的觉得人就应该这样生活和工作，用这个来寻找气味相投的人，他们没有自己骗自己。

总结一句话，你得有种子，有初始动力，有一群人率先去践行和坚持。

☑ **其次是讨论、取舍、拆解**

参考通用的经验，阿里在一开始做价值观方面设计的时候，就花大量的时间去讨论，这个讨论的过程就是中高层管理者达成一致的过程。这个过程极其重要，讨论和共识做不到位，就注定落实不下去。

讨论的结果就是对价值观关键词的取舍，以及对具体要求的拆解。关键词与具体要求的背后是业务和管理上有重要意义的场景，抓什么、放什么，都是

## 第3章 关键概念：价值观与管理的泥潭

贴着业务和管理的需要来的，要非常务实，且不是一成不变的，是可以改的。

举三个案例，大概率你也用得上。

第一个案例，客户第一，这是个普世的要求，尤其是在服务行业。但是光提客户第一，很多员工也不知道具体要做什么、具体要求有什么。举一个底线，叫"首问责任制"。比如你去某个超市遇到了某个问题，你随便问一个超市员工，他要么知道并回答或帮你解决，要么指引你到知道、能解决的人面前，不确定你能否找到的话，要负责带到，绝不可以让客户找不到人，这就是一个非常经典的场景。如果超市员工连这个都做不到，那他就可以走了，他不适合在服务行业工作。

第二个案例，还是客户第一。有一条具体的要求，叫作"不可以过度承诺"，为什么？具体的业务场景是，一些业务人员在跟客户谈的时候，出于成交的目的，会大包大揽，给予客户过多的承诺，最后给各方都带来各种麻烦和损失，而这样的事情比较普遍、影响恶劣，所以可以写进去专门强调和考核。

第三个案例，在阿里早期版本的价值观里，有一条叫"教学相长"。当时的背景是在业务初期，公司也没什么名气，招来的人普遍能力不算非常优秀，能接受"500元底薪、五官端正、有表达能力、肯吃苦你就来"。这种情况下教学相长就成了提升员工能力、公司业绩的关键动作，尤其对管理者有这个要求，后面发展得越来越好，员工整体素质、能力越来越高，且这一条大家都已经习以为常了，也就不再单独写出来了。

参考这三个案例，相信你能找到感觉。对于价值观的讨论、关键词的取舍，以及对具体要求的拆解，绝对不是在玩文字游戏，不能务虚，而是要严肃地分析、统计业务和管理的需要，看哪些场景需要被重点关注、重点训练、重点监督，哪些要杜绝出现，哪些要鼓励发生，这都需要组织高质量的讨论，并达成一致。读者可以去查阅阿里最新一版的"六脉神剑"价值观文本，这个东西经历了多次自上而下、自下而上的讨论，其中对于"客户第一"的行为层描述就包含了通俗易懂也很容易评判的四条行为。

（1）心怀感恩，尊重客户，保持谦和。

（2）面对客户，即便不是自己的责任，也不推诿。

（3）把客户价值当作我们最重要的KPI。

（4）洞察客户需求，探索创新机会。

☑ **最后是恰到好处的执行**

借鉴通用的经验，马云反复讲价值观必须能够被考核，不能被考核的就不能落地。如果考核到位，底下人是装不出来的，就算是装，你有本事一直这么装下去也可以。那么在遇到违反价值观的人和事的时候，是不是舍得下刀？是不是能把"消毒"工作做好（对内对外进行说明、解释，消除不良影响，确保大家能够理解）？遇到价值观做得好的人和事的时候，又该怎么给予认可和激励？会不会一不小心好心办坏事？

这些事情非常复杂，尤其在社会压力越来越大的当下，当你作为公司的"执法者"开展价值观考核工作的时候，要非常小心，有这么几条经验供参考。

第一，必须有真实案例，必须实事求是，在实践中管理者要为员工价值观打高分或者低分，那就必须写出案例来，绝不可以是模糊的臆断。

第二，要有一致性和一贯性。换句话说，不是我作为管理者觉得这个员工的某条价值观做得好，而是这个员工的同事、业务关联方、客户都觉得好，并且不是因为一件事情觉得他好，是至少在这个考核周期内，经常觉得他这方面一直做得很好。

第三，有理有据，也要有情有义。对于不涉及大是大非、违法犯罪的问题，处理的时候轻易不要影响对方的名誉，要同时注意公司内部及外部舆论的反应。对于涉及大是大非、违法犯罪的事情，则另当别论。

第四，对确实做得好的人和事的表彰，不要让对方有心理压力，更不要搞成道德绑架。重点说事情，别把人架在高处吹捧。说细一点，就是只讲事情的经过，事情本身多么好、有什么价值，不要把当事人架起来，长篇大论地说这个人哪里好、体现了什么品质之类的话。

第五，尽可能让客户、关联方来表达认可和感谢，而不是领导们在主席台上唱高调，要摆正关系。

第六，该给物质奖励时要毫不吝啬，给到位，要不然热闹完了什么也没有，反倒容易成笑话。

以上是用考核去影响价值观的大致方法，但又有一个问题，员工为什么要配合你的考核？为什么要在你这里展现客户第一、激情、诚信、团队合作等品质？世界那么大，他有腿随时可以走啊？

这就是下一节要讨论的问题了。

## 3.4 学会分清楚两种价值观

事实上，所有的管理工作也好，考核动作也好，这一切的背后都有一个基本假设，那就是员工自己是愿意接受的，以此来换取自己想要的另外一些东西，而你代表公司承诺给他那些东西，这就是管理工作合法性的根本来源——交换与承诺。在这个基础上，你所要求的激情、团队合作等，指向的都是基本的职业操守或者说一起工作的规矩，什么是对的，什么是错的，怎么做是对的，怎么做是错的，这些都是**管理学意义上的价值观**，最主要的特征是要分清对错。

管理学上的价值观，很多名词大家都熟悉，稍加留意你就会发现，这些其实是基本的职业素质要求，指向的是基础的做人、做事的原则。但是如果人家索性什么都不要了，选择不加入、辞职，那你怎么办？**这就是心理学层面的价值观，就跟爱情一样，指向的是我认为什么重要，我为何坚持。很多时候无关对错，就是一个选择而已。**

总得先解决心理学层面的价值观问题，然后才是管理学层面的价值观问题。很多时候前者解决了，后者也就自然而然地解决了，前者工作做得不到位，后者就没有了存在的必要。放在职场里，就是你得先让员工觉得自己在这里是对的、是值得的，因为有价值、有前途、有"钱途"，最好这三样都有，否则你很难在管理上真的让价值观落地，这个道理不言自明。

有价值、有前途、有"钱途"，指向的就是使命、愿景的问题了。解决了这些问题，对于员工而言，这家公司、这个事业就有足够的价值、有职业成长的空间、有赚钱的能力，就有足够的吸引力。员工自然愿意在这里努力，自然会有激情。在这个基础上，如果你有核心团队去坚持和践行，有完善的讨论、取舍、拆解，有恰到好处的执行，价值观体系自然就能建立起来。对照图3-1的逻辑层次模型，最上面的就是使命、愿景，我们下一章就解读使命这个概念，愿景其实英文翻译过来应该叫远见，将在第二部分专门介绍。

在图3-1的逻辑层次模型里，你会发现，还有一层叫作"身份"，介于使命、愿景和价值观之间，这是什么意思呢？我们拿生活中的场景来举例，这样比较方便大家理解：在我们国家的文化背景下，如果你要激怒或者打垮一个男士，最简单的一句话是什么？是"你还是不是个男人！"如果是女士指着对方的鼻子在大庭广众之下说这句话，效果往往比较炸裂，为什么会这样？这是因为在我们国家的文化背景下，"男人"这个词是一个心理学意义上的身份象征。必须强调说明，"身份"这个词在本书里指向的不是高低贵贱，指的是我是谁、我认为自己是谁——如果认可自己是一个男人，那么作为一个男人就应该怎样？他就应该坚强，俗话说"男儿有泪不轻弹"；他就应该勇敢，敢于承担家庭和社会的责任，积极主动地去想办法、解决各种问题，否则就不是一个合格的男人——这些是不是直接解决了价值观的问题？连带着逻辑层次模型下三层的问题也都不是事了，他会有足够的动力去解决。

**对自己身份的认知和接纳，甚至自豪感，会直接带来价值观层面的巨大变化。** 这个时候，你搞个仪式，代表公司对员工说，我们是同路人、是同志，带来的正面影响力可谓巨大，所以身份认知是从使命、愿景到价值观的一个放大器，如果做得好，效果将非常显著。

看到这里，可能你还没有完全理解，我们再来看两个案例。

## 第3章 关键概念：价值观与管理的泥潭

第一个案例传播很广[1]，发生在2023年7月30日，K396次列车引起了很大关注。当时遭遇大暴雨，导致塌方等严重事故，列车运行至北京市境内落坡岭站临时停车避险，到8月3日凌晨全部疏散完毕。过程中列车组工作人员、各部门都在全力帮助解困，其间列车上一度发生争抢物资的混乱情况，后来"K396次列车乘务员哽咽安抚乘客"的视频在网络流传，乘务员再三叮嘱乘客"领取物资时千万不要拥挤""我是个女人，也是别人家的孩子，我就是穿了这身衣服，我得对得起大家！"这是一个对自己身份认知带来的很好地承担工作岗位职责的表现，做得很好，因此视频获得了大量的点赞。

需要注意的是，在这样的灾难事件情境中，乘客群体陷入恐慌，列车工作人员这样维持秩序确实很尽责，但也是勉为其难，一列火车上有几百上千名旅客，但工作人员也就十几个，如果列车滞留持续时间再长一些，或者遭遇更严重的灾害冲击，或者外部救援不给力，那么情况可想而知。在K396次列车的案例中，乘客之所以出现群体性混乱、争抢，本质上乘客把自己当"消费者"，把乘务员当"服务员"。既然是"消费者"，那自然会极力保护自己的权益，自然对铁路提供的物资能抢就抢，同时等着"服务员"去查看路线、搬运和发放物资，"消费者"发现"服务员"处理稍有不及时，再加上体力、精力的消耗，自然还会责怪"服务员"。事实上，在这类灾难事件的情境中，"消费者""服务员"的身份是无法真正做到有效解决问题的，商业规律在灾难面前几乎失效。

但是，在我们国家，有另一种处理办法。同一时间在沿河城站同样被困的K1178次列车，2023年7月30日中午成立了由3名列车职工中的党员和4名旅客中的党员组成的临时党支部，在每个车厢征集了1名志愿者，协作分发物资、维持秩序、安抚旅客，把一群等着被服务的"消费者"，转变成能够互帮互助的

---

1 这两个案例的相关资料很多，以下可供参考：
中国组织人事报，《暴雨中列车上的"红色齿轮"这样转动》，2023年8月28日；
中国铁路，《三趟受阻旅客列车上的暖心故事》，2023年8月2日；
澎湃新闻，《他们回家了》，2023年8月6日。

049

团体，自发地照顾好老弱妇孺、维护秩序、积极自救。面对同样缺乏物资的情况，7月31日中午车上餐料已经用尽，沿河城站7名工作人员自己饿着肚子，将仅剩的两袋面粉送到车上，列车工作人员将面粉做成面片，优先发放给170余名老人、儿童等重点旅客，被困过程中虽然也有多轮乘客的情绪波动，但没有出现争抢。

你比较一下，在灾难面前，如果乘客是"消费者"的身份，他们的很多诉求和行为看似在商业上是合理的，但对解决灾难之下的问题没有帮助，反而可能带来更大麻烦。而在灾难面前，一旦党员站出来，党支部站起来，党与群众自然就成为一个集体。我们是同志，是灾难面前战无不胜的组织，组织里的每一个人都是并肩作战的战友、互相扶持的同伴，是不是瞬间就不一样了？历史上发生过很多次类似的事件，直到今天，在任何灾难面前，只要党旗打出来，解放军军旗打出来，我们的人民就能安心。

第二个案例，是一个艰难的话题，夫妻关系。

一段婚姻的开始可能有很多种原因，很多时候，爱情使人盲目，荷尔蒙使人冲动。一旦组成家庭，一个男士成了家里的丈夫，这又是一个身份层面的变化，这时候什么是重要的事情？爱护妻子、照顾孩子、赡养父母，要更加努力地工作赚钱等。身份认知变了，对自己作为丈夫的身份认可和接纳，对应的重要事情就变了，这些是由社会大背景和生物遗传基因决定的，比常规的企业管理动作好用且高效得多。

那么为什么这么多的婚姻经营不下去了？一段婚姻的结束也有很多种原因，性格不合、吵架太多、无法相处，也可能是经济上无以为继，也可能是双方家里的干扰，也可能是第三者插足等。但这所有的一切，其实都指向了一点，那就是看不到未来了，或者找到了更好的未来。一个比较悲伤的事实是，太多婚姻的开始，并没有对共同愿景进行深入探讨并达成共识，或者只停留在生不生孩子的层面上，盲目、跌跌撞撞、懵懵懂懂地就开始了。然而现实总是残酷的，尤其在压力越来越大的当下，这个问题注定会越加严重，翻译成管语言，那就是没有愿景，或者有了不同的愿景，于是选择丢弃婚姻中的身份，原本因为这个身份所遵守的价值观，也不复存在了。

## 3.5 领导力与管理权的分界

读完本章前面的内容，你闭上眼睛消化一下，就会发现，找到了Leadership（领导工作/领导力）和Management（管理工作/管理权）的分界点。

在逻辑层次模型里，上面的使命、愿景、身份、价值观指向的是Leadership；下面的能力、行动、资源，指向的是Management。能力不足就组织训练、学习，行动不够就落实监督、鞭策、激励，资源不够就争取、累积，这一切做得能否有质量、有效率，需要智慧，需要多练习，有很多方法，但需要上三层作为前提：发自内心地相信和选择，为此愿意付代价、做改变，是真正的动力来源。

再延伸一下，这里是领导力和管理权的问题。举个例子，大家都知道唐僧没有什么特别的能力，反正打架不行。唐僧是被选拔和任命的，不是群众推举出来的。选举和选拔是完全不一样的。前者需要群众的支持，正常选举出来的人一般就应该是有领导力的；选拔则对应着上级的任命，为了帮助被选拔出来的人履行任务，还得赋予管理权，放在《西游记》里那就是紧箍咒。注意，并不是说选拔出来的人就没有领导力。一般而言，选拔的时候，也要考察有没有群众基础，这里只是做一下区分，方便讨论。

选举、选拔，领导力、管理权，与逻辑层次模型对照一下，大概就是下面的样子，如图3-2所示。

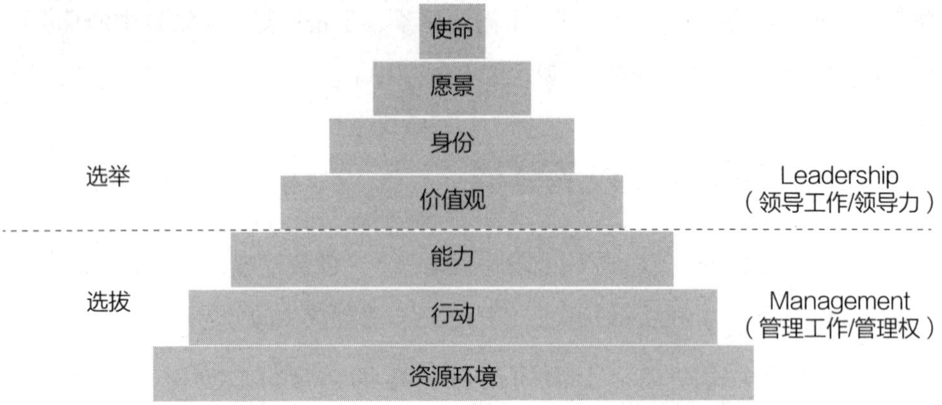
使命
愿景
身份
价值观
能力
行动
资源环境
选举
选拔
Leadership
（领导工作/领导力）
Management
（管理工作/管理权）

图3-2　逻辑层次模型与领导力和管理权的分界

根据《西游记》原文中的记载，唐太宗选拔唐僧的过程为："三位朝臣，聚众僧，在那山川坛里，逐一从头查选，内中选得一名有德行的高僧，玄奘法师，查得他根源又好，德行又高，千经万典，无所不通，佛号仙音，无般不会。太宗闻其名，沉思良久道：可是学士陈光蕊之儿玄奘否？江流儿叩头曰：臣正是，太宗喜道：果然举之不错，诚为有德行有禅心的和尚。"

所以说，唐僧是被皇帝选拔、任命的，皇帝派他途经各国去西天取经，如来背后做局，于是唐僧就肩负着这个责任一路向西。后来如来和菩萨又一路给他指派了团队，从孙悟空开始到猪八戒，再到沙僧、白龙马，人、妖、流放官员、魔聚到了一起，起初根本就是乌合之众罢了。

如来和唐太宗为了帮助唐僧管理团队，除提供委任状、通关文书、袈裟外，还提供了管理工具，就是紧箍咒，其实就是给了他管理权，这样唐僧才真正成了取经五人组的负责人，手上掌握着处罚的权利，就是念紧箍咒。也给了激励的愿景，即成功了所有人都可以免去过去的罪过，有的还能成佛。你看所有这些其实就是一个非常典型的企业中的业务部门的感觉——有这么一个具体的任务，有这么一群人，公司任命了一个管理者，管理者有一定的惩罚、激励的权利，其实这时也就是个团伙而已。有个领头的，有点规矩，有一个明面上一起要做的事情，其实几个徒弟都心怀鬼胎，根本算不上团队。

然后就是九九八十一难的考验，看看唐僧和他的团队是否经受得住，能

## 第3章 关键概念：价值观与管理的泥潭

否真心地去求取真经。在克服这九九八十一难的过程中，唐僧完成了自己的蜕变。唐僧展现了真正坚定的使命感，那就是无论有多少磨难和诱惑，他都坚定不移地一定要到西天求取真经。我跟很多企业家闲聊过这件事情，大家一致的观点是，如果自己是唐僧，最多坚持到第五十四回女儿国这一关，大概率就投降了，众人大笑。

在这个使命的加持下，唐僧从来没有怀疑过自己能否达成愿景，他一直很清楚地知道自己的身份。书中反复写到"贫僧从东土大唐而来，去往西天取经"，他很清楚地知道自己是谁、要干什么，在过程中也一直坚持自己的价值观。所以在取经路上，根据原著记载，孙悟空因为魔性不改、不服管教，再加上总是喊打喊杀，没少被唐僧念紧箍咒折磨，直到第五十八回，"二心搅乱大乾坤，一体难修真寂灭"，六耳猕猴出现了。真假美猴王这一段放在现在的不同视角里，有两种截然不同的理解。

第一种理解，孙悟空是很多人的精神偶像，天造地设的精灵，自由、强大，因此有一种论断说，整个西游记就是一个阴谋，因为孙悟空不死、不灭、不服输，如来虽然能把孙悟空压到五行山下，但终究没办法真的打败他。于是如来联合天庭做局，搞了个取经之旅，一路消磨孙悟空，直至真假美猴王一战，死的是真的孙悟空或者孙悟空不屈的心，留下来的是个空壳子而已。关于这个观点，早年曾经有本书非常有意思，叫《悟空传》，感兴趣的朋友可以找来读一下。书中写道："我要这天，再遮不住我眼，要这地，再埋不了我心，要这众生，都明白我意，要那诸佛，都烟消云散！若天压我，劈开那天，若地拘我，踏碎那地，我等生来自由身，谁敢高高在上！"读来确实热血沸腾。

第二种理解，要把取经看作一个创业故事。到这一回，孙悟空才最终打败了自己的心魔，即所谓"二心"，真的愿意去西天取经了，而不单单是一个被强加的任务而已；孙悟空真的成了取经小组的一员，而不是随时游离在外的状态，此后也就不需要紧箍咒了；唐僧也真的理解了孙悟空，明白了他的重要性，打心底里信任孙悟空了，想要跟孙悟空好好合作，而不是横挑鼻子竖挑眼，也不再端着架子总认为自己是把孙悟空从五行山下解救出来的恩人了。到这里，师徒二人才算真正地接纳彼此，真正地彼此信任，从乌合之众到团伙，总算成为一个团队。正是在真假美猴王之后，师徒之间不信任的心魔彻底解开。师徒一条心，唐僧再也不轻易念紧箍咒了，管理权不那么重要了，因为领导力建立起来了。

其实总结就几个字，那就是"菩萨畏因，众生畏果"，有大智慧的人懂得在源头上做工作，而不是只针对现象层的问题做工作，要找到领导力和管理权的分界点。

书本前的你，在哪几层做工作？又在哪里花的精力多？

第4章

# 关键概念：
# 使命的稀缺性及作用

---

大部分创始人提及，创业的初衷其实是满足自己的某个需求或者喜好，比如为了改善生活、出人头地，为了家人的生活能够更有尊严，为了证明自己的价值，这些都是需求。如果做擅长的、喜欢的事情还能赚钱，那就顺道开个公司吧，这更像喜好，这些都很正常。我们的国家发展太快了，越往过去三十年，越多的创始人、CEO是为了生活、为了被尊重；越往最近十年，越多的创始人、CEO是因为兴趣、因为好玩，越来越多的创始人、CEO没毕业或刚毕业就开始创业，一天工都没打过。这些都很好理解，因为时代不同了。等企业做大了，员工多了，行业影响力大了，社会也关注了，有些就慢慢成了责任。而责任会带来压力、疲惫，如果处理不好，则很难长久地坚持，也很难享受其中的乐趣。

无论是需求、喜好还是责任，其实都不是真正意义上的使命，使命最主要的特征就是超越了这三样，不再为自己，也不会因为责任的压力轻易选择逃避。事实上真正有使命的创业者是非常稀缺的，没有使命或者使命不清晰、没讲出来，并不耽误企业做大、赚钱，有了使命也不见得就一定能怎么样，还需要时代的加持，业务设计、组织设计的用心，再加上几年、十几年、几十年的积累，才有可能成就一个真正的好企业。最终可以回答，世界因我有何不同，在这个过程中，自己也因为世界会有各种变化。不得不承认，有没有使命确实是优秀与卓越的分界点，是穿越周期的精神力量的原点。对大多数企业和人来说，做到优秀已经很难，这是最终极的追求，是真正底层的领导力的来源。

回望改革开放以来的这些年，你会发现社会层面、企业家群体、各路媒体、专家等对使命的态度、声音也是周期性的。经济比较火的那些年，创业者、投资机构都很热衷谈这个，尤其是互联网圈子，好像没有使命就会不好意思、矮人一等，于是在BP里都多多少少地会写一些，事实上真正关心、真正相信自己的这件事情有使命在里面的人能有多少？从2019年年底开始，伴随着中美对抗、百年未有之大变局、疫情，以及2022年疫情放开后经济没有预想中那样迅速恢复，企业的转型、生存压力普遍很大，在这样的背景下，大家又都不怎么提使命了。有很多声音都在说，别讲虚的，活下去最重要，甚至还有嘲笑和不屑，这些都是正常的社会现象。真正有使命的人，能做到"因为相信，所以看见"的人，注定是少数，很多时候，很多人对使命的描述，只不过是拿来装点自己和公司的金边而已。

在本章，我们一起看几个案例，先感受一下使命不清晰会有哪些影响，再详细拆解使用这个看似务虚的概念有哪些作用。

## 4.1 从七个案例聊起

前面已经聊过，没有使命不耽误企业做大做强，追求自己的需求或者爱好的人和责任心驱动的人，一样可以获得很大的成就，只是这类人到了一定阶段，有相当大比例会遭遇相似或者不同的困境，下面举几个非常典型的案例。

☑ **案例一**

我在做咨询的时候，遇到这么一个案例，这个场景其实也不算陌生，很多创始人、CEO都遇到过。客户夫妻俩创业，兢兢业业打拼好多年，公司经营得很不错，也攒下了很厚的家底儿，有一线城市独栋的大别墅，带很大的院子、草坪和游泳池，还养了猫和狗，更幸福的是有一个正在上小学的孩子。夫妻俩

## 第4章 关键概念：使命的稀缺性及作用

平时非常忙，晚上回来一般都很晚，周末也经常要开会或者去各地出差，孩子、老人和家里由保姆、管家打理，当然也请了很好的家庭教师，也有自己的家庭医生。

有一天，妻子下班早，回到家时太阳还没下山，她看到这样一幕：沐浴着晚霞，自己家的保姆带着自己的孩子，还有自己的猫啊狗啊，在自己家的泳池边玩耍——他们看着好像更像是一家人。

然后妻子就崩溃了，自己如此辛苦努力，"累得跟个狗一样，到底图什么？"

### ☑ 案例二

国内网络安全领域有这样一家公司，创始人和一群好朋友从大学开始，就一起折腾网络安全方面的事情，几个人都是红客群体中有名有姓的"大神"。红客和黑客都是技术高手群体，但红客做的事情是黑客的反面，黑客进行的多是非法行为，红客则在被授权、合法的前提下展开工作。

毕业后，这几个人就一起创业做网络安全。2023年，他们已经是国际上少有的能够开展顶级网络安全攻防业务的企业，属于行业第一梯队。国内很多单位会邀请他们去测试自己的网络，授权他们做攻防实验，国内几大头部企业和他们也有很多业务合作，也有很多投资机构追着他们投资，可以说在圈子里做得风生水起。但是这个时候，创始人、CEO反而开始纠结，因为摆在他们面前的有这么几个选择：可以选择接受投资，拓展产品线，扩大队伍，快速提升营收，冲击上市。如果这样，迫于上市所需的业绩压力，大概率就不得不做很多同行都在做的，很赚钱但其实没用的产品和业务。也可以选择见好就收，到这个阶段把公司卖掉也可以赚很多，或者保持这个规模已经很赚钱了。有这些纠结的根本原因，是他内心真正最喜欢、最想做的事情，是和兄弟们一起折腾有趣的、有价值的事情。比如国家、警方需要他们的支持，他们很乐意义务支持，觉得很有成就感；再比如帮助一些重要的领域提高网络安全的水平，避免用户的损失等，也是很有成就感的事情。

那到底该怎么选？

☑ **案例三**

疫情前，我曾受邀参加一场私董会，在场的7个创始人、CEO来自不同的行业，当天的案主已经拥有一个行业头部数十亿元营收的企业了。创始人提出的问题是想请大家帮忙分析下，自己的公司下一步该往哪里走。

这类话题非常适合企业家群体讨论，现场所有人一起做私董会也有段时间了，彼此都有足够的信任度，也都是几十亿元营收规模的企业家。大家讨论得很热烈，给出了很多特别好的建议，也有好多人表示，自己愿意参与投资，开放自己的客户资源或者渠道，一起合作等，讨论的人一个个都很"嗨"。但是在整个过程中，这位案主就给人一种说不出来的乏力感。

从早上讨论到下午，这位案主依然觉得迷茫，其他企业家经过我的提醒，也能感知到他的状态好像不是特别对劲，大家便停止了对具体业务的建议，转过来与这位创始人做更深层次的对话，帮助他挖掘自己最开心、最快乐、最有成就感的时刻，一层层地去挖，到底什么对他才是最重要的。最终发现，原来他最有动力的事情是做给自己的父亲看，从小父亲就是他的榜样，父亲待他一直非常严厉，甚至是苛刻，他一直想要做出成绩获得父亲的真正认可，这个案例和我学习完形心理学时导师讲的几乎一致。

但是他的父亲在几个月前突然去世了，都没来得及道别，他们就天人永隔。

所以，失去了原动力的他，何去何从？

☑ **案例四**

曾经遇到一个创始人，把农夫山泉当作对标的对象。这位创始人把喝水这件事分解为三个阶段，第一阶段是喝水要喝得安全，第二阶段是喝水要喝得有营养，第三阶段是喝各种功能化的水，比如红牛。这位创始人的说法是，自己的业务也是类似水一样的刚需，他在公司里一直给大家画的饼，就是对标农夫山泉来讲他们的事业会有多么大、多么"刚需"，类比卖水而言，他的第一阶段已经做到区域最强，达到十亿元级别的营收。

在私底下交流的时候，他有各种担忧或者怀疑。因为做着做着，他发现其实这件事情没有他想得这么容易，自己的行业和卖水还是有很大区别的，投入的成本、扩张的难度和农夫山泉那个时候不能同日而语，当下的时代远不像二十年前，有了产品就可以大行其道了。

当前他面临一个关键的战略选择，那就是要不要从区域走向全国——事实上，他自己是怕的。在交流过程中，我发现他非常拿不定主意。因为一旦做这些事情，投入是巨大的，收效却并不一定，其他区域的竞品也都不是吃素的，行业里地方保护的力量很强大。如果扩张去抢别人地盘，对资金、管理能力、人才的需求都是极大的；然而对于这些能力，你不去战斗，蹲在自己地盘又锻炼不出来，就很纠结。再往深处挖，就发现，其实他想要的是赚更多的钱，所以会提农夫山泉，他的业务只是赚钱的手段罢了。当下有了不错的成绩，如果大举扩张，就会面临巨大的投入和远超农夫山泉当年卖水的风险，一不小心就会把现有的积累和财富都给干没了。

那他自然下不了这个决心，下一步，该怎么走？

☑ **案例五**

这个案例可以写具体是哪家公司，因为涉及的信息都已经公开，网上都查得到。

案例的主人公叫蒋磊，1984年生于四川南充，爷爷参加抗美援朝，外公曾是地下党员，父母都是老师。蒋磊也是超级学霸，获得高中全国物理奥林匹克比赛冠军，一路保送清华大学材料系，被保送攻读博士学位。本来这是一个好好学习、改变人生的范本，不巧的是，蒋磊自己打小就是个军迷，为了更好地看军事小说，大一的时候鼓捣了个军事小说站点，就是后来的铁血网。当时条件很艰苦，小破屋里就一张床，一起折腾的人轮流睡床。后来网友捐了一点钱改善生活、给了投资，蒋磊也跟学校申请了停学创业。那几年第一次互联网创业热潮正如火如荼，蒋磊的公司也有模有样地搞了办公室并招了几十个人，想着停学两年差不多可以把公司做稳定，自己再回去把书读完。

**穿透：理顺业务和组织的22个关键动作**

别看当时网站做得风生水起，成了民间军事网站的扛把子，但实际上经营惨淡，完全不知道怎么盈利，停学创业期限也到了，到期不回去上学就毕不了业。一边是写好的剧本一般的学霸人生，一边是完全看不到前途的惨淡营生，如果是你，你会怎么选？蒋磊的母亲飞到学校，在2006年大冬天的寒风中，在学校操场旗杆下哭着劝蒋磊。后来有一次接受媒体采访时，他笑着说，当时甚至有种想一死了之的感觉[1]。

就算付出如此代价，生意也不会自然地好起来。毕竟客户不欠你的，后面慢慢摸索，卖网站广告是一条路，但还不够。直到有一天，蒋磊发现军迷在网站讨论M65风衣，这件风衣在二战题材影视剧里出镜频率很高。蒋磊自己刷信用卡采购了17件，一天卖出了11件，创立6年的铁血网才算找到了盈利模式——铁血网的用户除了关注军事资讯、小说，也很喜欢讨论、购买军品服饰，之后铁血网成功地依托军事社区进入军品电商领域，然后一路开挂。

- 2007年年底，铁血网军品行成立。
- 2011年，整体盈利突破1000万元，销售额过亿元，军品行占比70%。
- 2011年，铁血网创立了自主品牌龙牙战术服装。
- 2015年11月5日，历经15年的磨炼，铁血网成功登陆新三板。在发布会上，蒋磊身穿亲自参与研发的防火抓绒服，兴奋地对外宣布，自主品牌"龙牙战术"拿到了首张军方订单。
- 2022年，铁血网在军品服装细分领域占据了领先位置。

此时，这看起来是一个很美好的故事了。但是下一步呢，再往哪里去？

军品服装或者功能性服装领域比较细分化，市场盘子并不大，增长空间很有限，下一步要不要索性往男装类目发起冲击，这可是大了好几个量级的市场？还是聚焦做技术研发、深耕功能性服装领域？也可以都不选，就当下这样也挺好，但是一不小心别的大品牌、大商家随手拓展一下自己的业务，也许就将其"灭"了，到那个时候该怎么办？如果是你，你会怎么选？

---

[1] 军武次位面，《你会花15年的青春去干一件看不到未来的事儿吗？》，2016年3月30日。

第4章 关键概念：使命的稀缺性及作用

☑ **案例六**

我是一个户外旅行爱好者，偶尔也会带上帐篷出去露营。对于户外旅行爱好者来说，帐篷是一个极其重要的单品，细分之下有很多不同的使用场景。国内外做帐篷的企业有很多家，其中有一家做的是高价格带的产品，最便宜的产品也在千元以上，2023年营收有小几亿元，还有一些配套的单品，比如野营灯，帐篷类占70%。

问题是这个营收规模连续几年没有变化，增长乏力，受新冠疫情和大环境的影响，甚至还有下降的趋势。于是他们就找了几家非常有名的咨询公司，花了几百万元，用了三个月的时间做了很多市场调研，分析了大量的数据之后给出了方案，最核心的一条是发展中低端价位的帐篷产品，比如百元价格带的那种，淘宝、拼多多上甚至能便宜到几十块钱一个。事实上，这对于业务的增长而言是一个不错的选择，大多数人的帐篷只是在天气好的时候去附近支的一个棚子而已，一年到头其实用不了几次。这类需求强调的是物美价廉、颜值高、方便搭建、方便收纳。他们原来设计产品会非常认真地考虑防风防雨、坚固耐用，造型还要有艺术感，在这些基础之上兼顾防晒、美观、舒适、便携。这两类产品的客户之间，还一个细微的差异，那就是客户自己有没有汽车，前者不需要有汽车，手拎着或用电瓶车就可以带走，基本走不远，后者往往是放在汽车后备箱里出行，动不动就开一小时以上，跑去郊区甚至跨市、跨省。

所以你看，考虑大多数用户的需求，确实应该去开发物美价廉的中低端价位的产品。这个客户及客户价值的细分、产品定位、价格带的选择，其实在这家公司里面争吵很久了，多数参与决策的公司骨干认为如果不这么做的话，很难进一步提升营收，也很难冲击上市。公司的创始人也就顺应了群众的呼声，同意了这个决策，但是折腾了大概半年后，老板后悔了，关掉了中低端价位的产品业务。

理由也很简单，对于创始人而言，他认为自己是一个非常有品位的艺术家，"我为什么要做那些烂大街的便宜货？它们跟蚊帐有什么区别？这不是我想要的，我就只做行业里的奢侈品，小点就小点，没什么不好。再想做大，要从品牌和传播上做工作，就是不做便宜货。非得做的话，就另外开一个公司做。"

☑ **案例七**

这是一个细分行业头部公司的案例，很有代表性。

这家公司一年有近三十亿元的营收，创始人是非常有大哥风范的东北人，起家的班底是自己的八个小弟小妹，他们学历都不高，都成了公司的高管。

有一次，我出去演讲认识了这位创始人，创始人请我去公司里做调研，帮助分析公司的现状、问题、解法。我找了三十多个人聊天，发现了一个很有意思的现象，那就是公司里面无论是高管还是普通员工，见到创始人都叫大哥或者老大。等到我访谈完，最后和创始人关起门来单独聊的时候，我把这个现象反馈给创始人，问创始人怎么看？

创始人苦笑了一会儿之后，把他请我过去的真实原因告诉了我。整个公司面临的危机很严重，表面看还在增长，但是他判断增速最多再维持两年，两年之后营收可能会有断崖式的下跌。作为创始人、CEO，他很希望底下的高管们能够有创新的想法和解决方案，但一直没有，感觉他们的状态就是"大哥你就说怎么办吧，我们一定跟着干"，根本没想法，没有真正意识到危机，这给创始人造成很大的压力。创始人也非常清楚，大多数高管确实存在思维僵化、视野局限、能力不足的问题，因此创始人内心深处很希望各个部门的老伙计们能够给年轻人让一让位置，能够主动申请退休，或者把更多的权责交给底下的年轻人，毕竟公司这些年储备过大量的年轻、优秀人才，但是这些人也流失过半了。创始人和离开的主管级别以上的人挨个聊过天，基本上都反馈说"公司僵化，自己做不了什么事情"。

我们两个人聊到半夜，研究怎么就成了这个样子。最后有这么几个结论。

第一，江湖气有利有弊。

十五年前公司草创的时候，最需要的就是踏实肯干，不计得失，这背后是对创始人无条件的信任。公司能有这么大的规模，离不开行业的风口和创始团队的努力，老班底居功甚伟。作为创始人，他一直以来也公开说自己就是"要带着兄弟们赚钱，出人头地，人人都能有大车子、大房子、大金链子"。在那个阶段，这句话没有错，但这就是当前所有问题的根源——太过江湖气，可逞一时英雄，但很难长久，还容易出各种乱子。

第二，今天的局面是从五年前开始累积的。

五年前，大家都有了大车子、大房子、大金链子之后，创始人没有及时督促和要求高管们多出去学习，没有带着核心高管提升自己的格局和追求，没有及时把企业存在的意义和价值拔高到行业的进步及客户价值层面。创始人自己有段时间也不怎么关心业务，大家都开始享受生活了。

第三，更要命的是，没有培养和指定一个真正意义上的接班人。

这五年下来，核心高管大多数在"躺平"吃老本，少数两三个人把自己当"二当家的"在争权夺利，倒是没人敢觊觎"大当家的"的位置。这个事情很有意思，有两个原因：一是"大哥"还在且年富力强，自然没人敢动心思；二是想做大哥，得有真本事，已经五年没有人真正盯着业务，继续努力前进、开拓新世界了，没有人能拿出真正振奋人心的东西，自然也就没有人觉得自己真得配。

除了上面这七个案例，其他可以聊的案例太多了，创始人、CEO的状态直接决定了一家企业的轨迹，你得和这个群体走近，感知一个人活生生的状态，真正感知到其中的兴奋与艰难，而不是藏在企业表象之后。当陷入以上种种困惑和选择难题时，其实就是你和自己对话的最好时机，是最好的自我超越的机缘。

还记得前面用过的逻辑层次模型吗？你对照着再去琢磨一遍，就会发现这些困惑基本上都在这愿景以下的层面里，此时会有一个很有意思的问题浮出来：是困在这些层面，还是再上一层？有没有别的活法？什么可以为你提供更强大的力量支撑你往下走？这就是使命的问题了。

大多数人此时也停留在寻找现实解决方法的状态，这也没错，找到了、解决了，企业和自己迈入下一个台阶，过段时间类似或者不同的困惑和选择再来一遍，这是一个反反复复的过程。大部分人就不再去跟自己对话和寻求自我超越，努力到哪里就算哪里；少数人会真的开始思考和觉醒，不再停留在自己的需求、喜好、责任上，而是再向上一层开始思考使命，思考大于自己的意义，思考更高阶的价值。

有使命或者有使命感的创业者、企业家，大部分是慢慢才有的，一开始就有的，那是极少数。

## 4.2 使命是什么，有什么用

使命是什么？前面的内容已经尝试着在说明，如果非要抽象一点、给个定义，那就是超出自身需求或者喜好乃至责任的价值。比较难理解的是，如果你真的有使命，就不会感觉被责任所累，你会融入和享受其中的状态，真正地合一，这对你自己意义重大，我们从乔布斯的描述中可以很好地理解这件事情。

☑ **对自己的作用**

使命可以帮助你把自己的逻辑层次再拔高一层，真的到了这个层面，你会发现前面提过的七个案例都不再是问题，至少你不会那么痛苦和纠结，你会有更底层的力量去坚持，因为你的事业不会再把你"异化"，从一开始为了自己的需求、爱好，到被它绑架，为了赚钱而赚钱，为了增长而增长，为了竞争而竞争，为了地位而地位，为了规模而规模，为了排名而排名，为了责任而责任。乔布斯2005年在斯坦福大学的演讲里把这些称为"过去的成功造成的沉重"，我把他演讲里的部分内容翻译如下，有能力的读者可以直接看原文。

过去的成功造成的沉重被重新出发的轻盈替代，别的事都不再重要，这让我获得自由，进入了我生命中最有创造力的一个阶段。我确信，唯一支撑我一直走下去的，就是我爱我做的事情。你需要去找到你所爱的东西，对于工作是如此，对于你的爱人也是如此，你的工作将会占据生活中的很大一部分，你只有相信自己所做的是伟大的工作，你才能真的满足。如果你现在还没有找到，

## 第4章　关键概念：使命的稀缺性及作用

那么继续找，不要停下来，只要全心全意地去找，在你找到的时候，你的心会告诉你的。就像任何真诚的关系，随着岁月的流逝只会越来越醇美，所以继续寻找，不要妥协。

我写作本书的时候，重新看了乔布斯的斯坦福大学演讲，有一个小小的发现，乔布斯作为一个自小被生母送走的人，他在很自然大方地谈论"爱"。"爱"这个字，是我们的文化所不擅长直接表达的，而这个字可以很好地解释，什么是使命，那就是你真的愿意为这个人、这件事奋不顾身，虽千万人吾往矣。这个时候你会发现，你拥有了超脱的力量。

### ☑ 对业务的作用

一个普通人谈使命，可能很少被关注或者在意；但是企业的创始人、CEO谈使命，需要具体地指向客户、客户价值，直接链接到商业上。比如沃尔玛中国官网的宣传语是"为人们省钱省时，让他们生活得更好！"所以客户是消费者，客户价值是省钱省时。阿里说"让天下没有难做的生意"，所以客户是商家，客户价值是让他们做生意变得容易一些。

比较好玩的是特斯拉，普罗大众会以为它是个车企，客户是消费者，客户价值就是更智能、更好用的智能汽车。但是特斯拉官网和马斯克本人从来没有隐藏过，特斯拉的使命是"加速世界向可持续能源的转变"（参考图4-1），所以客户是世界、是全人类，客户价值是可持续能源的实现。马斯克还有一块业务是造火箭，要让人类开辟火星殖民地，成为跨行星物种，以及早期投资OpenAI，要求开源、安全性的主张。综合来看，很多媒体评价马斯克是"人类之光"也就不为过了，他的追求已经不是普通的商业利益了，而是在考虑人类和科技的发展问题。

> 特斯拉的使命是加速世界向可持续能源的转变，
> 因此特斯拉造车、造储能设备等，都是过程和工具，最终想要的是可持续能源的变革。

图4-1 特斯拉官网对自己的介绍

真正有使命的企业，就找到了真正重要的、可以被爱的事，你的重点不再是为自己赚钱，而是为客户创造价值，能创造多少是业务设计、组织设计的事情，然后从这个价值中获取自己的奖赏，这就是马云说的5块钱的故事："销售人员出去时不要盯着客户口袋里的5块钱，你应该帮助客户把口袋里的5块钱变成50块钱，然后从中拿走5块钱。"这个逻辑可以很好地扩大你的企业格局。

如果你真的相信，整个团队也相信，同时能准确判断具体节奏，厘清打法，推动组织成长起来。在此过程中，你会发现你和客户的关系也会有彻底的改变，不再是单纯的买卖或者攻防关系，而是真的在互相成就。一切都会变得不一样，再经历足够长时间的打磨，就可能成就一家可以穿越历史的、受人尊重的、真正的好公司。典型的如2023年就满100年的迪士尼，它的使命是"为所有人创造开心时刻，无处不在！"纵观人类历史，迪士尼在行业和领域里，确实称得上卓越。

进一步地，如果真的有使命，换句话说就是清楚地知道自己是谁，自己的客户是谁，为客户提供的价值是什么，为什么要由你来提供和实现。这样一来，在面对诱惑和选择的时候，你也会坚定很多，尤其当你的公司做得比较大了，各种合作、资源、机会都会找上门，做还是不做？做了也许很赚钱，但是会经常耽误你真正的追求，怎么办？更麻烦的是，当你真正的追求面临资源不足、投入巨大、一时半会儿看不到希望、所有人都摇摆的时候，也许你甚至会对愿景能否实现产生怀疑，此时你还要不要坚持？或者如果这一波创业失败了，你还要不要另起锅灶、从头再来？你最后的力量到底来自哪里？早一天搞清楚这些问题，你就能早一天进入真正通透和放松的状态。

☑ 对人才的作用

真正顶级的人才，尤其是科研人才，很多都有超出金钱的追求。企业大小与否，报酬丰厚与否，对于选择是否加入不再是唯一的决定因素。

举一个最典型的案例，阿里曾经组织高管去硅谷知名企业参观学习，每到一家企业，都会问很多问题。其中一个问题就是"你们的竞争对手是谁"，大多数企业回答的都是别的或大或小的企业。当问到谷歌的时候，得到的回复居然是NASA（美国航空航天局），因为NASA会抢走他们的人才。苹果和Meta来抢人，谷歌根本不怕，很多时候通过多给股权、工资就解决了；但是NASA来抢人，谷歌经常会招架不住，顶尖的工程师们愿意拿几分之一的薪水去NASA，因为NASA的梦想是剑指整个宇宙，对顶尖的人才而言，做这样的事，才够酷。

☑ 对团队的作用

一群人在一起，会有一个演变的过程，一般是从乌合之众到团伙，再到团队，最后是组织（参考图4-2）。对于大部分企业、大部分情况，如果你去问，他们都会说自己是一个团队，而真相往往很残酷，借用我在南京街边餐馆看到的一句话，"人在一起叫聚会，心在一起叫团队"。

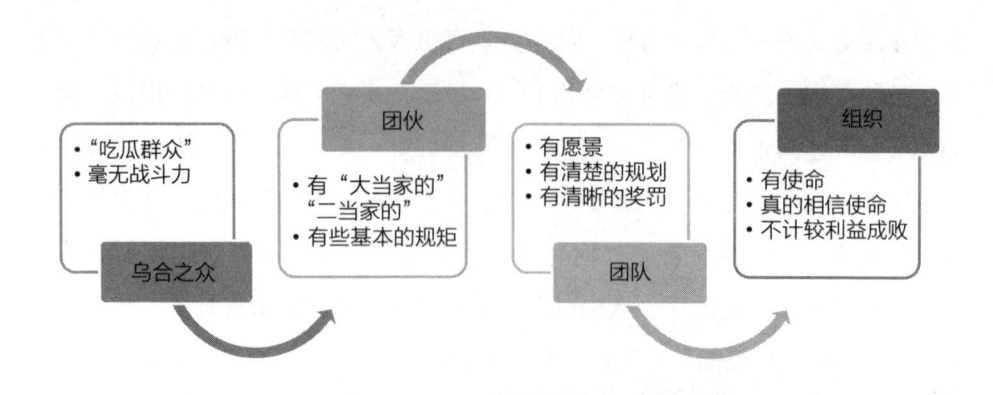

## 穿透：理顺业务和组织的22个关键动作

```
乌合之众 → 团伙 → 团队 → 组织

乌合之众：
• "吃瓜群众"
• 毫无战斗力

团伙：
• 有"大当家的""二当家的"
• 有些基本的规矩

团队：
• 有愿景
• 有清楚的规划
• 有清晰的奖罚

组织：
• 有使命
• 真的相信使命
• 不计较利益成败
```

> 团体进化的四个阶段，从乌合之众到团伙，再到团队，最后是组织；
> 注意团伙存在的目的非常功利，客户和客户价值都指向自己。

图4-2　团体进化的四个阶段

乌合之众不用多讲，大家都见过，从乌合之众到团伙，需要有"当家的"。"当家的"要带着兄弟们过好一些的日子，为了管理小弟，"当家的"会定一些规矩，这就成了团伙；但是团伙最大的问题就是没有真正的愿景，不知道到底要去哪里，过着朝不保夕的日子，所有的目的都是自己，这也是为什么水浒108好汉最后居然会投降、被招安的根本原因。仔细探究一下，你会发现梁山好汉名义上算是有使命、有价值观的。《水浒传》中写道，早期王伦执掌梁山，林冲第一次上的时候，王伦道："既然如此，你若真心入伙，把一个投名状来。"朱贵笑道："但凡好汉们入伙，须要纳投名状，是教你下山去杀得一个人，将头献纳，他便无疑心。"简单来说，就是逼林冲下山随便杀个人，抢了财物带着人头交投名状，他们在这个阶段根本就是草寇。王伦在梁山做山寨之主的时间并不算长，等到晁盖一行八人上了梁山，就发生了林冲火并王伦的事件。王伦一命呜呼，林冲率先推举晁盖做了梁山之主。晁盖身亡后，宋江接替晁盖做了梁山之主，这过程中树立了"替天行道"的使命，也定下了规矩，比如不可滥杀无辜，只能打劫贪官、富豪，论功劳排座次等。但是这些都是名义上的，缺乏深度的讨论和共识。在这个大背景下，宋江最大的问题就是没有搞清楚团队的愿景，没有想明白自己到底要带着大家去哪里，最终也许

## 第4章 关键概念：使命的稀缺性及作用

是迫于无奈，也许是能力不济，也许是底下好汉们疲了，很多人就想安生过日子，不想再打打杀杀，最终居然去寻求招安了。结局是梁山毁于一旦，只有少数几人得以幸存，实在是悲剧。

等到有了真的愿景，大家也许信、也许不那么信，大部分公司就是这个混杂的状态。这个时候如果能有清晰的业务规划，能一点点地把事情做出来，能向前拱起来，再有清晰的奖罚规则，做得好的能被看见和激励，做得不好的能有训练和督促，实在不合适的能及时请他离开，这样就慢慢成了一个真正的团队。到了这一步，就真的已经很不错了，已经相当优秀了。有没有愿景，是团伙和团队的本质区别，也许团伙里的秩序、规则，甚至战斗力都不差，但是终究都是为了自己的眼前利益，没有对未来的长期思考，那么为了利益或者自保，必然还会出现拉帮结派、划分势力范围、站队的问题，终究无法长久。

进一步地，优秀是卓越的敌人，真正卓越的是组织。即使做不到组织的层面，一个优秀的团队加上一定的运气，也可以创造阶段性的、可大可小的成就，但基本很难穿越周期。典型的结局是会因为计较利益而走向分裂，因为回避困难而走向衰退，因为缺乏追求而走向平庸。更直接一点，你作为创始人、CEO，是否想过，你的企业要不要比自己活得久？你的企业寿命到底有多长？你希望留下什么、传承什么，还是说这一切都只是手段而已？这些问题回答不了，就永远成不了组织，无法走向卓越，但可以是一个成功的商业团队。

组织和团队的本质区别在于，真正的组织是真正有使命、信使命的；为了使命，组织里的人可以不计个人得失、前仆后继、死而后已，这就是我党——全世界最优秀的组织的做法。从1921年上海和嘉兴南湖红船会议开始，牺牲了多少同志，最终救国救民的使命延续了下来，我党把一个受尽百年屈辱、贫穷落后的农业国发展到今天，中华民族再次站到了世界之巅。所以说，我党是全世界最强的创业者、最强的组织，我们的企业其实不必总是往向西方学习，最强的战友和导师就在身边。

## 4.3 创始人、CEO的责任

使命只能由创始人、CEO自己去搞清楚，这是创始人、CEO的终极责任，别人替代不了。

绝大多数创始人、CEO一开始并没有真的想清楚自己到底想要什么，只是需要一个谋生或者世俗意义上成功的手段罢了。如果这个手段正好是自己擅长或者喜欢的，这就已经很不错了。

很多功成名就的企业家或者非常专业的学者在聊到使命的时候，都会说使命并不是非得多么宏伟、多么与众不同才算好，重要的是真的用心在做并且享受其过程，能为客户贡献价值，为社会尽一份力，不作恶，就已经是很好的状态了。

随着企业慢慢做大，创始人、CEO面对的选择和机会也会越来越多，最基本的生存、安全、财富、尊严等各方面的需求都被满足之后，或多或少总有人会开始思考，自己到底能为世界留下什么。有少部分人在一开始就思考这些问题，更多人是遇到了类似前面列出的七个案例中的问题后，才开始真正重视这件事情。

这里还有一个特别好玩的问题，那就是使命这个东西也要看是谁、在什么阶段讲，毕竟哪里有这么多阳春白雪、诗和远方，总得把眼前的苟且"苟"过去。世间绝大部分人都是因为看见，所以才会相信，只有少数人能够做到"因为相信，所以看见"。所以使命的寻找和确认，注定了只能是创始人、CEO自己的旅程，别人也帮不上什么忙。

到底该如何去寻找和确认使命？这方面我并没有看到特别好的办法，也许有吧，只是我还不知道或者并不相信有用，我所看到更多的是普通人一步步地觉醒，这是最珍贵和最幸福的旅程。即便是因为自己的成长、教育经历影响而创业开始就思考这个问题的人，也需要一个在实战中不断磨难、自我否定再到逐步确信的过程，毕竟就你一个人有、一个人信，还远远不够，需要带动更多人看见和相信。

# 02 第二部分
## 打穿打透

在第一部分的基础上，我们一起研究如何把具体的业务打穿打透，拿到结果。

粗糙来看，本部分的内容对应着战略洞察、战略制定、战略拆解和战略执行，以及延展内容——如何持续增长（包括对第二曲线、增长飞轮概念的思辨和实操案例）。

本部分会就这些工作里的关键事项及案例、实操方法展开介绍，顺带会把华为和阿里在这些方面的方法论、实践做一些简单的对照。

第5章

# 写在前面：
# 方法论的对比与本部分结构

在第一部分的基础上，第二部分其实就是在讲怎么做战略、怎么打穿打透的问题。这方面的专家和方法论非常多，我没有必要再创造新的概念或者方法论。国内有两家公司在这方面是被广泛关注的，那就是华为和阿里，为什么这两家公司的战略方法论及实践这么被关注？首先这两家公司在业务上都有巨大的成就；其次它们在战略方法论和实践上都有深入的研究和积累，有很多本地化实践，也都有正式或非正式的对外输出，影响力巨大；最后由于这两家公司的业务属性如此不同，加上创始人的气质也完全不一样，所以提供了两个非常好的对照样本。

第5章会先对比一下华为、阿里两家战略方法论的相似与不同之处，然后引出第二部分的框架，方便大家在阅读后面内容的时候进行对照。

总的来说，我对这两套体系的判断是气质上差异明显、内核上高度类似。

## 5.1　气质上差异明显

从现象层来看，华为的管理语言里有非常多西式的表达，随处可见各种英文缩写，还有各种密密麻麻的流程图、表单。阿里不是没有，但是更抓眼球的是各种朗朗上口的阿里土话，如"把目标刻在石头上，把计划写在沙滩上"，"一个人可以走得很快，一群人可以走得很远"，"为过程鼓掌，为结果买单"等。这些区别的背后是两家公司的业务属性差异巨大，以及创始人背景、气质的截然不同。给人的感觉是，从气质上，华为像"理科生"，阿里像"文科生"。这件事情很有意思，我跟华为的专家们交流的时候，他们一听就觉得总结得非常到位；阿里的专家们则普遍表示部分认同，他们认为阿里的"理科"也非常优秀，只是还没有得到外界的足够关注而已。

先看华为，华为的创始人任正非1944年出生在贵州省靠近黄果树瀑布的一个贫困山村。1987年华为成立，任老当时处于人生低谷、背水一战的状态，从代理香港品牌通信交换机开始，到自研交换机、基站，到在核心通信技术领域发力占据领先地位，再到手机业务，2019年华为手机出货量一度超越了美国苹果公司，发展到今天，华为已经成为一家全球领先的ICT（信息与通信）基础设施和智能终端提供商。综合来看，华为是一家高科技的偏制造业的企业。从业务属性和创始人特质上看，严格的标准化、流程化是必然的结果，坚持艰苦奋斗既是创始人、创始团队的时代烙印，也是业务的需求。

那么华为的管理语言里怎么会有那么多的英文缩写？这件事情背后有一段在咨询界广为人知的故事。华为早年为了提升自己的业务和管理水平，在引进国外经验的时候，选择向"蓝色巨人"IBM学习，对自己完成彻底的升级改造。面对IBM的报价，华为没有还价，IBM可以说是大为感动，于是派出了最精干的队伍，实打实地卖力干活。这段经历成功地优化了华为的管理体系，双方的合作共赢造就了一段佳话。

再看阿里，阿里的创始人马云1964年出生在杭州，在成长过程中喜欢读武侠小说，后来给自己取花名叫风清扬。同时他也是比较早看到互联网世界的国人，还做过老师，创业团队"十八罗汉"中很多是他的学生。在很长一段时间里，马云也经常公开露面和演讲，很有感染力，被戏称有"现实扭曲力场"。阿里刚开始的时候，是从"中国供应商"这个产品起家的，核心业务其实就是帮助义乌、佛山等地的制造业老板们把自己的产品挂到网页上，展示给国

## 第5章 写在前面：方法论的对比与本部分结构

外的客户，本身不是特别有科技含量。在2000年左右，绝大多数中小制造业的老板根本不知道互联网是什么，再加上还要好几万元的费用，所以阿里就需要组建强大的地面销售队伍直接登门做陌生拜访，这支队伍就是互联网历史上非常有名的"阿里铁军"地推队伍。这段时间的组织和文化对阿里影响深远，比如2013年为了对抗微信，阿里曾经做过"来往"。本来是一个互联网社交、直接对标微信的App，应该借助互联网的网络效应去传播，但当时阿里是马云挂帅，全员背KPI，每个阿里人都要"拉人头"，高层启动会也喝酒誓师，这些都是最早的地面销售队伍的习惯延续。后来阿里有了淘宝、天猫，这个业务就以运营为主，不设销售岗位。运营有很大一块工作就是搞各种营销活动，如"双十一""618"。现在这块业务依然是阿里主要的收入来源，再后来有了蚂蚁金服、菜鸟、阿里云等一系列业务，到现在成为一个互联网商业平台，也是成就巨大。

进一步地，在业务的背后，如果你深入地研究阿里管理体系的发展，会发现它和华为一样，也向西方学习了很多。阿里第一任COO关明生原来是通用中国区的高管，2001年他加入阿里后，做了很多工作，其中广为人知的是推动阿里价值观体系的成形，砍掉了多余业务，使阿里回归主业。后来有微软、甲骨文、强生背景的邓康明加入阿里做CHO，打造了阿里最早的职级体系、薪酬激励体系、晋升体系，所以阿里内部的管理体系也同样参考了很多西方的成功经验。毕竟西方的商业发展早了我们那么多年，尤其在偏技术的业务部门，也有类似华为的各种严格的流程、工具、表单。但是你会发现，阿里内部的管理语言充斥着各种各样的阿里土话，其实华为也有，只是没那么多。为此，阿里的企业文化部门甚至还整理过专门的小册子。

综合来看，阿里的创始人、创始团队极具个性的武侠风等的风格，叠加阿里的业务以销售起家、以运营为主，形成了浓浓的阿里味道，即便在偏重技术的蚂蚁金服、阿里云身上也有所体现，整体给人的感觉是有着别具一格的味道，这也是很自然、很有魅力的一件事。这样有个很大的好处，就是容易传播、朗朗上口。比如形容合作与冲突的时候，阿里说要"抱在一起吵架"；再

## 穿透：理顺业务和组织的22个关键动作

比如聊战略的时候，要做到"一张图、一颗心、一场仗"。这些语言都非常形象，传播、理解和教育成本就可以低很多。

## 5.2 内核上高度类似

为什么这么说？原因很简单，华为和阿里都向国外的先进企业学习了很多宝贵经验，毕竟那个时候国外的世界名企确实领先我们很多。在此基础上，这两家企业都发展出了自己的味道。似乎一家企业的气质偏理科风格一些，另一家企业的气质偏文科风格一些，但都在努力创业。仔细对比两家企业各自的方法论体系，从表面上看差异巨大，但实际上要解决的都是那几个关键问题：做什么、不做什么、为什么、怎么做。

图5-1~图5-4可以作为对比，图5-1是源自IBM的BLM（Business Leadership Model，业务领先模型），主要用在战略洞察、拆解落地的场景里。

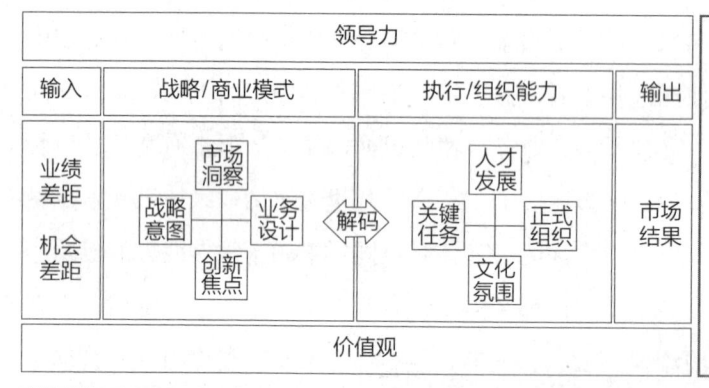

1997年，郭士纳引入《创新跃迁》，战略部结合《发现利润区》与哈佛商学院做合作设计，产出BLM 1.0；
2003年，彭明盛接替郭士纳，在模型中补充了价值观方面的内容，成为整个模型的底座，产出BLM 2.0；
2007年，华为孙亚芳董事长请IBM帮忙建立领导力发展体系，引入了BLM，打造出一孔的战略落地体系。

图5-1  BLM

1997年，IBM董事长兼CEO郭士纳引入源自《创新跃迁》的"一致性模型"，IBM战略部结合《发现利润区》的理论，与哈佛商学院进行合作设计，产出了BLM 1.0。2003年，彭明盛接替郭士纳，在模型中补充了价值观

## 第5章 写在前面：方法论的对比与本部分结构

等方面的内容，产出了BLM 2.0。2007年，华为时任董事长孙亚芳请IBM帮忙引入了BLM，打造力出一孔的战略落地体系。我已经在第一部分试着把领导力和价值观的内容做了介绍，中间的内容其实就是我在第二部分想要说明白的。

在战略方法论方面，阿里虽然没有像华为一样明确地学习哪个先进榜样，但其实什么都学了，用阿里土话来讲，就是"吃猪头羊肉，长自己的肉"。在这个过程中，曾鸣发挥了重要作用。曾鸣1998年获伊利诺斯大学（UI）国际商务及战略学博士学位，后在欧洲工商管理学院（INSEAD）任教；1999年回国之后，在长江商学院等国内知名机构教授战略方面的内容。马云先是请曾鸣去阿里讲课、做顾问，2006年曾鸣正式加入阿里，曾任阿里执行副总裁、"参谋长"、湖畔教育长。在多年的研究、实践、教学总结下，曾鸣有两本著作，同时总结了一个极简战略模型，被称为MOV模型，如图5-2所示。

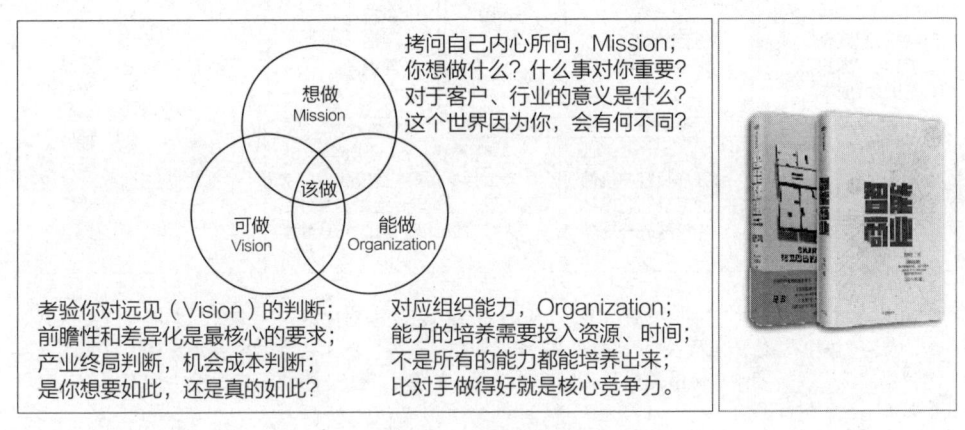

图5-2　MOV模型

BLM像电路图、流程图，而MOV模型则是三个圈：Mission是"想做"，主要在探讨使命、价值观的问题；Vision是"可做"，指向对远见的思考、判断；Organization是"能做"，研究的是进一步的业务及组织如何设计、能否承接。这三个圈的交集是"该做"，表示你该做、该你做的意思，就是最终的选择，有一点偏感性、功夫的味道在里面，其中"想做"和BLM的领导力、价值观基本一致，"可做""能做"要解决的问题和BLM中间部分的左右两边也基本一致。

这两个模型越到实操层面越接近，比如BLM里做市场洞察与MOV模型里对Vision"可做"的思考基本是同一件事情，两个模型都在强调要同时思考环境/趋势、市场/客户、行业/竞争、自己/组织、机会/成本等要素，统称"五看"。阿里比较有自己的味道，把这几个要素又命名为"天、地、彼、己"，跟曾鸣的MOV模型也有直接对应关系。为了方便实操使用，华为总结了一个"五看三定"模型，聚焦在具体业务设计及组织落地上，其中"五看"就是刚才提到的五大要素，"三定"指的是定目标、定策略、定战略控制点，再往后就是具体一年的拆解、执行、评估、反馈。这个模型和MOV模型的一些关键要素有比较直接的对应关系，图5-3中有对应的标注，不算精确，供大家参考。

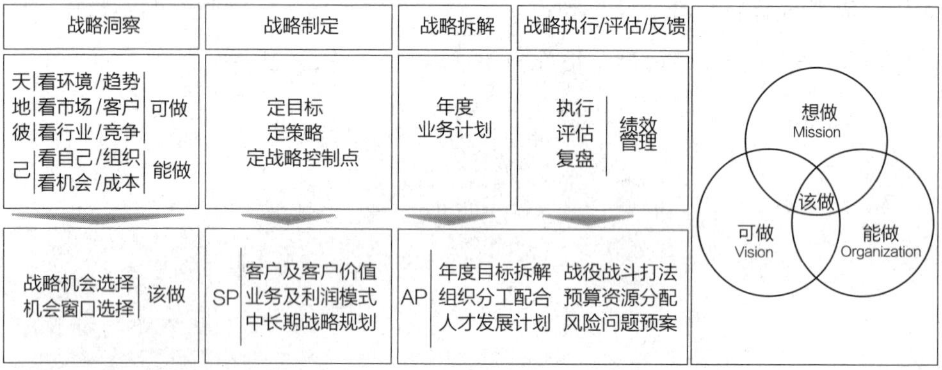

| 战略洞察 | 战略制定 | 战略拆解 | 战略执行/评估/反馈 | |
|---|---|---|---|---|
| 天 看环境/趋势<br>地 看市场/客户<br>彼 看行业/竞争<br>己 看自己/组织<br>　 看机会/成本　可做<br>　　　　　　　能做 | 定目标<br>定策略<br>定战略控制点 | 年度<br>业务计划 | 执行<br>评估<br>复盘　绩效管理 | 想做 Mission<br>该做<br>可做 Vision　能做 Organization |
| 战略机会选择<br>机会窗口选择　该做 | SP 客户及客户价值<br>业务及利润模式<br>中长期战略规划 | AP 年度目标拆解<br>组织分工配合<br>人才发展计划 | 战役战斗打法<br>预算资源分配<br>风险问题预案 | |

在BLM基础上演进出"五看三定"模型，相对流程化，清晰易理解，注意实践中不一定是"五看"，需要根据具体情况展开；"可做""能做"与"五看"的对应在图中做了标注，共同的产出就是"该做"，指向具体战略机会及窗口的选择，这些思考及选择共同指导图中余下部分，就是具体怎么做的问题。

图5-3　"五看三定"模型与MOV模型的对应图示

再进一步，当探讨环境/趋势的时候，两边又不约而同地会使用类似PEST的思考工具，如图5-4所示。

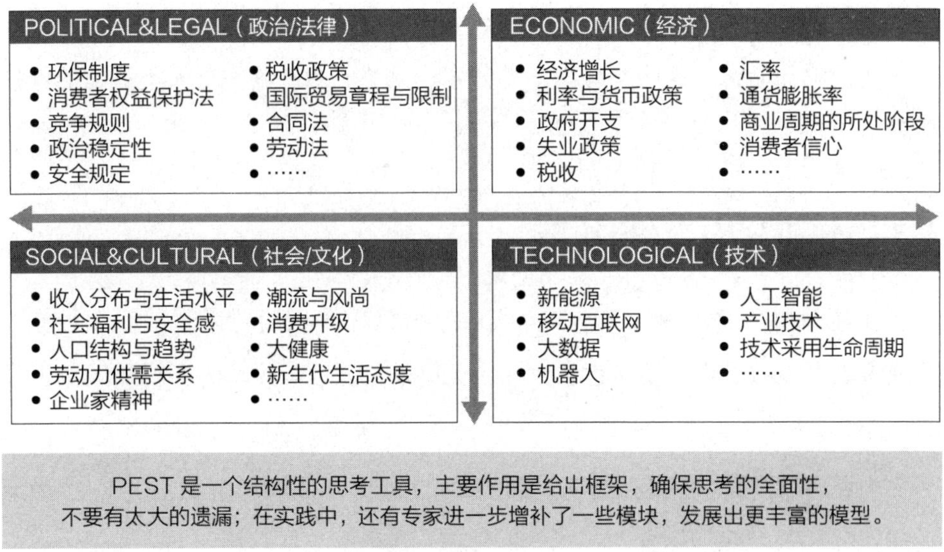

## 第5章 写在前面：方法论的对比与本部分结构

| POLITICAL&LEGAL（政治/法律） | ECONOMIC（经济） |
|---|---|
| • 环保制度<br>• 消费者权益保护法<br>• 竞争规则<br>• 政治稳定性<br>• 安全规定 | • 税收政策<br>• 国际贸易章程与限制<br>• 合同法<br>• 劳动法<br>• …… |
| • 经济增长<br>• 利率与货币政策<br>• 政府开支<br>• 失业政策<br>• 税收 | • 汇率<br>• 通货膨胀率<br>• 商业周期的所处阶段<br>• 消费者信心<br>• …… |

| SOCIAL&CULTURAL（社会/文化） | TECHNOLOGICAL（技术） |
|---|---|
| • 收入分布与生活水平<br>• 社会福利与安全感<br>• 人口结构与趋势<br>• 劳动力供需关系<br>• 企业家精神 | • 潮流与风尚<br>• 消费升级<br>• 大健康<br>• 新生代生活态度<br>• …… |
| • 新能源<br>• 移动互联网<br>• 大数据<br>• 机器人 | • 人工智能<br>• 产业技术<br>• 技术采用生命周期<br>• …… |

PEST 是一个结构性的思考工具，主要作用是给出框架，确保思考的全面性，不要有太大的遗漏；在实践中，还有专家进一步增补了一些模块，发展出更丰富的模型。

图5-4　PEST思考工具

当你研究、实践得足够多之后，就会发现，这些结构性的思考工具是非常抽象的提炼，核心作用是展开框架，帮助你在思考的时候避免遗漏某些关键事项。需要注意的是，如果只知道看环境/趋势的时候要看PEST这四大块，其实意义不大。专家、学者在总结方法论的时候，必然希望力求完整、面面俱到；但在真实的业务环境里，优先级更高的是找到关键要素或者破局点，扎进去打穿打透，闻到"血腥味"。而且实操的经验、案例很难和工具的结构——完美对应，刻板地套用往往会丢失锐度。因此，作为创业者、管理者，必须躬身入局、下地干活，在实践中有意识地去拓展足够宽的视野、积累足够深的思辨，下笨功夫，不奢望"灵光一闪"，做大决定前记得参考工具，表单回看有没有什么重大遗漏。在此基础上，把队伍的思想统一起来，把组织理顺，把生产力和生产关系适配好，赋能和驱动每一个关键人，推动实践、验证、复盘，不断地寻找和测试可能的破局点，最终一起拿到结果。

这个过程就是战略穿透的过程，就是从远见到落地的过程，就是回答"世界因我有何不同"的过程。反过来，你也会被这个过程影响，在这个过程中直面自己的无知与偏执、懒惰与冷漠、自私与自大，完成一次次自我超越，最终回答"我因世界有何不同"。

用曾鸣的话讲，这些是科学、是艺术、是手艺活，终究是人类智慧的一种体现。

## 5.3　本部分内容结构

在前面内容的基础上，本节对第二部分的内容做简要说明，后面将分五章或者五个步骤进行介绍，包含十八个关键动作，或者说落地实操的案例、经验、注意事项。

- 战略洞察，解决对远期趋势判断的问题，可以理解为远见、"看十年"、"终局思考"。
- 战略制定，确认客户、模式、策略、控制点等问题，输出具体的战略，就是"想三年"。
- 战略拆解，具体怎么落到一年的目标、策略、节奏、阵型，要把"干一年"安排好。
- 战略执行，及时跟踪、评估、反馈实际进度并组织复盘，使用绩效管理循环不断提效。
- 持续增长，围绕客户及客户价值构建新的能力与场景，设计增长飞轮，实现基业长青。

前面四块内容和图5-3的"五看三定"模型是一致的，最后一块内容是从单业务升级到多层业务的设计，在此基础上帮助大家理解到底怎么去考虑多元化、第二曲线甚至增长飞轮的问题。如果做得好，可以带来质的飞跃。

特别强调一件事情，上面这五块内容并不是彼此割裂、单独存在的，或者纯粹就是从一到五的一个流程走下来，不是这样的关系，一切的原点在于战略洞察。基于战略洞察做出的判断必然会直接影响后面的每一步；后面每一步的实操都要反过来提供信息，帮助战略洞察做校对，这是一个相互影响的过程。

在实践中服务了近百家企业之后，我发现有一类问题经常让人啼笑皆非，那就是相当一部分企业的中高层管理者在做分析、汇报的时候，费了挺大的劲"看自己""看对手"，也总结出了彼此的优劣势，但紧随其后的策略选择、资源匹配却完全脱节。前面就看了个"寂寞"，后面做的事情下意识地还是沿着自己的惯性去展开，或者只挑容易、能做的事情，不去挑战真正的困难。当然这背后可能还有各种复杂的原因，但是必须认识到，战略穿透就是一个对抗自己的惯性、懒惰、恐惧的过程，必须要直面。

第6章

# 战略洞察：
# 看十年，如何实现从愿景到远见的跃迁

第一部分反复提到过，一个公司，一个创始人、CEO，可以没有使命，但不能没有愿景。说得再直白一些，你总得告诉大家要去哪里。曾鸣在《看十年：智能商业大爆发》演讲中提到，"愿景"这个词翻译自英文Vision，严格来说应当翻译成"远见"，其实就是"看十年"。这个说法解决了我一直纠结的一个问题，那就是在谈愿景的时候，最容易掉进的坑就是这个"愿"字。大部分企业的愿景，主要讲自己公司多少年以后会有多大，较少谈到行业的未来，这就是很直接的表现。

真正思考远见是要在政治、经济、政策、技术、文化等大背景下（可参考前面提到过的PEST思考工具），对行业做长期判断，就是对产业终局的思考，并在此基础上布局和不断开展试错、校正。所以当提到"远见"的时候，一般都会和终局思考挂在一起，甚至等同看待，当然这些事情做起来真的非常难。在本章，我们首先看一下真正的难点到底在哪里，然后一起研究如何展开对远见的思考，最后要注意避开三类关键风险，其中会给出一些案例、方法、规律供大家参考。

# 第6章 战略洞察：看十年，如何实现从愿景到远见的跃迁

## 6.1 从愿景到远见的三层困难

类似数据收集分析、案例研究等具体事务，其实不算真正的难点。真正难的事情经常是无形、务虚的，甚至是要无奈选择接纳和拥抱的，这里结合我的实践和观察，列出三条。

首先，如果真的想做好这件事，那么有一个前提，同时会引发一个假设。

- 前提：你是不是真的关心这件事？并在这件事上用心？
- 假设：你准备迎接奥林匹克级别的竞争。

2023年年中，有一家很优秀的投资机构组织自己的被投企业来交流。这家机构旗下掌管的资金有大几百亿元，已经是偏PE阶段（即主要向接近上市的企业提供服务）。当时现场来了大概三十家被投企业，总共分了五组，它们大部分都在准备上市了。在聊到怎么思考远见、看十年的时候，一位CEO感慨道："以前自己是公司实际控制人的时候，一直在看十年、思考未来。但自从公司被别人控股、自己不是实际控制人之后，慢慢地就不再去看了。"

这句话在现场引起了共鸣，后来我在跟创业者群体交流的时候刻意观察了一下，事实果真如此。一旦由于控制权的变化导致身份层的认知发生变化，从实际控制人变成小股东、职业经理人，那么价值观层面的东西自然也就变了，之前那个天天思考未来的人也就消失了。毕竟，远见或者看十年本身是一件非常挑战人的视野、格局和智慧的事情，需要消耗很大的心力、脑力和体力。如果真的想有结果，往往都要经过长期的思考和研究、长期的积累和试错，才可能有真的洞察，才可能有持续、高质量的增长，才可能穿越一个又一个周期成就一个真正的好企业。"踩对点"这种时代的馈赠可遇不可求，就算遇到了，往往也是这一段时间凭运气赚的钱，下一段时间凭本事败光，最后什么都不剩。真的去思考远见、看十年，应当是看到产业的终局，看到发展的规律，看到可能的困难，看到决胜的路径。在这些基础上，去把握自己的节奏、建设自己的组织，这些事情本身很难，如果你不是真正关心和用心，结果会怎样就很难说了，还不如不费这个劲。

**穿透：理顺业务和组织的22个关键动作**

与此同时，如果你真的想要去思考产业的终局，并且以此为基础开展工作，其实就默认了一个假设，那就是你要为产业里最后的竞争做准备。最后的竞争都是奥林匹克级别的竞争。换句话说，你本来在自己的区域或者市场里活得挺好，但你非得去思考产业的终局问题，那你就默认了总有一天要和最厉害的选手同台竞技，就需要在生存和发展的过程中，不断地积攒资源和能力，等待着那一天的到来。这种觉悟和思想准备，也不是一般心脏能扛得住的。

其次，在真的去做的时候，还会经常遇到两个典型的思维上的陷阱。

说得惊悚一点，就是要对抗人性的两个弱点。

- 人会认为自己是对的，而且不断自我强化。
- 人会选择对己有利或自己擅长的事，拒绝改变。

2021年年中，我在重庆与面向汽车零售及汽车后市场行业的老板们有一次分享，这些老板都面向二三四线城市。在一起交流国家对新能源汽车政策的理解时，意外触发了这么一个争论，大家基本上都认同新能源汽车是未来趋势，那么十年后新能源汽车品牌会有几十个、几百个，还是只有几个活下来？现场有40多位老板，大部分人认为会有很多。当时我很疑惑，因为这和我的认知不一致，当然我也不敢说自己一定对。

于是我拉着他们一起推演特斯拉软硬件一体化、品牌市场一体化、直销模式对他们的影响，以及国产新能源汽车品牌在这方面的跟随趋势。这套打法属于行业里的革命，会严重影响过去的渠道分销体系，尤其对下沉市场汽车零售商有影响，这个群体的生存空间来自传统汽车品牌大厂对下沉市场的把控不足，传统品牌4S店不能很好地渗透和掌控三四线城市的市场。对于同时代理、售卖多个品牌的下沉市场汽车零售商而言，汽车品牌越多、竞争越激烈，自然对其越有利，此类零售商可以通过对三四线城市经销商的强管控，反向形成对品牌商的谈判能力。但是，如果将来主要汽车厂家都学特斯拉软硬件一体化、品牌市场一体化、直销模式，那么确实会导致品牌、渠道的高度集中，下沉市场汽车零售商的空间就被极限压缩了。那么为什么2021年的这些面向汽车零售及汽车后市场行业的老板，一开始大部分人认为十年后新能源汽车品牌会有很多呢？因为这是他们习惯的事情，过去都是这样的，这对自己最有利。而改变意味着革自己的命，人性使然。

我还发现了另外一个很有意思的问题，当问及台下大大小小的汽车零售、维修、保险、金融服务商，为什么国家要大力发展新能源汽车，甚至不惜制定燃油车停产时间表时，很多人略不耐烦地说，是因为想发展清洁能源，同时普遍认为新能源汽车的性能依然不如燃油车。这是2021年年中的事情，那时的他们并没有深刻地看到或者真正理解国家扶持新能源汽车的另一个意图，那就是绕开发达国家车企百年积累的品牌、技术等竞争优势，开辟新的赛道并争取占据优势。

最后，谁也不能完全预知未来，只有拥抱变化，尽可能走好每一段路，活下去，才有希望。

最经典的案例，莫过于当下炙手可热的英伟达了。

1993年，英伟达开始创业，与世嘉、微软、索尼等游戏厂商展开了深度合作，因为经常出现各种幺蛾子，甚至有人戏称其是"行业毒瘤"，中间一度遭遇很多次危机，最终扛住、活了下来。其间英伟达积累了品牌和技术，在显卡领域成为一方霸主。但是那个时候的显卡主要是用来玩游戏的，发展空间一直很有限。

到了2006年，英伟达开发了CUDA[1]，据说可以让人人都能用GPU编程，但是什么时候能吸引到足够多的编程用户，以及怎么转化成盈利，谁也说不清楚，同期成本还增加了很多，售价又不能随便涨。但英伟达选择坚持开发CUDA，谁也不知道什么时候能有价值，造成当时股价大跌。

2007年，因为苹果手机的横空出世，英伟达看到了智能手机显卡的机会。

---

[1] CUDA（Compute Unified Device Architecture），英伟达的通用并行计算架构，可以用GPU解决复杂计算问题。

后来创始人亲自到北京为小米站台，在台上带着观众一起高喊"小米威武"。这段视频现在网上还能查到，后来小米手机发热的问题一度家喻户晓，其中也有英伟达的"一份功劳"。

后来，在比特币交易催生的"挖矿"业务中，人们意外发现使用显卡效率更高，这一波对英伟达有一定助力，但还不够，直到有"AI教父"之称的杰弗里·辛顿基于CUDA模型训练AI获得成功，辛顿的一位学生伊尔亚·苏茨克维和山姆·奥特曼创办了OpenAI，埃隆·马斯克是早期投资人之一。英伟达2016年8月向OpenAI捐赠了设备，埃隆·马斯克当时专门发了致谢的推文，配的文字是"我想感谢英伟达向OpenAI捐赠了第一台DGX-1 AI超级计算机，以支持AI技术的民主化"。伴随着OpenAI推出ChatGPT，在AI领域成为全球的话题，一线大厂纷纷入局，同期作为AI领域最能打的"军火商"，英伟达的股价一路高歌猛进。

从1993年到现在已经有三十余年了，英伟达从游戏主机用的显卡，到手机用的显卡，到"矿机"的硬件，到人工智能领域的"军火商"，客户从游戏主机厂、个人玩家，到手机主机厂、手机用户，到区块链比特币矿场、"矿主"、"挖矿工"，到现在的一线大厂AI部门、AI爱好者甚至政府，估计英伟达自己也想不到会发展成今天这样。所以说变化才是常态。类似的案例有很多，尽可能走好每一段路，活下去才有希望。

## 6.2 关键动作：思考远见是手艺活

倘若你真的关心和用心，做好了迎接奥林匹克级别竞争的心理准备，愿意努力去对抗人与生俱来的自以为是和拒绝改变，也有足够放松的心态去拥抱变化、积极尝试，那么对远见的思考就有了基本的保障。这件事情本身就非常复杂，这也是曾鸣会说这是"手艺活"的原因。

我在这些年学习、实践的基础上，尝试梳理了一下，有如下几点可供参考。

第一，提出指向终局的好问题，要引发深层讨论。一旦找到，立刻就有感觉。

## 第6章　战略洞察：看十年，如何实现从愿景到远见的跃迁

第二，看清楚行业竞争的走势，最终会极致集中、相对集中还是高度分散。

第三，全力寻找增量用户市场，借助客户数量与需求的高速增长带飞自己。

第四，尽可能多地借各方势能，尤其关注重大经济政策和基础设施的发展。

第五，注意科技层与应用层的差异，追求科技层领先，也要接受商业逻辑。

**注意，往下看之前，需要先理清楚一件事情，就是对远见的思考，产出物怎么样才算有质量？**

首先是颗粒度的问题，对于创业者、企业而言，你要在远见的基础上投资、经营企业、拿结果，并为此负责，不是理论研究那样可以只发表意见，而不用管别的。因此，实践中对远见的讨论和产出，需要颗粒度细到能对企业的经营提供具体的指导意见才算有价值，而且每个细分行业都不太一样，切勿照搬照抄。

其次最好能有前瞻性或者差异化，两个都有最好，如果都没有，就表示战略上没有什么特别之处，那就只能在战术上内卷。大家想的事情、方法都一样，想到这些的时间阶段也差不多，那就注定了只能拼"刺刀"，拼谁更勤奋、能持久，谁钱多扛得住"烧"。比如教培行业最卷的时候，全行业曾经一度每天"烧"掉数千万元人民币用来在抖音等渠道获客，头部教培企业一年的获客成本都是以十亿元计算的。再往前，网约车行业"烧"起钱来也很疯狂，当然那个时候背后还有巨头对支付入口的争抢和角力，算是把各方都拖下了水，拼"刺刀"拼到谁都扛不住、不得不合并为止。在资本加持下，这两个行业的所有人都像打了鸡血一样，虽然卷但是参与的各方大概也能获得还不错的收益，但更多行业则默默无闻、卷生卷死，不仅收益没有提高，反而幸福度降低。

检验前瞻性或者差异化更多的是依靠结果。创始人、CEO在长期的研究、实践过程中可以要求自己有意往这方面靠拢，等有了基本的判断，真正宣布或者落地执行前，记得回过头去看有没有前瞻性或者差异化，能真的有最好，说明对战略的思考是卓有成效的；实在没有也很正常，这本身就是非常艰难的事

情。继续往前走，在过程中不断去看、去试错，但是千万别为了前瞻性、差异化而前瞻性、差异化。过度地追求前瞻和差异也会把自己搞垮，本章后面会专门介绍一个让人唏嘘不已的例子——你大概想不到，在1989年特斯拉的马斯克18岁的时候，我们国家已经有人造出了充电8小时、行驶200千米的纯电动汽车，这是当时世界的领先水平，可惜最终没有坚持下来。

### 6.2.1　提出指向终局的好问题

要训练自己多提指向终局的好问题，越具体越好，越能引发深层讨论越好。一旦提出的问题与随后的讨论是有价值的，你立刻就会有感觉。这是个手艺活，需要经常练习，多找不同行业练习。每个细分行业都不太一样，多练习才会有感觉，很难提出具体的范式。比较尴尬的是，如果你是某一个行业的创业者，那么你的时间和精力大概率都会被限制在这个行业里，可能没有充足的机会去不同的行业练习，交叉比对的空间也会很少，所以但凡有时间、空间，还是要多出来走走、多做跨行业的交流。这里举三个案例，分别是智能驾驶+新能源汽车、直播带货，以及当下最前沿的下一代互联网的话题，这和区块链、人工智能高度相关，供大家参考。

☑ 智能驾驶+新能源汽车

前面提到了新能源汽车的案例，汽车行业是全球经济的重要组成部分，是居民消费品里的大头，同时这个行业有很多可以挖掘的故事和细节，很适合用来对如何思考远见做案例说明。索性我们继续深挖，把范围放大到智能驾驶+新能源汽车。国内有很多做智能驾驶解决方案的企业，其中杭州有一家在圈子里一度很有名，他们曾多次邀请我加入，我选择创业去了，没成为同事但成为很好的朋友。伴随着智能驾驶、新能源汽车越来越热门，疫情期间我们就这么几个话题有过深度的探讨和争论。

从长远来看，是智能驾驶的品牌重要，还是新能源汽车的品牌重要？

虽然汽车制造商可能缺少智能驾驶方面的人才，但是毕竟财大气粗，可以

## 第6章　战略洞察：看十年，如何实现从愿景到远见的跃迁

并购或者投资，那么智能驾驶解决方案供应商单独存在的理由是什么？

抽象一点，其实就是软件和硬件之间的关系，那你作为消费者会做怎样的判断？我发现，把这两个问题抛给不同人群的时候，得到的反馈是不同的。当问非技术背景的消费者时，大部分人会认为硬件、汽车更重要，尤其是男性消费者，理由是离开了智能驾驶系统，车子还是可以开的；如果问技术人员，他们大部分会认为智能驾驶系统更重要，这也可能是职业原因造成的。

事实上，手机行业的经验是苹果的手机、电脑等硬件和苹果的系统结合起来之后，创造的价值和壁垒会更大。所以一般而言，软硬件结合是最好的选择。考虑到做智能驾驶的企业，普遍不如做新能源汽车的企业资产雄厚，所以当年就能看到的情况是，纯做智能驾驶的企业，越早找到一个新能源汽车企业做深度绑定和战略合作，对自己越好。

进一步地，已知智能驾驶的车辆会携带各种雷达、摄像头等设备，需要记录、上传、对比巨量的地理位置和环境信息，这些有可能造成国家安全隐患。因此，2020年左右国内禁止特斯拉出入涉密单位，德国也有类似规定。那么智能驾驶系统未来会不会变成政府主导，成为类似移动、联通这样的存在，由它们提供基础设施服务，新能源汽车就像手机接入移动、联通的网络实现打电话、上网一样，实现智能驾驶的功能就可以了？如果沿着这个逻辑去思考，也许未来智能驾驶软件服务和新能源汽车之间还真的有很大的概率成为类似移动、联通和各个品牌手机之间的关系。同时参考手机行业的竞争，手机品牌从群雄割据混战到现在的少数几个寡头，它的发展历程也确实值得新能源汽车行业的人参考。

但是在写作本文的过程中，我注意到发生了另外一件事情。美国旧金山湾区城市帕洛阿托当地时间2023年8月26日，特斯拉的马斯克在X上直播测试了特斯拉FSD V12智能驾驶系统。这套系统的特别之处是实现了完全端到端（End-to-End）方案，输入一端是图像，输出一端是对汽车的控制指令，中间完全由神经网络处理。在试驾过程中，马斯克多次表示系统中没有预先内置一行

规则和条件判断代码，不需要高清互联网地图，"光子进，行为出，和人类一样"，这是马斯克的说法[1]。如果真的可以实现，也许未来又会有另外一条路线。

2023年10月，我走访了几家知名的智能驾驶企业，就上述问题与他们展开交流。他们认为，现在的汽车本身有很多功能是默认需要联网的，比如影音、娱乐等。因为联网、采集和上传数据会涉及国家信息安全，很难被政府完全接纳，但也不至于必须变成移动、联通加手机的样子。他们认为，不同的国家、地区都要有自己的安全、受监督的智能驾驶企业，为本国、本地区提供服务；如果跨国，就需要严格的审批、监管，这在逻辑上也是成立的。

☑ **直播带货**

再举一个直播带货的案例。2016年淘宝进军直播领域，把一些大主播推了起来，也算彻底引爆了这个行业。此后各平台都在发力，大量网红、素人纷纷入局。大概在2018年的时候，我和在这个方向创业的朋友一起交流，讨论这个行业的终局会是什么样子的，具体提了这么几个问题。

**什么样的人或者机构能够成为这个行业的头部？头部网红和平台的关系到底会发展成什么样子？平台最欢迎的是什么样的合作？为了活得好、活得久，需要具备哪些能力？**

当时我们有这么几个关键判断。

第一，行业里一定会出现少数几个头部网红，持续很多年却很难被撼动；平台方则一定希望能够去头部网红化，会大力扶持各种腰部网红，但这件事情见效的速度会比较慢。这在相近行业是有先例的，比如类似斗鱼这样的游戏、才艺直播平台。之前为该平台提供过咨询服务，讨论的也是怎么培养腰部网红。实践的结果就是很难快速见效，有很多运气成分在里面。现在来看，这一条全中。

第二，行业里注定要出几件大事，国家一定会监管、整顿，背后原因是直

---

[1] 澎湃新闻，《马斯克怼自动驾驶"约架"扎克伯格》，2023年8月31日。

## 第6章 战略洞察：看十年，如何实现从愿景到远见的跃迁

播带货的业务，事实上复杂度并不高。这类公司主要在做三件事情——找货、投流、卖货，不需要太多管理，甚至是反管理的。各个小组之间互相PK，快速出结果，不行就换掉，人快进快出，行业的流水和变现速度实在太快，普遍浮躁，没有长远的计划，都在赚快钱。因此当时的判断是一定会出几次严重的产品质量问题，一定会出贪污、腐化、税务问题。现在来看，这一条也全中，只是产品质量问题目前还没有曝出非常恶性的，税务问题以薇娅为代表引爆，贪污、腐化的问题也时有曝光。

第三，有一类模式应当能发展起来，而且会走得很稳，那就是后台组建内容团队，细分到各个品类做专业的内容；前台不断参考头部网红，寻找和训练素人，做一批"高仿"出来（当时还没用"矩阵"这个词）。这样的话，一边不会被头部网红"要挟"，一边消费者的信任与黏性也会更好，一边平台方也会非常支持。现在来看，果然有一家这样的公司跑了出来，名字叫白兔控股，如图6-1所示，这是抖音发布的综合实力排行榜。不同于罗永浩的交个朋友，你会发现普通消费者可能都没有听过这家公司。这家公司没有一线头部网红，但是它的综合实力、营收能力很强，有一个显著特征就是别人家需要直播的时候才卖得动货，这家不直播的时候，橱窗里的商品销量相比别家可以说是相当不错的，主要就是因为前面描述的模式带来的消费者的信任和平台的支持。

2023年抖音电商MCN机构5~7月份榜单
白兔控股连续三次名列综合实力榜第一名

图6-1 白兔控股在抖音电商MCN机构中的位置

第四，不掌握供应链的网红和机构大概率会昙花一现，很难持久。所以但凡有点追求和实力的直播卖货机构或者网红，都会考虑去接触供应链甚至品牌。但因为行业普遍的管理水平和能力实在过于粗糙，真正能做起来的会很少。这一条也被验证。

☑ 下一代互联网

第1代互联网（或者叫Web1.0），以门户网站为代表，主要以静态展示为主。

第2代互联网（或者叫Web2.0），实现了交互的读写功能，以各种博客、微博为代表，也实现了网上影音娱乐、购物、会议等功能。之后基于移动互联网的软硬件升级，微信等移动端的应用成长起来。到目前为止，基本上Web2.0已经渗透到了日常工作与生活中的方方面面。在这个大背景下，Web2.0有一个最核心的问题，那就是用户的数字资产（包括账户、密码、个人隐私及银行存款等所有信息，下同）事实上都存放在Web2.0的各大企业的数据库里。类似阿里、腾讯、银行、券商，它们都建有自己的服务器、数据中心，或者租用云服务，理论上如果它们想要转移、盗用用户的数字资产，是非常容易的事情。即便这些企业自己没有这方面的想法，还有黑客会打这方面的主意，所以大规模泄密事件几乎每年都有。2009年左右，区块链技术应运而生，一度被人们认为是下一代互联网的理想形态。

曾经很多人认为下一代互联网的底层就是区块链技术，我用最粗浅、不怎么精确的语言描述一下，方便更多读者理解：基于区块链技术，可以组织一定数量的互联网上的计算机组成一个"链"来提供算力，这本身也是一个网络。借助这个网络，你可以对你的上述数字资产做分布式的记录（链上有很多点同时记录和同步改动）。带来的结果就是，理论上你的数字资产不再需要任何一家企业提供专门的服务器去存储，链上任何一个对你的数字资产的查阅、使用和改动的行为，都需要经过你的允许，且记录不可被篡改和消除。这听起来就很"性感"，有点对抗中心化强权的味道。在这个基础上，提供算力的人就可以获得报酬，这个报酬就是这条链同步生成的数字货币，数量是约定好的，不

## 第6章　战略洞察：看十年，如何实现从愿景到远见的跃迁

会出现类似某个国家开动印钞机"灌水"的行为，且自带区块链加密属性，极难被盗取，这类数字货币被统称为Crypto，比特币就是最早的一种。

2020年我进行第二次创业的时候，和一些大厂的产品、技术、运营人员一起讨论下一代互联网的话题，当时各种新名词、新概念混在一起，让人云里雾里，也不知道怎么聊，我就提了这样一个问题：

**也许我们讲不清楚下一代互联网基于什么技术、长什么样子，但一旦发生了什么，就可以认为下一代互联网真的成熟了，甚至开始真的大规模取代Web2.0？**

这是一个非常好的问题，当时讨论的结果是，类比Web1.0和Web2.0，要看人们的工作与生活是否开始明显地发生迁移。最直接的例子就是淘宝兴起，人们在网上购物；微信兴起，人们用微信联络；什么时候人们去一个新的网络进行购物和联络？聊到这里，你就能够理解区块链技术下的网络，从2009年诞生到现在，一直没有真正地取代Web2.0的核心原因——常规的生活与工作的场景到目前为止没有太大必要迁移过去。对于订外卖、打车、聊天，绝大多数普通人没有必要非得使用区块链技术下的网络，解释和学习的成本很高，硬要迁移过去还会有各种麻烦和不适应。

至于银行存款和券商买卖股票这类业务，以目前全世界的情况来看，主要国家的政府信用还是可靠的，一旦这些都崩塌了，说不定基础的电力、网络就都没有了，数字货币也就没有了意义。反倒是区块链上的券商、交易所服务，到目前为止依然显得不那么成熟，核心原因是区块链技术在原理上就有计算速度的问题。相比Web2.0下拥有大型服务器的券商、交易所一秒钟N笔交易的服务，基于区块链的去中心化的券商、交易所过去的交易速度非常"感人"，要几分钟、十几分钟才能完成一笔交易。直到2023年，才算刚刚解决这个问题，但是真正完全去中心化的交易所，又会遭遇更加严格的监管。因此到2023年为止，主流的去中心化加密货币的交易所居然都是建构在中心化网络上的，得有自己的服务器才能支撑用户的交易行为。这就很讽刺了，圈子里知名的交易

**穿透：理顺业务和组织的22个关键动作**

所之一，2019年成立的FTX于2022年11月宣布申请破产，坑了包括红杉、淡马锡、贝莱德、老虎、软银等一大批投资方和数字货币交易者，甚至有人悲叹"币圈信仰崩塌"。

如果你理解了这段文字的意思（虽然不算非常专业），那么大概就能理解基于区块链技术的网络很难取代现有网络的原因——对现有的工作、生活场景的替代性没那么强。比较令人类社会惊喜的是，随着OpenAI发布ChatGPT，以及文字生成视频等各种智能应用的发展，下一代互联网有了一个新的说法，那就是基于人工智能技术的支持，所有人都可以生产诗歌、小说、画作乃至电影、应用程序等。说得抽象一点，就是所有人都可以在人工智能的支持下，在网络上创造新的数字资产。而这些新的数字资产的大爆发，需要使用类似区块链这样的技术去完成确权。确权是指全网都会知道这个东西是你生产出来的，所有权真正归属于你。对比之下，在传统的网络环境下，数字资产很难确权，因此很容易被复制和盗用。一旦大量新的数字资产被生产出来且可以确权，那么就有了交易的可能性，这可以通过区块链技术比较方便地实现。

基于人工智能技术，所有人都可以生产数字资产，包括文字写作、音频视频创作、编程等。这样一来，就不局限在特定圈子里的加密货币的交易，参与者可以覆盖所有使用网络的人，场景大大增加，趣味性、实用性也大大增强，生产出来的数字资产通过区块链技术确权、交易、流转，基于区块链生产的加密货币的使用空间也大大增加。一旦这些逻辑真的跑通和实现，那么新的生产、交易方式就出现了，这会改变人们的生活与工作。所以，曾鸣在他的《看十年：智能商业大爆发》演讲中的判断是AI+Crypto才是Web3.0的未来。关于这一点，不在局中的人可能很难有切身的体会，也许三五年内就会有比较明显的变化被公众感知到，而在当下尽早入局、开发商业化的应用场景，也许就拥有了真正通往Web3.0的入场券。让我们拭目以待。

## 6.2.2 看清楚行业竞争的走势

前面举了三个具体案例，主要是帮助大家理解什么是指向终局的好问题，尝试去找到感觉。接下来就终局思考必须回答的关于竞争的问题，给一些参考，也就是要回答如下问题。

你所处的行业，你所做的业务，竞争格局最后会是分散的，还是集中的，甚至是垄断的？会到什么程度？如果是集中的，那么是头部几家占据很大份额，还是一家独大？

如果纯讲理论，这个内容会涉及一些名词，如网络效应、双边效应、协同效应、规模效应或者规模经济。关于这方面的内容，可以阅读著名经济学家许小年的《商业的本质和互联网》。这些各种各样的"效应"或者"经济模式"，其实指的就是上面的问题。这些问题会直接决定你进入某个行业、业务的门槛高低及时机的选择。

这样讲依然比较抽象，我们直接看生活中的案例吧。

☑ **有的行业会高度分散**

比如餐饮行业，你觉得餐饮业是集中的还是分散的？答案是显而易见的。

参考中国连锁经营协会联合普华永道发布的《中国连锁餐饮企业资本之路系列报告2024》，2023年餐饮行业收入突破5万亿元，在这个背景下，餐饮业百强企业的收入占比依然在百分之十几徘徊，因此可以说餐饮业是高度分散的。到目前为止，并没有出现任何类似于大工业的那种高度垄断或者相对垄断的公司。在未来很长一段时间里，至少十年，还会是这样的格局，背后的根本原因是，在餐饮行业里，客户需求的特点本身就是追求多样化。

人是铁，饭是钢，一顿不吃饿得慌。所以餐饮业作为刚需，它的市场是万亿元级别的，但是客户的偏好就是追求不同的体验，再加上我们中国的餐饮供应也是高度复杂的，五花八门，导致这个市场注定是高度分散的。这几年伴随着预制菜的兴起，以及类似海底捞、西贝莜面村的中央厨房模式的普及，一些

## 穿透：理顺业务和组织的22个关键动作

餐饮品牌或者连锁店因为在预制菜、中央厨房等方面的努力，有可能会达到一定的规模效应，平均成本可能会降低很多，同时产出的效率也会提高，造成营收规模扩大，但是占整个行业的比例依然很小。

有一些特别的单品、类目会有某种程度的例外，比如饮料行业。严格来说，果汁、矿泉水、碳酸饮料、功能性饮料等产品好像属于大餐饮业的组成部分，但是它们的背后实际上是制造业，是可以实现规模优势、品牌优势的。

再看服装行业，也是万亿元级市场。照理说，服装行业类似于餐饮业，由于人们对服装的多样性和对美的追求，它应当也是高度分散的，事实也确实如此。但是当具体到一些特别的类目时，又可能会不太一样，比如童装领域。行业里的创业者朋友提供的参考是，目前中国最大的十个童装品牌企业大概在全国能占百分之十几的市场份额，美国的前十名占30%，法国的前十名占40%左右，能集中，但是也很难做到超过50%的高度集中。

对于这类分散度高的行业，相对而言就比较容易进入，只要你有不错的产品，都可能分得一杯羹，体量也能发展得不错，考验你的主要是组织能力问题。

### ☑ 有的行业会规模集中

在制造业领域，大部分行业都有一个规模效应，会走向相对集中，甚至是垄断。原因很简单，伴随着生产规模的扩大，成本的投入是在边际递减的，生产得越多，平均成本就会越低，利润就会越高。这样一来，行业里的先行者或者在早期竞争中保持住优势的企业，就能够通过不断扩大规模，来不断降低自己的成本，扩大自己的营收规模，从而使后进玩家很难在成本方面与其抗争。

这里的成本主要指固定成本，例如厂房、设备、办公楼、电脑信息系统；可变成本则与产量高度相关，如原材料、能源和人工费用等。互联网公司和钢铁、汽车等传统制造业一样，具有明显的规模效应，网站一旦建成，办公楼、服务器、系统软件、水电费，甚至维护和更新网站的人员薪资都是固定成本。好玩的是，互联网公司卖出去的在线交易服务、游戏、社交服务、外卖、打车

## 第6章 战略洞察：看十年，如何实现从愿景到远见的跃迁

等固定成本、可变成本的增加速度，都远远小于其销售规模的增速。所以马云在2006年邀请卫哲[1]加入的时候问他，百安居营收扩大一倍需要投入多少钱、花多长时间、雇多少人？卫哲说4000万美元、1万名员工、用时三年。马云说阿里只要加五台服务器，不需要增添人手，三个月就能搞定。

总的来说，互联网行业和制造业一样，是有规模效应的，只不过互联网行业的规模效应会因为互联网被十倍、百倍、千倍甚至更多倍放大，这也是互联网公司在短短30年不到，产值就能超越一众老牌传统企业的核心原因。

在规模效应之下，早期进入的企业就要拼尽全力去投资产能、增加营收，尽可能去扩张，一旦竞争稳定下来，除非产品、技术上有特别的创新和突破，不然想要撼动巨头的位置是非常艰难的。比如汽车制造业，多年以来在欧美日韩的挤压下，中国的燃油车一直没有很好地发展起来，直到新能源汽车和智能驾驶技术崛起。

### ☑ 网络效应的极致集中

前面聊了高度分散和相对集中的行业和规模效应，接下来我们直接看网络效应的极致集中案例，比如微信。目前来看，微信基本上就是一家独大、无法撼动的，只要微信自己不出大问题，几乎没有谁能够打败微信，而且在微信一家的市场占比、用户数面前，其他竞争对手加起来都不到它的零头（根据腾讯2023年第二季度财报显示，微信及WeChat的合并月活跃账户数达13.27亿，基本上国民全覆盖），那为什么会发展成如此极致集中的样子呢？

这背后就是"梅特卡夫效应"，或者网络效应。这是一个关于网络的价值和网络技术发展的定律，由美国经济学家乔治·吉尔德于1993年正式提出，源于计算机网络先驱、3Com公司的创始人罗伯特·梅特卡夫，因此命名为梅特卡夫效应。该效应的描述是，一个网络的价值等于该网络内节点数的平方，而且该网络的价值与联网的用户数的平方成正比。

---

[1] 卫哲当时是百安居中国总裁，加入阿里后任CEO。当时阿里主要做B2B业务，即帮助中国中小企业把货物批发给国外的商家。卫哲现任嘉御资本董事长、创始合伙人。

## 穿透：理顺业务和组织的22个关键动作

大家看不懂很正常，这是高度抽象的理论描述，我们来对比一下微信和钉钉就理解了。我们用终局思维来大胆假设，假设中国14亿人都用钉钉和微信，请问钉钉和微信谁更值钱？显而易见的是微信会比钉钉更加值钱，为什么？用户数越多，价值越大，这很好理解，但是当钉钉、微信都拥有14亿用户的时候呢？你会发现微信里的每个人、每个用户都是一个独立的节点，那就是14亿个节点，每个节点之间都可能发生联系，且微信里"跑"的是整体的社交需求，亲情、朋友、工作等关系都在里面。而对于钉钉的情况，大家也都清楚，主要用在工作场景，下班后很多人都不愿意看钉钉。最终的结果就是，钉钉的节点之间的紧密程度、互动频率、稳定程度与微信比都有数量级的差异，这些会导致微信的价值一定大于钉钉。

具备网络效应的商业模式，一旦初始用户数超过了某个门槛，基本上就拦不住了，这也是当初最早做这块业务的米聊在微信面前完全没有抵抗力的原因。2010年12月，小米接连发布Android版与iOS版米聊。米聊是国内第一款基于本地通讯录添加好友的社交应用，上线仅半年就拥有200万注册用户，可以说做得不差。但是雷军也很聪明，根据《南方都市报》的报道[1]，雷军自己说："如果给他们一年时间，米聊就有50%的胜出机会，可一旦腾讯在几个月内反击，那米聊将必死无疑。"结果一语成谶，2011年1月21日，微信开启公测，此后微信支持QQ用户一键迁移，支持通过通讯录添加好友，支持查找附近的人等。在一系列操作下，2012年3月，微信官方宣布用户数突破1亿大关，且用时仅433天，刷新了彼时国内App的发展纪录。此后米聊也还在运营，但是已经完全不成气候。2021年2月19日，米聊正式停服。

那么怎么打败微信呢？或者怎么在微信的统治下，依然有自己的一块市场呢？就算你现在有一个和微信功能完全一致的产品，运营也不比微信差，也能快速通过各种方法拉到几百万第一批用户，也有很多钱，类似当年打车软件之间的大战一样发很多优惠券甚至现金奖励，这些都是当年阿里的来往做过的事

---

[1] 《南方都市报》，《米聊宣布停服！》，2021年1月19日。

情。而来往的实践证明了什么呢？用户迁移的成本实在太高了，你可以花很多钱让他过去注册，但是他薅完羊毛之后，最终还是不得不回到微信，因为他想要联系的人很多都不在上面。这就是网络效应的厉害之处，其实本质上这也是一种规模效应达到极致的体现。

那什么会打败微信呢？我的判断是，要等待技术的进一步突破，等到社交网络可以在新的物理载体上实现新的体验的时候。彼时谁能够积累先发优势、能够最早去实现网络效应，谁就有可能碾压微信。目前来看，最有希望的是脑机接口，因为微信毕竟主要依托手机、移动端来实现；如果手机被颠覆了，那就有新的机会出现。

### ☑ 常见的双边效应

网络效应极其少见，也几乎不可能复制，而另一种效应反倒比较常见，就是双边效应，或者说双边平台。简单来说，就是你建设了一个平台，上面有买家、卖家或者生产者、消费者两个主体，两边可以自由交易、互动。非常典型的就是淘宝、京东、亚马逊、美团、滴滴、抖音、快手，但是这些主体之间还是有一些细微差异的。

首先看滴滴或者其他几个主要的打车应用，它们算不算双边平台、有没有双边效应？我在进行第二次创业的时候，曾为T3出行提供过服务，当时和行业里的专家就这件事情争论了很久。核心在于乘客下一个订单、司机想要接一个订单，都是有严格的区域限制的，都是周边几公里范围内的供应和需求之间的关系。因此滴滴更像一个大型的调度公司，要投入巨大的资源去建设算法和调度中心。事实上它上面的乘客不是面对所有的司机去做选择的，上面的司机也不是面向所有的乘客去做服务的，所以有说法认为滴滴的双边效应比较弱，且同时受限于车辆的供应量（遇到早晚高峰、下雨天、重大节日等时打不到车），因此呈现明显的区域分化。但是滴滴起步早、发展足够快、体量足够大，因此规模效应很强，这也是滴滴在一统江湖、占据了绝对意义的市场份额后，虽然这么多年各种打车公司依然层出不穷，但又很难把滴滴彻底拉下"神坛"的核心原因。

至于美团，虽然核心的外卖业务也和打车一样被区域限制住了，但是美团的服务种类比滴滴要多得多，因此美团的双边效应相比滴滴就要更强一些。因此也有说法认为，美团是典型的双边效应叠加协同效应，简单来说，就是在美团这个平台上，有很多东西供消费者挑选，它不仅仅是外卖平台。像淘宝、京东、亚马逊，也是典型的双边效应叠加协同效应。作为消费者，你在淘宝上买东西，所有卖这个东西的商家你都可以去选择；作为卖家，你也可以面向所有消费者展示商品和信息。品类足够多，消费者来一次可以买很多种类的东西，而不是仅仅打一个车。

如果两边不能自由地产生联系和交易，那么事实上就没有双边效益，也就不是真正意义上的平台。当初淘宝能够打败eBay，除了背靠中国巨大的互联网增量市场，再加上eBay自己对市场增量判断失误，还有一个重要原因，就是eBay为了最大化地维护自己的利益，仿照线下超市的玩法，不允许买家和卖家之间有直接的交流。在eBay，卖家想要改一个价格，就要通过eBay官方去申请操作。而淘宝做了一个旺旺，让买家和卖家能够像在地摊上一样讲价、砍价，商量好后直接改价格，所以eBay根本不是一个有双边效应的平台。

这里再说一个双边效应和网络效应的核心区别，如图6-2所示。比较一下微信和淘宝，你会发现微信上的所有人是可以和其他任何人发生联系的；而淘宝上卖家与卖家之间是没什么联系的，买家与买家之间实际的联系互动也非常少，最多就是在评论区里参考一下。是不是画面感就出来了？

最后，平台上双方的互动频率、黏性也是极其重要的，这也是这些双边平台都非常重视运营的原因。要想尽一切办法让两边的用户都尽可能地活跃，这是淘宝、京东要打造"双十一""618"等各种购物节，抖音、快手要开发各种打榜、PK活动，尤其是搞直播让"大哥"打赏带动直播间氛围的底层原因——就是所谓的"高频打低频"，营收是表面的，用户的数量、活跃度、互动频率及黏性才是竞争的根本，它们的用户不像微信用户那样天然就足够活跃，那就必须多做运营。微信则相反，规模达到了现在这个程度，已经不需要经常性的运营，反而要保持克制，尽量不打扰用户。

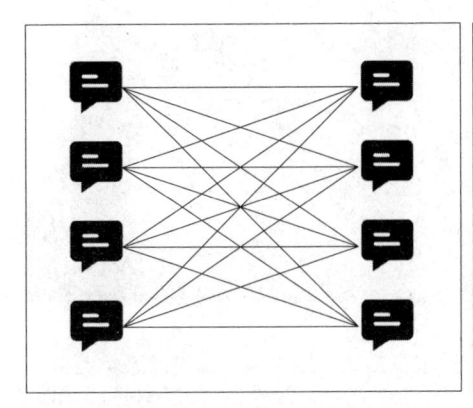

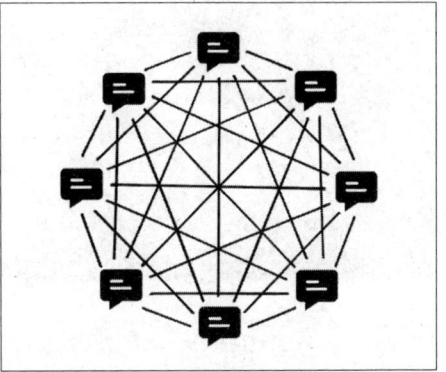

双边效应与网络效应对比，同样是8个节点，双边效应因为只有左右两边之间的联系，左右两边自己不需要联系，导致交流的密度明显低于网络效应。

图6-2　双边效应（左图）与网络效应（右图）对比

要注意，一般情况下在聊双边效应的时候，指的都是互联网下的双边效应。这是因为如果没有了互联网的加持，那么这个双边效应会很难被放大、很难被规模化。换句话说，如果没有足够的规模化，双边效应其实也很难成为你竞争的壁垒。

## 6.2.3　全力寻找增量用户市场

我在帮助企业做战略咨询的时候，都会习惯性地看一下这家企业做的业务到底面对的是存量市场还是增量市场。如果面对的是增量市场且增长的速度非常快，那简直太幸福了；如果面对的是存量市场，那就完全不一样了，这件事情会非常影响战略的取舍及战术的设计。这方面的经典案例就是两次"蚂蚁战大象"，如图6-3所示。

穿透：理顺业务和组织的22个关键动作

2003—2006年，淘宝打eBay，后者最终选择退出中国；2015—2023年，群雄乱战淘系，2022年淘系占一半左右份额，京东、拼多多占35%左右，2023年11月拼多多市值一度超过阿里；值得关注的是，根据2023年上半年的数据，在美妆、服装等核心领域，淘系大有被超越的趋势。

图6-3 两次"蚂蚁战大象"的主要参与方

☑ **两次"蚂蚁战大象"**

前面已经提过淘宝和eBay的竞争，2003年淘宝才刚成立，但是eBay作为国际巨头，已经占据了当时国内存量网民的绝大多数（有说法是90%以上），看起来大局已定，但是淘宝真正争抢的是未来的新增用户。当时PC互联网在国内的发展才刚刚开始，阿里认为这是巨大的增量市场，远大于当时eBay占据的存量市场，这是淘宝敢于"蚂蚁战大象"的根本原因。竞争持续了3年，2006年eBay选择退出中国。

短短9年后，2015年9月，拼多多成立。如法炮制，在用户从PC端向移动端迁移的过程中，拼多多抓住了移动端的增量市场，在某种意义上可以说是复制了这个"蚂蚁战大象"的故事。仅用了两年时间，拼多多GMV破1000亿元。达到这个成绩，京东用了10年，淘宝用了5年，美团用了6年。2018年7月26日，拼多多成立不到三年就上市了，当天市值是京东的一半以上。2023年11月29日晚，拼多多美股盘中涨超3%，市值首次超越阿里，成为美股市值最大的中概股。

在这两次竞争的背后，决定性要素是对市场增量的判断和把握。在淘宝和eBay竞争的时候，主要拼抢的是PC互联网用户的增量；在拼多多和淘宝、天猫、京东这些巨头竞争的时候，拼抢的是移动端互联网用户的增量。这两件事情背后的客户群体有非常大的区别，需要跟大家交代清楚。

2000年左右，PC互联网用户规模刚起来，国内能用得起电脑的人群主要集中在一二线城市中产及以上的家庭及企业里的白领。换句话说，当时要么你在一家还不错的公司工作，公司给你配了一台电脑还能上网，要么就是你自己的家庭条件挺不错，有一台家里的电脑能上网。淘宝自己的数据也验证了这个判断，网购最活跃的时间段就是每天上班集中"摸鱼"的时候，以及回到家里晚上的八九点钟。伴随着中国经济的发展、人民收入水平的提高，PC互联网用户群体在快速扩大。根据新华社援引工业和信息化部的数据报道，截至2006年年末，中国互联网用户数已上升到1.32亿。

在这个背景下，基于对未来发展的预判，2003年淘宝发展起来，跟eBay打到2006年，最后打赢了，eBay自己放弃了后面更多年、更巨大的增量，这是eBay最大的战略失误之一。那么拼多多是怎么发展起来的呢？又是怎么发展成今天这个规模的呢？阿里、京东等巨头怎么就眼睁睁地看着它发展呢？这背后就有一个非常戏剧性的故事了。

先来了解一下更大的历史背景。2006年，互联网用户依然以一二线城市用户、中产及以上群体为主，毕竟那时一台电脑起步就要好几千元；同时我们国家的经济、发展情况也非常复杂，而且分层严重。在这样的大背景下，淘宝犯了三个巨大的错误。

☑ **淘宝连续犯的三个错误**

基于对技术、经济发展的预判，2006年打赢eBay后，淘宝在内部的战略会上其实已经有判断，认为到2012年移动端的用户规模会超过PC端的用户规模，即"4亿移动端上网用户，3亿PC端上网用户"[1]。看到却并没有真的提前去做什么，这是淘宝犯的第一个错误。此后数年间，不断有大佬、大厂发布观点、报告，都在说移动端的互联网用户数量必定超过PC端。2014年6月，中国互联网

---
1 阿里荣誉合伙人语嫣著作，《生长》，第107页，图3-11。

络信息中心发布数据,我国网民手机上网比例首超电脑[1],在2006—2014年这段时间里,很好地针对移动端的崛起,并主动把握机会且做得比较成功的只有微信,它是2011年1月21日诞生的。

2013年,阿里"All In 无线",但是当时作为主要对策的来往很快就失败了,手机淘宝则根本没有获得足够重视,只是作为PC端的补充而已。直到蒋凡掌舵移动端业务才有了改善,但主要还是服务淘宝原有的客户群体。没有看到移动端的普及带来的新增客户群体到底是谁,这是淘宝犯的第二个错误。直到2015年9月拼多多成立,通过"农村包围城市"的打法,迅速做大,从一开始被嫌弃、被鄙视,到惊觉怎么发展得这么快,才发现原来新增的客户群体和以前完全不一样。

要知道用户向移动端迁移的背后,是智能手机的价格相对于一台电脑要便宜很多,甚至几百块钱也能买到一部可以上网、可以网购的手机,这背后是技术的发展、制造业成本的降低带来了更为广泛、更为迅速的技术和信息的平权,对应的是原来一二线城市的用户,用极快的速度完成了迁移,三四五六线及以下的城市、乡村里的用户,可以说是最大范围且同样以极快的速度完成了新增。这部分新增用户群体的体量明显超过原有的用户群体,拼多多抓住了这个千载难逢的历史机遇,而对手们没有及时去做,做了的也不如拼多多极致,反而在拼多多发展起来的过程中选择去嘲笑。待反应过来之后,又受限于资本市场,也没有及时地集中足够资源去打击,这是淘宝犯的第三个错误,这些错误造成了淘宝当今的局面。

真是应了《孙子兵法》里的那句话——"不可胜在己"。

## 6.2.4　尽可能多地借各方势能

对于绝大多数公司而言,在思考远见的时候,要更高效地组合和使用经济政策、社会基础设施提供的资源,这就是"借势"。轻易不要在社会层基础设

---

[1] 中央政府门户网站,《我国网民手机上网比例首超电脑》,2014年07月21日。

## 第6章 战略洞察：看十年，如何实现从愿景到远见的跃迁

施尚未到位的时候就大举投入，可以先做布局和必要的研发准备，少数大型、超大型的企业除外。对这些企业而言，一定要明白自己的成就背后是时代的馈赠，要承担起继续建设社会基础设施的责任。社会公益是另外一回事，是应当能多做就多做一些。

典型案例如已经发展了十五年的大疆，现在的大疆已经是消费级无人机领域当之无愧的霸主，在全球市场占据压倒性的份额。但是我去李泽湘教授（大疆创始人汪滔的老师）创办的深圳科创学院交流的时候，看到的历史是当年大疆最初寻求融资的时候，用40%股份换200万元人民币都没有人理。现在再去看，很多投资人都捶胸顿足、悔不当初，当时大疆自己也没有想到，居然会有这样的成就。像大疆这样占据先发优势，累积技术、产品、渠道，建设品牌优势，最终造就了一个新的品类的事情，很多时候也就只能看看而已。真正放到面前的时候，绝大多数人也抓不住机会；就算抓住了，能拿住它坚持到成功的概率也是很小的。大疆一路走来并不顺利，早期一度只剩创始人和一个出纳守着破败的办公室。大疆的爆火很大程度上依赖于它的航拍功能，航拍的照片、视频因为移动互联网被广泛传播和关注，这背后是移动互联网和智能手机的普及，而且随着生活水平的提高，一部分人能够承担起相应的消费，可以追求这些新鲜事物和美好的体验。应该说，当下绝大多数带有社交分享功能的软硬科技产品都受益于此，比如Insta360影石[1]，脱离了这个基础，它们都很难长这么大。

再比如借到各方势能的跨境电商，尤其是把国内的商品、产能卖到国外去，最简单的办法就是去亚马逊开店，跟国内在京东、淘宝开店类似；麻烦点的就自己做个品牌、做个App，不依赖亚马逊等平台。这方面的典型代表就是SHEIN，可以单挑Zara的跨境女装之王。整个行业最火的时候到什么程度？几年前在北京和上海的咖啡厅、广州和深圳的早茶店、杭州的茶馆，但凡创业者、老板、投资人聚集的地方，几乎都有人在谈论跨境电商，到处都是谁谁做跨境电商没多久就在深圳全款买几千万元大平层的励志故事。那为什么跨境电

---

[1] Insta360影石，是以全景技术为基点的全球知名智能影像品牌。

商会这么火，那么多卖家还真就做成了？

关键就是借到了势，还不止一个势，有如下四个。

第一个势，我国是世界工厂，制造业尤其是消费品的整体产能是过剩的，比如服装、数码、家具等。所以你看，产能根本不是问题，而且确实物美价廉。

第二个势，这么多年的外贸进出口行业的积累，全球物流已经非常发达，且成本可控，跨境物流也不是问题。

第三个势，我们国家的电商行业发展了很多年，你会发现整个国内电商行业已经被称为"夕阳行业"了，这里的运营人才供应是充足的。

第四个势，国家政策也是支持的。

这四个要素叠加，想不火都不行，火到我第二次创业做数字化营销业务的时候，接触的投资人都建议我们往那个方向靠拢，为跨境电商从业者提供支持，好顺势把自己带起来。

不过这个行业也有自己的深层风险，我们在6.3节会专门讨论。

## 6.2.5　注意科技与应用的差异

科学、技术的发展与商业的应用确实是两个东西，很多时候，科学家、技术狂人都做不好企业家，赚不到钱，甚至可能穷困潦倒。但是人类整体也好，一个国家、一个民族也好，更需要的一定是在科学和技术不断进步的前提下的商业繁荣，而不是停滞不前的科学、技术下的倒买倒卖或者娱乐至死。PayPal的另一位创始人、《从0到1》的作者"硅谷教父"彼得·蒂尔曾感叹，"我们想要一辆会飞的汽车，得到的却是140个字符。"（X早期的主功能是用户可以发布不超过140个字符的短消息。）人类渴望星辰大海般的科学、技术突破，但真实的、更多的商业是吃喝玩乐、衣食住行。这里的反差有时让人非常无奈，但也是这些需求在提供资源和场景，支持科学和技术的实验和进步。

具体在实操层面，很多时候商业应用和科学、技术之间是下面这样的关系。

☑ **保持对最前沿技术方向的关注**

不是你一定要做什么，而是保持好奇心、敏锐度，越早关注到，前瞻性、差异化的空间就会越大。举个例子，在智能驾驶领域，现在大家看智能驾驶可能已经觉得见怪不怪了，几乎随便拉出哪一家知名的汽车品牌都在讲智能驾驶的故事，那么这件事情到底是什么时候开始被商界的大佬们关注的呢？追溯起来，至少要看二十多年前的一场比赛了[1]。

2001年，美国通过了一项国防法案，其中特别强调，实现无人驾驶和远程控制技术的部署将是武装部队的一个目标，参与起草法案的军事委员会幕僚长在当时放言，"15年内要让无人车成为武装部队的主要力量"，这项任务下达到了美国国防部高级研究计划局（DARPA）。刚上任不久的局长托尼·泰斯勒认为，解决问题的关键在于整合而不是发明，要找到合适的方法将当时已有的技术整合在一起。于是他组织了"DARPA大挑战赛"，面向社会各界征集参赛队伍。比赛内容是每个队伍的无人车，一旦起步，就要在完全无人类干预的条件下，完成直线距离约为160千米的赛道。赛道从洛杉矶东北方向的一个古老小镇通往内华达州边境的普里姆镇，具体路线混合了平坦的开放地形和陡峭的山丘，还有狭窄的小路，中途还经过沙漠，近似于中东地区的驾驶环境。谁能第一个到达终点，谁就能拿下100万美元奖金。起初主办方还在担心参与的队伍会太少，工作人员还抱怨"花2000美元准备赛事发布会的食物太浪费了"。结果汽车制造商、计算机程序员、机器人专家、人工智能开发者、科幻作家，还有一些可能是大学刚毕业的业余爱好者，近500人的队伍一直排到了拐角，最终有超过100个团队报名参加，经过各种审核和资格赛淘汰，15个团队进入了决赛，2004年3月比赛正式打响。戏剧性的是，所有团队都失败了，最远纪录只有区区12千米，没有人拿走奖金。

托尼·泰斯勒被问到该怎么办时，他回答会再来一次，奖金将是200万美

---

[1] 具体可参考亚历克斯·戴维斯的《自动驾驶之争》。

**穿透：理顺业务和组织的22个关键动作**

元。最终2005年10月，24个队伍正式参赛，很多科技界名人也赶来观看，其中就包括苹果公司联合创始人斯蒂夫·沃兹尼亚克、谷歌联合创始人拉里·佩奇等，最终有4个队伍成功跑完全程。2007年第三届大挑战赛被称为"DARPA城市挑战赛"，举办方把赛场搬到了城市，要求无人车能适应城市场景，完成识别十字路口、在车流中改变车道、在停车场寻找空位泊车，且不违背交通规则等任务，前面两次是有具体路线的，这次则要机器自主选择路线，难度升级，已经非常接近现在的商用智能驾驶场景。

注意，那是在2007年，很多现在成熟的商用技术解决方案，在这三次竞赛中崭露头角，比如激光雷达传感器技术。还有一个细节，谷歌的街景计划是2004年开始的，正是第一次竞赛的年份。

☑ **尽早在商业应用中使用新的技术**

不必等到技术完全成熟后才做商业应用，而是尽可能早地把具有一定价值的技术在商业中应用，从中获取尽可能多的收益，以便支撑技术的继续进步。最典型的如智能驾驶技术，我们都知道智能驾驶技术分成L1~L5五个阶段（也有说法是L1~L4），L5才算是真正意义上完全的智能驾驶。但是如果你等到技术上能够支撑L5的技术实现的时候，才去做商业开发和实践，那么直到今天，你都还没有行动。事实上当智能驾驶技术有了类似自动泊车的功能之后，它就有了很大的现实意义，就可以投入商业应用了，实践中车企也都是这么做的。

不过还有很多企业纯粹是在蹭热度、搞营销，这类行为对于一些根本不在意自己品牌的中小企业而言，也就罢了。但凡有一定的品牌追求，顾及自己的社会口碑，坚持正直、诚信等价值观的企业，这种事情还是不要做为好。进一步地，类似手机的曲面屏这种技术，虽然实际用处不怎么大，但是能提升手机颜值，这也算一种价值，这是曲面屏至今依然有市场的主要原因。但基本上可以确认，曲面屏火爆一段时间后，到2023年，基本上主流手机厂家都放弃了曲面屏而回归直屏，至少曲面屏的曲率不是那么大了，不再过于强调美观。

当然还有一种可能，从商战的角度看，有时候一些企业会发布一些技术的假消息来迷惑对手，甚至把对方拖下水、消耗对方的战略资源，比如美苏争霸时候的星球大战计划，这也是一种玩法。

最后要强调一件事，不是说非要占据领先的技术水平才能获得竞争的优势地位，实践中技术层的暂时落后是可以通过应用层的领先来获取后发优势的。换句话说，在面对竞争的时候，科学、技术底子比较弱的企业及国家，面对对手的技术代差，不需要妄自菲薄，可以通过自己在应用层的快速积累，来获取资源、争取时间，最终实现反超。事物的发展是动态的，事在人为，但是千万不要因为应用层的成功带来的收益和刺激迷失了自我，要永远记住真正核心的、能够左右战略取舍和战争成败的东西，别人是不可能卖给你的。不占据真正的科学技术的领先位置，是很难获得真正丰厚的市场利润的，一旦国家之间的竞争加剧，甚至有可能彻底被隔离。

☑ **在特定行业里要规避早期技术风险**

比如医药行业，要非常小心新技术的过早应用，这方面的教训非常多，而且一旦发生，很多时候都是无法挽回的灾难。比如二十世纪五十年代联邦德国的一款药物Thalidomide，就是大名鼎鼎的"反应停"，这是一款镇静催眠剂。1957年，联邦德国的格兰泰集团宣称"无任何毒副作用"，甚至使用了"孕妇的理想选择"这样的广告语，声称此药可以治疗晨吐、恶心等妊娠反应，并且没有任何副作用，可谓孕妇的福音。加拿大、非洲、拉美、日本等大批购入"反应停"，确实有效地治疗了孕妇怀孕早期的孕吐问题，但是也妨碍了孕妇对胎儿的血液供应，导致全球约十万"海豹畸形婴儿"出生。这些婴儿上肢普遍发育不良，长成类似海豹一样，约十万家庭因此遭受了巨大的痛苦，也给社会造成了巨大的负担。这也是为何药品上市需要经历严格乃至苛刻审查的程序。近十年，继奥美拉唑[1]后很少有划时代的新产品问世，研发一种新药，没有十年时间、至少十亿美元的投入，基本上出不来。

---

1 奥美拉唑适用于治疗胃溃疡、十二指肠溃疡、反流性食管炎等消化道疾病，也可用于反酸、烧心等胃酸相关症状的对症治疗。

**穿透：理顺业务和组织的22个关键动作**

☑ **判断会被淘汰的技术要注意商用窗口**

典型的就是新能源汽车行业的发展，我们知道新能源汽车在技术上的追求肯定是完全电动，有的使用锂电池，有的使用氢能，但是技术的发展速度没有那么快。这是国内很多车企都发展混动技术的原因，普通企业等技术发展到现在才开始折腾的话，估计很难分得一杯羹了。

再如随处可见的共享充电宝，现在看来还能有几年的生命很难说，但我相信手机的电池容量问题、充放电速度问题一定可以解决，届时就没有共享充电宝的市场空间了。大家别忘了，共享充电宝是2015年左右出现的，2017年热度比较高，也有很多争论。结果2018年就有共享充电宝公司说自己扭亏为盈，我获得的信息是，这是假消息。与之对应，2021年怪兽充电成为行业第一家上市公司，根据其发布的2023年第二季度业绩报告显示，当季度实现营业收入10.36亿元人民币，同比增长50%，经调整后的净利润为3010万元人民币，这是连续第二个季度保持盈利。这个行业已经发展8年了，从"注定会被淘汰的技术、注定会消失的市场"走到现在，已经很顽强了。好处是头部玩家积累了一定的资金、团队，下一步怎么转型就是非常紧迫的问题了，留给这个行业的时间窗口已经很紧张了。

还有已经不怎么见到的各种电视盒子，比如曾经的天猫盒子。基于对技术发展的判断，最早我见到这种盒子的时候就在想，这玩意儿做它干吗，能有几年的发展空间？后来遇到了一些这类产品背后的工作人员，果然他们在一开始就想好了，这只是个防御性的产品，是一个过渡，因此并没有在它上面真正投入资源。

小结一下，判断会被淘汰的技术，把握它的商用窗口是一件很棘手的事情。有的行业，为了占位、训练队伍、积攒品牌认知等，不得不付出一定代价；有的行业，则只是临时性地做防御性的处理，不需要花多少资源。这些事情需要逐个分析才好做判断，很难说一定有准确的规律。

☑ **持续投入积累，也接受可能无用**

对于大部分中小企业而言，轻易不要投入过多的资源去研究开创性的技术,因为这很可能把你的企业拖垮,整合、应用现有技术去提升效率和收益,或者开发能够尽快产生商业价值的技术是中小企业生存所要求的。注意,不是不同意你搞,而是要量力而行。

但对于大厂而言,尤其对于阿里、美团、京东、腾讯等,这些时代之下应运而生的大企业,已经占据了大量的社会资源,是有责任引领和推动科学、技术向前发展的。对于它们而言,这不仅仅是未来赢得商业竞争的终极武器,更是彰显社会责任、提升品牌影响力的表现。国内很多企业在这方面投入巨大,比如科大讯飞有自己的科学家团队,而且科学家是没有KPI的,能够相对自由地开展研发工作。再比如第一部分第2章专门讲过华为、比亚迪研发投入的案例。

所以当国外的互联网巨头纷纷投入资金和资源去研究前沿科技的时候,能够赢得社会各界的一致认同和赞赏;而同期国内的很多互联网企业却在做社区团购,跟小商贩抢着卖菜。这件事情如果不被历史所遗忘,恐怕会是令人非常羞耻的一页。

进一步地,你会发现有很多科学和技术,对于企业而言,投入了巨大的时间、金钱、人力等各方面资源,但是可能很长时间甚至最终也没什么用处。比如区块链技术,在比特币最火的时候,全球几乎所有互联网企业、科技公司都或多或少地在关注区块链技术。根据知识产权产业媒体IPRdaily发布的报告,2019年公开的全球区块链技术发明专利申请数量对比统计:阿里位列第一,共计1505件专利;腾讯排名第二,共计724件专利;中国平安排名第三,共计561件专利。但到目前为止,这方面技术在商业应用中还没有看到特别的空间和成效,估计真要等到人工智能再发展一下,到Web3.0的世界里才有大用。所以,在科学和技术的研究里,确实有很大的不确定性,要持续投入积累,也要接受可能无用。

### 6.2.6 要做到多大,才算够大

对远见的思考,一般而言,都回答想要、能够做多大的问题,这件事情特

**穿透：理顺业务和组织的22个关键动作**

别有意思。之前跟朋友们聊到对创业者做分类，一类是帝王，就是要做大，就是喜欢这种感觉；一类是大侠，追求价值，内心深处有使命在；一类是少年，就是喜欢，无所谓做成什么样子；最后一类是老人家，生存所迫，忧患意识很强。这些比喻可能不是很恰当，只是为了传递一个大致的意思。不管对哪一类创业者，做多大才算够大、才算功成名就，或者差不多可以了就成了一个问题。好在这个问题可以用一个很简单的办法来回答，那就是去看股市市值，看不同行业有多少家企业的市值过百亿元、千亿元，这是很好的参照。

如果你感觉股市市值不是很好的参照，那更务实的参考就是营收了。可以看2023年9月12日中华全国工商业联合会发布的《2023中国民营企业500强调研分析报告》，统计期间是2022年1月1日到2022年12月31日，营收前500位的民营企业被称为"中国民营企业500强"，共有8961家年营收5亿元以上的企业参加调研，关键信息摘录如下。

- 民营企业整体500强入围门槛营收是275.78亿元，比上年增加12.11亿元。
- 制造业行业民营企业500强入围门槛营收达145.16亿元，比上年增加19.44亿元。
- 服务业行业民营企业100强入围门槛营收达314.04亿元，比上年增加12.89亿元。

有17家500强企业营收超3000亿元，其中有8家企业营收超5000亿元，京东集团以10462.36亿元的营收连续两年位居民营企业500强榜首、连续三年位居服务业民营企业100强榜首；恒力集团有限公司连续两年位居制造业民营企业500强榜首。资产总额超过千亿元规模的企业有86家，其中有11家企业资产总额超过5000亿元。共有28家民营企业500强入围世界500强。比亚迪股份有限公司就业人数位居榜首，达57.01万人，较上年几乎翻了一倍；京东集团位居第二，达53.63万人，较上年增长近四成。第二产业仍是民营企业500强的"主力军"，共有入围企业359家，较上年增加17家，营收总额占500强总体的68.37%。民营企业500强销售净利率、资产净利率、净资产收益率分别为4.13%、3.67%、10.81%，人均营业收入、人均净利润分别为363.04万元、14.98万元，总资产周转率为88.86%。

关于更多细节，可以找报告的原文阅读。

## 6.3 关键动作：避开三类关键风险

当你对远见有了大致的判断之后，结合当前的政治、经济形势，有一些特定的风险需要注意防范和避开。毕竟在百年未有之大变局下，有些关键要素和之前不太一样，这里着重强调三点。

第一点，坚持创造价值，不作恶。

第二点，拥抱监管及政策的要求。

第三点，前瞻与差异要把握好度。

在本节，我会多举一些案例供大家参考。

### 6.3.1 坚持创造价值，不作恶

坚持创造价值，不作恶。这句话好像根本不用提，但凡是个正常的企业、个人，都会觉得自己在创造价值，至少不会认为自己可能在作恶。为什么我要专门聊这个话题？因为近些年这方面的案例实在是太多了，影响巨大，扰乱了太多人的心智、价值观，乃至对政府的公信力都造成了不利影响。

**先快速看一下近些年发生的一些恶性案例。**

最早在2010年互联网金融模式兴起的时候，P2P兴起本身是为了解决普通人、小微企业融资的问题，类似小额贷款。从理论上看，如果P2P发展得好，是有巨大社会价值的。全世界都需要解决个人、小微企业的融资难题，但是怎么就走向了行业整体暴雷，无数人因此损失巨大，甚至倾家荡产？总结下来，有三个原因。

第一个原因是在互联网技术的加持下，放贷确实方便了很多，但是风控能力没有及时跟上。本来这还不是最要命的问题，因为我们国家的老百姓是天底下最老实本分、爱惜名誉的人群，我们的社会道德和法治体系也能帮助这个行业规避风险，多花点时间，走得慢一点，逐步去完善，是有可能成长起来的。

但是第二个原因出现了，在P2P行业里混进了一波真正意义上的坏人、恶人，其中不少就是过去做违法高利贷或者其他见不得光的生意的人。这帮人彻底带坏了整个行业的风气，他们毫无顾忌地用超高的回报率，去构建庞氏骗局[1]，吸引老百姓及各类投资者入局，却并没有真正花时间、精力和资源去寻找借款人，去做小额贷款该做的事情，因为他们的根本目的就是卷走你的本金。

第三个原因，那几年在鼓励大众创业、万众创新的大背景下，社会各界对互联网技术、互联网公司有盲目的支持、信任甚至崇拜，监管没有跟上，结果本来很好的金融创新工具，有可能创造巨大社会价值的东西整体暴雷，最终政府不得不重拳出击，整个行业算是彻底被整治，很多人在这个过程中损失惨重。

再看长租公寓，2016年左右，长租公寓起步的模式和打法，有点类似于资本推动下的快速占领市场再逐步获取收益的打法。本来勉强也算符合逻辑，只要你好好地服务房东和租客，花心思不断提升长租公寓的品质，还是有可能发展出几家不错的公司的。但是谁能想到，这个行业也混进了一些坏人、恶人，或者说原本想做事的一些人被利益改变了，他们用高出市场的价格迅速收拢房源，然后用低于市场的价格租给年轻人。但是在向房东收拢房源的时候，按月付款或者只付定金，理由是毕竟比市场价格高很多；在租给租客的时候，却要求房客半年付或者年付租金，理由是毕竟比市场价格便宜很多，那大量刚进入职场、收入低的年轻人拿不出一年的租金怎么办？他们贴心地提供了贷款

---

[1] 1919年，意大利人查尔斯·庞兹在美国策划了一个骗局，捏造了一个非常盈利的公司，许诺投资者在三个月内得到40%的盈利，其实是把新投资者的钱作为盈利付给前期投资的人。由于前期投资的人回报丰厚，庞兹成功地在七个月内吸引了三万名投资者。这场阴谋持续了一年之久，才让被利益冲昏头脑的人们清醒过来，后人称类似骗局为"庞氏骗局"。

## 第6章 战略洞察：看十年，如何实现从愿景到远见的跃迁

服务。在这样一番操作下，一些恶人在短时间内积累了巨款的资金，然后卷款跑路，留下欲哭无泪的房东和租客。我身边就有一些员工和朋友遭遇这样的事情。长租公寓的上述模式，用租客的资金甚至是贷款，为自己的扩张提供资源，本身是一种典型的"羊毛出在猪身上，狗来买单"的所谓"模式创新"，这种思维一度非常流行。要非常警惕这种事情，钱来得太容易，就非常容易激发人性的恶，最终是无辜的房东、租客承担了所有损失，真是比P2P暴雷还要恶劣，因为坑害的是底层的普通人，尤其是刚到城市的年轻人。

**看过太多案例后，最大的教训就是不要随意放大人性的弱点。**

前面提到的是已经被重拳整治的恶性案例，身边还有很多游走在边缘的行业，这类行业有一个共同的特点，那就是都在尽可能地放大和利用人性的弱点，比如曾经闹得沸沸扬扬的校园贷业务。这类业务专门瞄准了学校里的学生，放大年轻人容易攀比的弱点，利用其不懂金融、容易轻信他人的特征，打着各种低利率分期购买高档手机等名牌商品的旗号，事实上一边收取超高的利息，一边赚取批量进货与销售之间的差价，赚得盆满钵满。这类业务甚至发展出了在美国敲钟上市的公司，叫趣店。如果学生还不起，就会遭遇各种形式的催收，造成巨大的心理压力，引发了多起自杀事件，甚至催生了"裸贷"等恶性事件。2016年、2017年教育部等部门专门对此做了整治。

趣店在美国上市后，目前股价已经跌落到尘埃里，参考图6-4。创始人罗敏还闹了一个笑话，被戏称"自己的三万元打败了自己的一亿元"。当时是2022年，他想进军预制菜领域，这也是一个争议比较多的行业。7月17日，罗敏的首场直播用砸钱的策略去引流，号称单场直播补贴一亿元；7月18日，他到东方甄选董宇辉的直播间连刷"嘉年华"及"火箭"，估计花了三万多元，其实这是在有意蹭流量、制造话题，是直播圈子里的常见手段。董宇辉连连叫停，因为刷礼物一向是东方甄选不鼓励的行为，他们宁愿"大哥"用这些钱买农产品送给员工和家人，也不要刷礼物，尤其怕这样的行为影响了看直播的孩子们对世界的认知和理解。随后罗敏没有再留言和刷礼物，还以为是听劝了，结果7月19日罗敏在社交平台爆料自己被东方甄选直播间拉黑了。东方甄选一查，发

现拉黑他的是负责直播间运营的导演小哥，而他是一位刚大学毕业的学生。7月21日，董宇辉直播的时候回应道："东方甄选是公司的号，跟我个人无关。导演小哥因为大学刚毕业，有时候有些私人恩怨，他要拉黑，我听完之后觉得挺合理的。"[1]这个回应获得了大量赞同。

趣店，2017年10月18日美股上市，发行价格24美元，目前其股价已经跌得连发行价的零头都不到。

图6-4 趣店美股走势

再比如一度火爆的线上"夜总会"模式，各类娱乐主播线上直播，彼此之间会连麦、PK 打榜等，背后的操盘手还经常伪装成"大哥"在里面豪爽地进行打赏，刺激观众的神经。事实上左手出、右手进，只是做个样子，赚的是不明真相的观众的钱和关注。这类业务一度非常混乱，各种直播平台层出不穷，往往还连带着赌博、色情产业，背后已经发生过多起未成年人偷家里的钱打赏，甚至有人贷款、挪用公款打赏，最后锒铛入狱。

这样的案例还有很多，这里不再列举，免得教坏了大家。总之这类业务在放大和利用人性的弱点，很多确实非常赚钱，因为处于模糊地带，所以能存在一定时间。但是"人在做、天在看"，你在利用别人人性的弱点的时候，也在放大自己的欲望，深渊也在凝视着你。

---

[1] 新浪财经，《"校园贷鼻祖"刷礼物被拉黑》，2022年07月22日。

## 第6章 战略洞察：看十年，如何实现从愿景到远见的跃迁

**聊到这里，顺带提一下K12[1]教培行业被大力整顿的根本原因。**

距离2021年7月24日国家发布"双减"政策文件，已经过去了三年多，曾经万众瞩目、资本疯狂投入的K12教培行业，现在早已风光不再。这件事情在社会各界引发的反应有些许微妙的不同，我在长时间接触和服务民营企业的过程中，发现有一些创业者还没有深刻地理解国家为何会制定如此坚决的管制政策。每每遇到有这样疑惑的创业者，我都会与他们深度探讨这件事情背后的现象、趋势、结构、心智。

究其原因，首先，从现象和趋势的层面去看，教培行业那几年的兴起可以说是一时风光无限，有头有脸的资本都在疯狂地涌入，大量教培机构都在拼命地扩张和攻城略地。从表面上看，教培行业主要满足的是广大父母和孩子提高学习成绩、提高升学率的需求，确实具备很大的社会价值，但是往结构和心智的深处去挖掘，会发现这里有几个事情非常难处理。

☑ **现有教育体系处在改革过程中**

教培行业指向的客户价值是满足学生提分、提高升学率的需求，本质上长在现有教育体系身上。但是现有教育体系有自己的问题，这些年来关于这方面的争论一直没有停止过，其中最关键的有三点。

第一点，整个教育的内容和考试体系与经济和国家发展阶段适配方面的问题。我在几所大学兼任创业导师，对这方面的体会尤其深刻，很多专业、师资和社会是脱节的，还在使用早就应该淘汰的教材。

第二点，优质老师等教育资源一直不充足，导致城乡不平等的问题。

第三点，在前面两个问题的基础上，家长和孩子不得不投入大量时间、金钱、体力内卷，但与毕业后在成才、就业等方面的产出不对等问题。

国家非常关注这些方面，因为教育是民族之本，怎么评价它的重要性都不为过，对现有教育体系的改革，可以说这些年来一直处在研究、试错、改善的过程中。

---

1 K12是学前教育至高中教育的缩写，普遍被用来代指基础教育。

穿透：理顺业务和组织的22个关键动作

☑ **教培行业发展过快引发的问题**

教培行业在资本的加持下疯狂发展，本身对于这件事情，我也是受益方。我第一次创业做咨询公司的时候，一度30%以上的营收来自教培行业的公司。但当时我隐约地感觉到不对，因为这衍生出两个问题。

第一，严重加剧了原有教育体系下的竞争，孩子们和家长们更拼命地内卷，教培行业的一些宣传行为在推波助澜。比如"你不来，我们就辅导你的竞争对手"等广告语层出不穷，在某种程度上，这是在放大人性的弱点，制造焦虑，这件事情本身是教育改革所不希望看到的。

第二，在资本的加持下，教培机构出手相当阔绰，以极高的薪水，从原有的教育体系里获取了优质的教师资源。本来教育体系里的教师资源就不充足，被教培行业"虹吸"之后，这个问题越加严重。教培行业又需要尽快盈利，满足投资人的需求，并没有很好地解决教育平权的问题。

所以，这两个问题直接指向了现有教育体系三个问题中的后两个，一方面加剧了无意义的竞争和内耗，一方面在削弱现有教育体系的资源和力量的同时，没有真正地解决教育平权的问题。同时教培行业又是依赖第一个问题才得以存在的，发展太快的话，又会增加解决第一个问题的难度。因此我的判断是，如果计算社会层面的大账，那么那几年的教培行业并没有真正创造价值，反而在加剧系统性的风险。

其实国家对此已经整治了几轮，但资本和行业已经进入了接近疯狂的状态，这是教培行业最终被严厉整治的诱因。至于教培行业的一些乱象，比如一个人、一个演员，被多家教培公司或者它们背后的广告公司，请去扮演多个角色拍广告，这是现象层问题，因为传播广，引爆了公众情绪。

但需要注意的是，国家并不是不支持民营企业在教培行业发挥自己的优势。比如最近有一些企业，用过往积累的优质的内容资源，结合数字化技术做了一个智能学习机的产品，面向四五六线城市及乡村那些缺乏优质教育资源的地方提供自习室服务。简单来说，就是有这么一个学习机，里面的内容很好，也能做到一定的智能交互。但即便这样，大部分孩子还是做不到很好地把控自己，索性找一个合适的地方做成自习室，在政策许可的内容、形式及时间范围内，帮助孩子们展开学习，尤其是当看到有不少留守儿童在这样的自习室里能够得到照顾，我感觉这才是有责任心的企业应该做的事情。这件事情目前还有游走在政策边缘的嫌疑，后面会逐步规范起来。

2023年年底，我去苏州给活下来的教培行业头部企业做项目的时候发现，经过洗牌之后，行业里虚假宣传、恶性竞争的问题得到了较为彻底的解决，配合政策整改、坚持下来的企业的营收、利润反倒较以往还有提升。核心的点还是要寄希望于我们国家整体的教育体系的改革，否则这个行业很难真正稳定下来，毕竟它对教育体系的依赖度非常高，与教育体系几乎密不可分。

## 6.3.2　拥抱监管及政策的要求

伴随着经济的发展、法治水平的提高、数智化程度的提高，越来越多企业对这件事情开始有了充分的认知，尤其是发展到一定阶段的企业及创新性比较强的企业，更要主动去拥抱监管。发展到一定阶段的企业，本身有很多社会责任要履行，政府也愿意多加支持，因此最佳选择就是主动拥抱监管；对于创新性比较强的企业，尤其要防范"负外部性"带来的风险，尤其是所谓"破坏式创新"。简单来说，就是你整合利用了社会既有资源做自己的事情，但是给别的地方带来了麻烦甚至损失，如果算下来整体社会收益没有增加甚至是负的，那么你也没有存在和发展的必要。

前面已经聊过一些案例，这里再看一下共享单车的案例。这个行业给社会带来便利的同时，也一度带来了混乱，因为这个行业的打法很粗暴。尽可能做融资、尽可能多地把单车尽快投放到各个城市的主要路口，谁的量大谁就能占据更大市场份额，有点劣币驱逐良币的感觉，所以摩拜单车最早生产的三年免维护的那种质量很好的单车销声匿迹，取而代之的是各种廉价单车，就拼谁的数量多，导致混乱的摆放和路口的拥堵，给城市管理带来了不小的麻烦。因此又出现了共享单车"坟场",大量单车因为损坏或者堵路被拉走废弃,造成了社会资源的巨大浪费。好在主要的共享单车企业做了两个改进,第一增设了单车清运人员,在调配单车位置的同时,也把主要路口的车辆摆放整齐,如图6-5所示;第二在一些有条件的城市,在单车停放区域做了停车区域电子围栏,这样就很好地解决了停放秩序问题。现在,至少在杭州,我已经很久没看到共享单车到处堵路的问题了。当然这个行业的竞争已经基本稳定,不再需要大范围地投放单车,这也是主要原因之一。

在各大主要城市,共享单车企业基本都建立了自己的清运队伍,
确保单车不堵路,不霸占交通要道,同时也配合交警、城管部门设置了禁停区。

图6-5 哈啰出行工作人员在整理单车的摆放

事实上,对于政府而言,怎么去支持、监管新生事物,也是一个很大的难题。放任发展,出了问题很难收拾;加强监管,又怕阻碍了创新和经济的发展。所以务实的做法是,各方主动互相学习、理解,一起建设良好的互动模式。

## 6.3.3 前瞻与差异要把握好度

过度地前瞻、过早地投入太多往往造成遗憾,所以说对远见的思考和判断,对大机会的抓取,要审慎地看清楚自己的能力、客户的消费能力、社会层的基础设施准备情况。

## 第6章　战略洞察：看十年，如何实现从愿景到远见的跃迁

在研究新能源汽车行业的时候，我挖到华商韬略的一篇报道[1]。三十多年前——1989年，特斯拉的创始人马斯克刚满18岁的时候，温州有个叫叶文贵的民营企业家，他已经研制出一台充电8小时、行驶200千米的纯电动汽车，命名为叶丰1号，并且将它开上了温州最高的山，这是当时世界的领先水平。随后他专程前往美国考察电动汽车技术，意识到纯电动汽车电池寿命短、续航能力差，于是调整研发方向，从纯电动转向了混合动力。1990年4月，叶文贵推出了叶丰2号，这是一辆真正意义上的混合动力汽车。次年4月，在深圳举行的中国电动汽车研讨会上，叶丰2号一鸣惊人，得到国内外技术人员的肯定。如图6-6所示，左上是叶丰1号，右侧是叶丰2号。

1989年，温州民营企业家叶文贵研制出一台充电8小时、行驶200千米的纯电动汽车，这是当时世界的领先水平，获得了国家级别的认可；2001年，电动汽车作为重大专项被正式纳入国家计划。

图6-6　叶文贵的车和获得的国家证书

可惜叶文贵的前瞻性太早了，在投入全部四千多万元资产后，叶文贵终于认识到，真正要把电动汽车商品化，即便是小批量，也要五亿元、十亿元地投入。那是二十世纪九十年代，当时汽油车对于大多数中国人来说都还是奢侈品。在错失了一些融资、合作机会后，1995年5月，研发资金彻底中断，已经成功研发出4款新能源汽车的叶文贵，送走了最后一名工程师，正式结束了传奇的

---

[1] 华商韬略，《30年前，中国差点就出个马斯克》，2023年08月09日。

121

造车梦。

2001年，科学技术部正式立项，将电动汽车作为重大专项纳入国家研发计划。比亚迪宣布开启造车业务是2003年，那个时候比亚迪在电池行业已经是头部企业，资金雄厚。叶文贵起步太早，没有借到势，比如国家的政策、市场的购买力、资本的足够支持等，真是非常可惜。

至于差异化，这件事情在消费品领域经常会遇到。消费品领域的创业者为了占领客户的心智，会特意强调自己的与众不同，也会经常过度地对自己的产品和差异做包装，甚至做过度的宣传，这方面的案例非常多。这类事情其实在消费品行业广泛存在，过度营销，为了差异化而制造概念，利用熟练的营销宣传手段去推广。必须承认，这在过去二三十年很有市场。

再举一个案例，2024年年初，我在给上海一所高校的MBA学员做辅导时遇到了一个创业公司，这家公司是做洗眼液的。这个创业者提到日本的小林制药也有类似的产品，大致就是一个果冻大小的塑料盒的样子，里面装的是用于清洗眼睛、实现一些保健功能的液体。消费者在使用的时候需要揭开表面的封膜，把这个"果冻盒"扣到眼睛上。他们对未来的判断是电子产品使用越来越多，眼睛疲劳等问题越来越多，中国青少年的近视问题已经非常严重，认为这块市场是增量市场，需求也比较具体，如果能有差异化的产品出现，是可能成为爆品的。在交流的时候，因为不忍心打击创业者的热情，所以笔者没有提供特别直接的不同意见，而是跟对方强调了这么几件事情，基本都击中了要害。

第一，和非处方药眼药水相比，非处方药眼药水已经实现了放松、消炎等功能，且使用更方便，那么消费者为什么要选择使用更复杂的洗眼液？

第二，在具体的功能上，如果是凉爽、放松眼睛、提供基础的消炎镇痛的效果等，其实很难和普通的眼药水区分，那就丧失了差异化；至于用了之后眼睛会特别亮、特别有神，则需要审慎地考虑怎么宣传，因为貌似有"智商税"的嫌疑。进一步地，这些功效可能会进入药品的监管范围，会有一个灰度地带，要注意坚持创造价值、不作恶，不要随便越界，毕竟眼睛出问题是大事情。

第三，使用频率受限导致市场空间比眼药水小很多，这个问题怎么解？假设洗眼液和眼药水能够有明确的差异化功能被界定出来，消费者也接受，那么盲猜这个产品的毛利润应该是可以的；但是它的规模可能会有一定的限制，主要因为消费者使用的频率是比较有限的。尤其化妆对使用的影响很大，对于爱美的女生来说，如果刷了睫毛膏、化了比较重的妆，那么在使用洗眼液的过程中会破坏妆容，相比眼药水，还是麻烦了一些。因此对于很多女性来说，大概只能在一早一晚使用，一天也许只能用一次。如果没有特别好的体验和效果，很难有较高的使用频率，这会直接制约营收规模。

第四，假设前面说的问题都解决了，那么需要尽快找到合适的生产合作商，或者自建生产线。这样一来，才能把成本和质量严格控制住，毕竟是用在眼睛上的东西，要尽早做这方面的准备。

第五，这个产品要做差异化有点难，如果一定要做，考虑到他们是初创公司，资金实力不够雄厚，我还给了更具体的建议：可以通过猎头去寻找从知名的广告创意公司出来的专家，而不是直接花几百万元甚至上千万元去买创意策划案。

## 6.4 To C创业必修：理解数智化营销

数智化营销在几年前就已经是不得不考虑的话题了，尤其是如果你的企业做To C的产品或者服务，数智化营销还有个专门的英文词，叫MarTech。很多创始人、CEO在这方面的知识储备、经验不足，导致出现了具体经营工作上的严重错配：我们经常发现几百万元、几千万元甚至更多的广告预算，是掌握在一群很年轻的小伙伴手里的，具体怎么花掉、带来了什么效果，他们却说不清，对公司战略、产品调性的坚持也对不上，这是巨大的浪费和不确定性。因此，本书专门在这一节补上这块内容，这是To C创业的必修课，比较熟悉这方面的读者可以跳过。

### 6.4.1 营销行业的三个发展阶段

数智化营销方向的创业公司有很多，我第二次创业就在这个赛道，这也是前几年资本所热衷追逐的，是整个营销行业的变革，大致可以分为三个阶段。

- 传统：4A广告公司/创意大师+头部电视、报纸等核心媒体为主，广告主会相对较为弱势。
- 线上：线上成为主要的曝光场，线下媒体式微，广告工作室如雨后春笋，广告主选择多样化。
- 智能：人、货、场、机、价的数智化成为现实，广告主、媒体方、广告公司关系更加复杂。

接下来我把数智化营销的关键角色、基本实现逻辑展开介绍。为了照顾大多数读者，我没有用太多的术语，也没有讲太细的内容，同时放了一些简洁鲜活的案例，方便大家阅读。

### 6.4.2 数智化营销的五大角色

在整个数智化营销的业务链路里，至少有五个关键角色。

☑ **广告主**

就是出广告费，希望自己的产品、服务、价格、促销等信息能够触达消费者、获得曝光（被看到、被点击）、获得转化（下载/关注、下单购买等行为）的企业。

☑ **媒体方**

媒体方的核心就是掌握了流量，从传统的电视、报纸、电梯广告，到PC时代的各大门户网站、购物网站、新闻网站、娱乐网站，再到移动时代的各类头部App、小程序、抖音号、快手号、微信号等。但凡DAU（每日活跃用户数）过了一定门槛的，比如百万，都是潜在的媒体平台；各类功能性的App，如12306、支付宝，都是掌握了极大流量的媒体，就跟过去的电视台一样。

## 第6章 战略洞察：看十年，如何实现从愿景到远见的跃迁

☑ **广告公司**

负责帮助广告主制作各类内容、与媒体方"勾兑"具体投放操作的组织，类似咨询机构，主要的长处是创意、内容制作、与媒体方的关系带来的优先或者优惠。有一些优质广告公司其实也做了定位级别的战略工作，到这个程度已经和咨询机构分不清了。规模大的广告主往往自己公司就有营销部门，直接对接媒体方，在资源、能力上可能比一般的广告公司还要强一些。强势的广告主还经常会要求广告公司垫资，就是媒体方收的费用由广告公司先行支付，这是广告公司行业的普遍门槛，也是很多广告公司的核心竞争力——大的广告主动辄几百万元、几千万元甚至上亿元级别的广告预算，你能不能垫付，很多时候决定了你能否拿到订单。

☑ **网红与自媒体**

网红与自媒体已经兴起很长时间了，是介于广告公司、媒体方之间的一种存在，具体表现形式可能就是某个微信、抖音、大众点评、知乎等平台上的大号或者多个平台、多个账号的组合，如果是个体、小团队经营，那就是偏工作室性质的。如果是挂靠在大的媒体方或者广告公司下面，那可能就是一个流量入口，他们很可能自带了广告公司的一些功能，比如做基础的创意和内容；最简单常见的是，很多网红接到广告主的订单后，自己要琢磨怎么设计视频、文案，自己拍摄、发布，因为广告主很可能是按照点击量付费的，当然广告主、背后挂靠/合作的广告公司（如果有）可能也会参与这个环节。

本来媒体方是有想法掌控自己平台上的网红与自媒体的，比如抖音做了星图，你找抖音网红合作可以去星图获得商务联系方式和报价。理论上抖音控制了流量入口，可以通过直接卖流量赚钱，也可以通过星图接洽网红的订单并从中抽成。因为星图提供了一个统一的市场价格，网红还可以自己或者通过一些广告公司开展业务，价格还可以跟星图的价格不一样，这个差异也生出了一批早期入局、有丰富网红资源的广告公司。

☑ **数智化产品技术供应方**

基于上述几方之间的复杂关系，以及复杂的数智化广告投放业务链路，催生了大量服务上述各方的产品、技术方向的公司，有的做数据库，有的做解决方案，有的做咨询项目，还有的倒卖流量或者数据，这个行当相当复杂，已经不在普通消费者的理解范畴了。

MarTech这个英文概念的创始人斯科特·布林克尔的团队一直在为MarTech的普及和发展而努力，自2011年以来，几乎每年都更新全行业版图。2022年，他们发布的全球营销技术全景图收录企业数量达到9932家，相对于2020年的数量增加了24%，有能力的读者可以直接去其官网查询。这个行业里的企业群体本身做To B业务，读者需要结合人、货、场、机、价的要素逻辑，才能初步理解这个群体。理解之后，你也能感知到To B业务和To C业务之间的一些区别，实操难度确实不太一样，不是说谁比谁更难，而是真的不一样。

发展到今天，以上各方之间的界限已经越来越模糊，比如很多网红危机感很重，因为不知道自己能火多久，再加上变现只靠接广告、打赏还不够稳妥，于是索性自己或者找人合作做产品、品牌，还有的会直接带货；还有一些会开MCN（Muti-Channel Network，一般向上游对接优质内容、向下游寻找推广平台进行变现）公司或者其他类型的广告公司。

## 6.4.3 人、货、场、机、价的交互和纠缠

数智化营销的整个链路，包含了人、货、场、机、价这几个要素。这几个要素纠缠在一起，我逐项向大家展开介绍。

☑ **首先看"人"，主要指的就是客户画像，某一类人群**

你想让你的信息、你的商品或者服务被更多人看到，因为看到的人越多，一般而言意味着费用越高，所以越精准越好，尽可能减少广告费的浪费。

在过去电视和报纸媒体的时代，你会发现大家都在想办法把人群尽可能细分。那个时候主要通过不同的场来实现，比如坐飞机，选择此出行方式的人群

## 第6章　战略洞察：看十年，如何实现从愿景到远见的跃迁

普遍属于偏高消费人群，有个说法"10亿国人没有坐过飞机"也不算太夸张。有的时候，广告主会刻意不计较受众的细分，比如从1995年开始的央视黄金时段广告招标，几乎每一年都出现数千万元甚至数亿元的"标王"，基本上都以酒类、牛奶、电子产品等消费品为主，在这个场里投入巨资的广告主，更多的是在借这个场去扩大自己的知名度。

如今在数智化营销的大背景下，你会发现对人群的细分，理论上可以做到极致。这主要通过标签来实现，类似阿里、腾讯、抖音、百度等大厂，一个普通用户身上可能会有几百上千条甚至更多标签，比如年龄方面的标签（婴儿、儿童、少女、少妇等），对服装喜好的标签（古风、洛丽塔、通勤、森系、OL等），对食品偏好的标签（素食、牛油果、精致等），更重要的是消费能力的标签。

在不同的场里，同一个人的行为往往也不一样，比如一位有孩子的男士、女士，可能给自己买东西很节俭，但是给孩子买东西会很大方。同一个人就会产生不一样的消费能力标签，进一步衍生出来很多组合。你会发现这些层出不穷的标签，是从消费者在各个线上平台的搜索、阅读、购买、下载、点赞、转发、评论等各种行为数据里提炼出来的，一方面通过合适的标签组合，确实可以精准地锁定目标人群；但另一方面，随着标签越来越多，又产生了另一个问题，那就是过多的标签之间的重叠、互斥造成了混乱。

进一步地，标签选得越多，圈定的人群规模也会越来越小，这其实是一个很好玩的话题。如果你做过在类似抖音等平台的广告投放工作，这个岗位有时候就叫投手，你会发现它能够提供的可供圈选的标签真的有很多，怎么挑选就成了考验你"网感"的事情。就像训练神枪手一样，你需要花足够多的钱，做足够多的尝试，才能最终找到感觉。

和传统时期的广告相比，数智化营销除了可以精准地通过标签寻找目标人群，还有一个巨大的便利，那就是各种数据的追踪反馈可以达到分钟级。以前你在电视台、报纸上投放广告，可能十天半个月才有反应数据，还不一

定准；但现在你在各大互联网平台投放广告，基本上几分钟就可以知道有多少曝光、点击、下载、关注、购买、退货，这可以大大提升试错和改进的效率。

前面已经提到，标签是通过对消费者在线上的各类行为数据抽象、提炼、计算而得到的，这里给大家讲两件很好玩的事情。第一件，到底什么App或者网站、大厂，对你的隐私了解最多？很多人可能会以为是一些知名的类似于微信、淘宝、抖音、小红书、陌陌等，其实不是它们，是输入法，读者可以自己琢磨一下背后的原因。第二件，国家为何要加强隐私保护，为何要遏制平台和资本的无序扩张，这是数智化营销行业的核心问题之一。比如一家新兴的打车软件公司，可能通过各种手段拿到竞争对手的最优质客户的信息，然后向他们定向发送营销信息。这样一来，确实可以获得极高的准确度。类似的乱象其实还有很多，甚至严重到用户的银行信息、旅行线路、个人健康数据等都在被滥用；线下也有类似乱象，但毕竟范围、影响面、传播性会比线上弱很多，这只是最浅层次的，这里不再过多举例。其实这也是2021年国家出台《中华人民共和国个人信息保护法》，包括治理线上平台、企业无序发展的原因之一，一方面是隐私理应得到保护，另一方面如果继续这样无序发展，终有一天，你会发现不再是国内的商家在滥用国民的隐私，国外的商家也会滥用，给国家、给人民造成不可估量的损失。

☑ 其次看"货"，泛指你想给用户看到的所有信息的集合

货是一个抽象的概念，你要把什么信息送达消费者面前，这些信息被统称为货。

从表面上看，货是消费者看到的文字、图片、视频、互动游戏等。其实这些是载体，承载两大要素：第一是产品或者服务的介绍信息，目的是吸引消费者停留；第二是产品或者服务的价格、促销优惠的手段（买赠、积分、搭配、荣誉等），目的是带来转化。笼统来看，所有这些都属于内容的范畴。

这些内容分得很细，有做文字创意的，有做视频创意的，有做图片设计

## 第6章　战略洞察：看十年，如何实现从愿景到远见的跃迁

的，有做定价研究的，有做促销手段（比如各种看着不错其实很便宜的赠品）的，还有打通各类会员的。最常见的是赠送各类视频、音乐、小说App的周卡、月卡，其实几乎是零成本的。事实上是在联合引流转化你——送了你一个小说App的月卡，你看了一个月，后面你要不要自己续费？永远记住，买的不如卖的精。

这里面的各个环节，当下已经发展到什么阶段了呢？基于人工智能的发展，生成图片乃至视频，已经不再需要拍摄、剪辑、美术的专业人员或者团队了。写作本书的时候，人工智能已经可以生成非常高质量的文案、图片、视频。2023年6月8日，在深圳举办的文化强国高峰论坛电影业分论坛上，《狂飙》的主演张颂文（饰演高启强）分享时提到，人工智能让他焦虑得一晚上没睡着觉，"AI可能很完美，但我们人类却因为我们自身的缺陷而变得更真实，这可能恰巧是AI技术无法做到的。"这个表达很有意思，代表了人类在AI冲击面前的一个普遍状态，那就是认为机器没有灵魂，人类因为不完美反而更真实，人类能做到创意而机器只会抄袭、复制创意。然而事实是，机器已经可以模仿人类的不完美，输出无法分辨是否是人类作者的创意。

2023年5月29日，英伟达发布会现场的演讲人随口编几句歌词，AI可以在几秒钟内完成谱曲和演唱，听着不算特别精致优美，但是不妨碍全场千名观众一起卡拉OK，这是现场、瞬时的场景。如果不要求瞬时，现阶段某些场景的AI产出水平已经可以接近艺术家，比如一些电影主题海报的设计，是由知名的艺术家创作的，还是Midjunery等AI工具经过调校之后的产出，普通观众已经分不清了。至于文案更是如此，机器可以去爬取足够多的样本数据，然后生成足够多的样本。2024年2月15日，OpenAI发布了Sora，这是一个具有里程碑意义的产品。基于纯文字命令，AI就可以直接生成逼真的视频了。

AI还可以用算法把多种文案、视频、图片、定价、促销方式做N种组合，这样的内容制作与生成，从效率的角度讲，已经是人力所不能及的了；从创意的角度讲，目前来看AI还不能与顶级的人类高手相提并论，但是可以很稳定地输出80分水平的作品，这就已经很可怕了。

换句话说，在过去即便对于一个顶级的内容制作的人类专家或者团队，产出非常好的内容创意本身，也是一件很困难的事，而且很难长期持续地保持创新，其成本也越来越高。但是AI正在从效率和质量两个方向发起冲击，在效率上远超人类，在质量上，只要源源不断地"投喂"好的内容，调校产出的东西在当下可以稳定在80分水平。质量稳定且成本高度可控，注定会碾压绝大多数人类内容制作者。

☑ 接下来看"场"，泛指所有可以投放广告的媒体方

有一件超出普罗大众普遍认知的事情，类似淘宝、天猫、京东、拼多多、抖音、快手，其实都是媒体方，阿里也是一个庞大的广告公司，各类商家在其平台上的直通车也好，钻展也好，首页的开屏页广告也好，其实都是在向阿里贡献广告费，京东、抖音、快手也一样，广告费的收入占比都很高。

这背后的逻辑是，只要DAU超过一定值，线上的App、网页、小程序、公众号，线下的电梯屏幕、交通枢纽、超市的核心通道等，几乎任何存在都可以是一个场，是一个可以投放广告的媒体方。这些媒体方都有卖广告创造营收的动力，即便是一向克制的微信，最后的倔强也只是不在启动页做广告，朋友圈官方投送的广告从一开始偶尔刷到，到现在平均划不超过三下就有，而且广告位、广告投放的形式也是只有你想不到……比如有一些内容App，像一些视频、音乐App，如果你不充值会员，播放一会儿就弹出各种广告，还好心提示你看完这些广告就可以延长看视频、听音乐的时长，非常伤害用户感受；再比如曾经有"摇一摇"的形式跳转各大购物平台的设计，因为手机经常拿在手上移动，导致你根本不知道怎么回事，就跳到了某个购物平台，非常烦人。

进一步地，你会发现不同的场对货的要求是不一样的，有的场只能放静态的文字、静态或动态的图片；有的场以视频内容为主，如抖音；有的场如小红书，目前对它的理解主要是用来"种草"的，所以它上面以笔记形式的内容为主，结合了图片、视频、文字。目前看这些场基本都在往富媒体方向发展，都在尽可能多地承接不同形式的内容。

## 第6章 战略洞察：看十年，如何实现从愿景到远见的跃迁

再者，不同的场，聚集的人的属性也是不太一样的，比如大家普遍认为B站的用户偏年轻，知乎曾经是本科以上的人才能注册和使用的，现在也开放了注册权限，引进了大量"小学生"。所以你会发现知乎从知识讨论交流、有很多专家的场，变成了一个糅杂了小说、八卦、各类视频的场。还有一个看法是，知乎上的用户整体对女性相对不是特别友好，小红书上的女性用户则非常扎堆。再比如网易云音乐这个App，别名"网抑云"，你会发现这个产品在鼎盛的时候做得非常成功，但是使用这个产品的用户普遍认为这里是一个特别的地方，反对网易的产品经理、运营团队在上面开放广告。用户觉得网易云音乐是一个投入了真情感的地方，卖广告、商业化是在侮辱用户，所以网易云音乐的商业化一直做得不是特别顺利。

在实践中，选择场，首先要考虑它的用户数量、规模和用户群体特质，尤其是要考虑是不是符合你对人的需要、是不是适合你的货；其次要非常注意寻找转化率更高的场。假设你是一个卖防晒霜的商家，那么请问你在哪一个平台的具体什么位置去投放防晒霜的广告？曾经有一段时间，经过各种测试对比之后，在类似墨迹天气这样的天气类App里，投放防晒类用品的转化率是最高的，尤其是查看紫外线强度的地方——去看天气并查紫外线强度的用户，本身大概率就是有防晒需求的，因此在这些地方投放自然事半功倍，这就是"洼地"（即转化效果好、成本低）。后来越来越多的防晒用品商家发现了这个窍门，于是天气类App卖这类广告就越来越多、越来越贵，最后"洼地"被填平甚至更贵。转化率也许还可以，但是综合计算ROI（投入产出比），就开始变得不划算了。

☑ 现在研究"机"的问题，即投放的时间点

当你选好了想要触达的人群，准备好了内容，也找好了具体投放的场，请问你准备在什么时间点丢出去？是上班高峰期用户在路上的时候、在电梯里的时候，还是午餐时间顺便看手机的时候，还是下午"摸鱼"的时候，还是晚上在家或者逛街的时候，还是早上要早起做饭、送孩子上学的时候？是一周中的工作日，还是休息日的某个时间，还是特定的节假日？

时机的选择非常重要，不仅仅是时间点。随着智能手机的普及，地点也很重要，比如你逛到某个商场、景点，可能就会收到一条短信或者某个App（尤其是大众点评、小红书、淘票票、飞猪之类和消费地点强相关的）的投送，其中的文案一度长这样——"逛××的小姐姐一定会吃/喝/玩的××"，就有很强的引导性；或者你打开这些App，刷到的都是周边的广告，这就是LBS（基于地理位置的人群选择和广告投放）。

前面的"人、货、场"结合"机"的选择，如果操作得当，理论上可以获得最大限度的曝光和转化，但现在的卷，在"机"的体现上非常典型。无论你什么时间打开抖音，都有人在直播，早上天不亮就有不少漂亮的小哥哥小姐姐在上面跳舞、聊天，晚上很晚依然有很多主播在声嘶力竭地带货，为什么会这样？因为最好的"机"，就普遍意义而言，还真是下班之后回到家里放松休息的那一段时间，晚上七八点到十一点左右。所以央视拍卖广告的时候，这是黄金时间段。互联网上"马太效应"非常显著，拿抖音举例，你会发现头部主播、头部平台占据了大量的资源和用户，主要是用户的时间和消费能力，同时有太多的人想要在上面做生意赚钱。抖音虽然流量庞大，但是能商业化、带来营收的流量已经算是到顶了，所以真的很卷。

☑ **最后是"价"的问题，是获取曝光、转化对应的流量的成本**

当你选好了想要触达的人群，准备好了内容，也找好了具体投放的场，明确了投放的时机，请问你以什么样的价格去跟媒体方购买流量？这就是价的问题，比较悲伤的是，此时和你竞争的很可能不仅仅是你的同行。

举个例子，在营销圈子里有一个玩笑一样的"真理"，市场价值最大的人群排序是少女、儿童、少妇、老人、宠物、男人，所以男人在消费品企业眼中的价值不如狗也是事实。好消息是根据2023年天猫发布的"双十一"消费榜单，针对男性消费者的消费超过了宠物狗，排在男性消费榜前三的产品分别是公路自行车、电竞产品和冲锋衣，继上一年的茅台、钓鱼和始祖鸟以后，成为男人的"新三宝"。不过虽然超过了宠物狗，但男性消费者可能还是比不上宠物猫，这个话题一度成为2023年"双十一"最好玩的段子。

这里有一类人、货、场、机的组合尤其卷，那就是面向宝妈群体去销售少妇或者儿童用品，如护肤品、服装、教育、食品、玩具等。你会发现，你想要的某一个年龄段、某一个地区、某一个消费水平，或者某一种行为习惯的宝妈群体，在某个时间点的曝光机会，和你竞争的企业很多，因为用户是基本重合的，争抢得很厉害。在教培行业最火的那几年，教培公司的广告费用占据了各大平台广告营收的四分之一甚至更多。各大教培机构在里面疯狂烧钱的背后，是资本不理性的扩张，前面在聊教培行业为什么会团灭的时候已经讲过了。

所以你会发现，对于价，一方面主要是价高者得，导致平台方对自己流量的报价水涨船高，以至于营销圈子里有一个被普遍认可的公理，那就是在数智化营销时代，能把广告预算花出去是本事，能花出去的时候只要ROI可以接受就要拼命花，因为未来广告费注定会不断上涨。这种情况在2015—2020年确实如此，随着教培行业的团灭，对游戏行业的管控，数智化营销领域比较大的金主消失了；再加上打击平台和资本的无序扩张，大家都收敛了很多，叠加疫情和经济走势的问题，从2020年开始，各大平台广告费用的增长明显放缓甚至下滑，这对于整个营销行业"修炼内功"而言，不见得是坏事。

与此同时，价还有另外一套逻辑，普通人可能不知道，那就是对于媒体方，并不是你出更高的费用，就一定把流量卖给你，还要看你的内容质量和用户接受度、好评度。这个逻辑很简单，如果你的内容质量给用户带来了严重不好的感受，反过来也会对媒体方造成不好的影响。

### 6.4.4　A/B测试与三重暴力破解

前面介绍了营销行业的三个阶段、数智化营销的五大角色，以及人、货、场、机、价的交互和纠缠，可以看到，人工智能有巨大的作用空间。但是，也许你会以为主要是在内容层面，事实上在运营或者操盘层面也是一样的，其中主要实现路径之一就是智能化的大规模A/B测试。

前面讲的人、货、场、机、价的设计和组合,以及追踪数据、迭代改进的工作,以前主要靠人工,也是要做试验的,比如某个人、货、场、机、价的一系列组合,你可以改动其中一个参数,例如改变投放的时间点,然后对比一下前后的效果,这就是最简单的A/B测试。其实就是控制单变量,不断去试错、总结,直到找出相对优的解。人的经验和判断能力是可以简化这个过程的,但是你打不过机器的三重暴力破解。

☑ 第一重,足够多地组合

你想做足够多的测试,得有足够多的人、货、场、机、价的组合,尤其是内容的组合备选,这对内容的生成是很大的考验。从一句文案中几个字的变化,到一个图的替换,再到一段视频的重拍,都是成本,都需要时间,前面聊货的时候已经介绍过了。在效率上碾压人类,在质量上得益于2023年这一轮人工智能的爆发,经过调优之后,机器在很多内容方向上,已经可以稳定在80分水平,在成本上远远低于专业团队,这已经是巨大的优势。这就催生了大量的创业公司,有做各类内容生成的,有做促销物料打通的,甚至还有专门面向美工、设计师团队做素材智能整理的,比如关于海报尺寸适配不同媒体方广告位自动裁剪这个功能,就有好几家创业公司。

☑ 第二重,足够快地测试

当你有了足够多的组合时,就需要逐个或者批量地丢进媒体方、广告位做测试。对于这个丢进去的过程,如果用人去操作,一个个地去调参数设置,工作量会大得惊人。于是催生了各种媒体方或者第三方工具,可以大幅度地提升工作效率。

☑ 第三重,足够快地迭代

前面提到过,在数智化时代,一个人、货、场、机、价的组合丢出去之后,可能分钟级就有了数据反馈,哪个曝光更好,哪个转化更好,哪个对哪类人群更有效,哪个时间段更好,哪个媒体方哪个广告位更好,哪个综合ROI更高等,这一系列数据都可以做到自动化地收集和分析,用人工几乎不可能做到及时,准确性也往往出问题。

叠加这三重暴力破解,机器就可以实现自主学习,用极高的效率找出相对优的解。注意,这个效率不仅仅是指时间快,更重要的是,可以用统计学的规律,在找这个解的过程中消耗尽可能少的流量,这都是成本。这背后是不断优化的算法逻辑,这一块业务也有很多创业公司在做。

## 6.4.5 算法的攻防与人的困境

前面聊了这么多,我们可以看到,数智化营销已经是现实,且必将继续迭代,这是不可阻挡的趋势。但是这件事情本身还有两个问题,那就是算法的攻防与人的困境。

☑ **算法的攻防**

在数智化时代,广告主和媒体方尤其是大的广告平台之间存在着一定的攻防关系,广告主自己或者要求广告公司尽可能找到"洼地",找到ROI高的解决方案,数智化产品技术供应方天生就在干这件事情。

但是对于媒体方而言,尤其是类似抖音、天猫、淘宝这样的大平台,它也需要赚更多的钱,尤其需要持续不断地、更加快速地赚钱,这样才能维护股价或者顺利上市,因此广告主、广告公司,以及网红、自媒体们卷起来对它是有利的,再加上巨头级别的媒体方掌握了更多技术人员,拥有更多数据,可以开发更多算法,就会把所有的"洼地"尽快填平。

这件事情本身不是问题,媒体方也有动力推出方便广告主的工具,吸引广告主到自己这里来。比如抖音的巨量引擎、阿里的生意参谋等,这几方会形成动态均衡。这本身不是大问题,但是这里面藏着一个未来的巨大风险,那就是失控。假设一个算法或者人工智能彻底打通了人、货、场、机、价,它其实就成了最大最强的宣传工具,掌握了最全的数据,可以用最高的效率、最全面的渠道,去触达和影响任意规模的或者某个精准的人群,这是国家政府和任何正常人都不希望发生的。

☑ **人的困境**

在数智化营销方向，人的困境主要是发现自己被无孔不入的广告包围，很多广告还会伪装成知识或者其他形式（即所谓的"软广"）。人的意志无时无刻不被干扰，知识碎片化越加严重，深度思考成为奢侈品。现在已经是这样了，未来会更加严重，尤其要注意VR和脑机接口的发展，必然会造成更加沉浸、直接的干扰。

在其他方向，人的困境可能会更严重一些。比如外卖派送员，在某个时间给他安排的工作都是经过算法调优的，他要走什么样的路线，同时送几单，先送哪一个后送哪一个，经过长时间的积累和计算，你会发现算法比人能掌握更多的数据和信息，可以极限地压榨产能。当某天某个派送员发现了一个小区或者写字楼的一个小门、一条捷径，他可以更快地把手上的外卖送到消费者手中。当这种场景出现的次数达到一定值的时候，算法就会发现这个异常，并且把同样路线的送达时间标准提高，直到榨干派送员的所有可能性，达到体力的极限，并稳定在某一个状态。问题是，人毕竟不是机器，对于派送员，这也绝非有质量的生活。笔者不止一次看到因为差几分钟派送员被客户投诉而情绪崩溃、嚎啕大哭，那时候，内心五味杂陈。

就算换到都市白领，也许没那么严重，但是这个人群也会经常发出感慨，到底是公司给我配了一台电脑，还是给电脑配了一个我？

一方面，这些确实是数智化时代带来的效率提升；另一方面不得不说，这也是一种悲哀，然而怜悯和感伤解决不了问题，需要时间。我选择相信这些问题终将得到解决，这最终依赖的是人类共同的努力，尤其是科研、技术、产品工作者，还需要企业、创业者和CEO把这些力量组织起来去实现，这就是开篇聊过的问题，我们可以做得更好，我们必须做得更好。

第7章

# 战略制定：
# 想三年，方向大致正确，路径具体清晰

这一章的标题是我这些年来最深刻的实操感受之一，在和很多创业者交流的时候，大家都对此有很深的共鸣。

前面已经聊过的战略洞察，主要解决的是"方向大致正确"的问题，"路径具体清晰"指要落到具体的规划上，要回答一系列非常具体的问题才算有战略，这个过程也会反过来完善前面对战略的洞察。你总不能真的就说"我有一个绝妙的想法，只差一个程序员（一个产品经理、销售、生产、一笔钱……）就能实现"，这在商业上是非常幼稚的行为。

本章首先用一个案例来说明怎样才算有战略，即有哪些要素才算路径具体清晰，然后就里面的关键事项做更细致的介绍。

## 7.1 怎样才算有战略

到处都在谈战略，但到底怎样才算有战略？

首先要有"看十年"的远见，有战略洞察或者方向性的判断。然后要"想三年"，产出的东西至少要包括本节的内容才算有战略。最后要"干一年"，就是要落地到一年的具体事项及要求上。

举一个容易理解的案例。2020年年初，我遇到一个宠物食品赛道的创业团队。之前他们主要给国外知名品牌做代工，当时准备拿出一半过去的积累自创一个主打国内市场的品牌。他们找我帮忙做战略洞察和战略制定的工作。这个方向是大致正确的，行业增长速度很不错，消费者的付费能力、付费意愿也越来越强，这是一个很典型的增量市场。虽然从长远看，竞争会相对集中，也已经有几个大品牌在里面，但增量之下，结合国货崛起的大背景，这个赛道肯定是值得尝试的。但具体怎么做呢？这就需要回答一系列问题。

**第一，目标客户细分/画像。**

你不能笼统地说目标客户是需要买宠物食品或者养宠物的人，至少得知道他养的是什么宠物，至少得知道他的消费习惯、付费能力，还得知道他对宠物食品最在意的是什么。最好能对养宠物的人群有一个统计分析，看看哪几类人最具有商业价值，比如付费能力最强、增长最快、触达最容易，最终你要选一类人作为你的第一客户。资源总是有限的，一切的业务模式与组织设计都要优先满足这类客户，这样这个问题才算勉强过关。

目标客户细分/画像是一个非常重要的东西，很多业务团队在描述自己的客户时，说"需要××产品或者服务的人"。每次遇到这样的说法，我都有点无奈，这就是典型的"拿着锤子找钉子"，这种情况大概率是由于过去业务太顺导致缺乏认真观察和思考造成的。好一点的团队能说出客户的大致年龄、收入水平、城市、学历、性别等，这本身也没有错，但如果只是到这个层面，则会导致一个严重的问题，那就是在数智化营销已经成为现实的大背景下，你仅凭这些信息很难精准地去触达和"撩拨"客户的心智。

所以，在数智化时代，即便拿到一堆看似目标客户的数据，也需要结合实际情况做出符合自己业态的分析和判断。

这块内容结合下面的客户价值定位来做说明，会更形象一些。

**第二，客户价值定位。**

客户价值就是客户购买你的产品或者服务的理由。有一个非常经典的说法："客户需要的是在板子上打一个大小合适的洞，而不是你的钻孔机。"要解决什么问题是最重要的，具体产品或者服务只是一个载体而已，所以前面会说不要"拿着锤子找钉子"。

注意，客户价值至少分了三层，我们拿宠物食品来举例。第一层是表面上的需求，比如猫或狗饿了要吃饭，要管饱，尽量要好吃、花色多一些，避免"毛孩子们"厌食。第二层是客户没有说出来但是你最好能做到的，比如能否通过宠物食品保持宠物的毛发颜色鲜亮、少掉毛等，事实上这部分需求已经被"卷"到了第一层。那能否实现其他某些特定的功能？比如很多宠物长得有点胖，能不能越吃越瘦？能不能帮助降低"三高"？能不能帮助治疗一些宠物的常见疾病？要不要有专门针对怀孕、哺乳期宠物的加餐食品？第三层是客户自己都没有想到的，而你做出来了，超出了客户的期待，这样的价值就有惊喜和传播性，这方面经常被拿来举例的就是iPhone 4。这部手机超出了当时所有人的意料，原来手机还可以长成这个样子，所以说确实重新定义了手机。换到宠物食品赛道上，当时我们讨论了很多，比如说能否为客户提供知名宠物医院的VIP服务？要不要组建宠物爱好者社群？要不要在几个核心城市做几个标杆的宠物摄影店？要不要提供繁育基地的服务以大幅降低宠物购买成本？可以思考的事情有很多，这些表面上看是增值服务，实际上是设法为客户提供超出产品本身的价值。

真正去想这些事情的时候不能只围绕客户价值、客户需求，还得思考背后的商业价值有多大、成本有多高、有没有造成负担过重的风险、组织和人才是否扛得住……毕竟你的资源永远是有限的。往深层次讲，更多的客户价值挖掘和提供，有可能会影响你的业务模式和组织设计。这方面内容将在第10章专门介绍。

**第三，业务及利润模式。**

在思考客户及客户价值的基础上，要确认业务和利润模式的设计，想清楚业务的链路，想清楚自己具体赚哪个环节的利润，用华为的语言来讲就是"发现利润区"。要注意这件事情和组织的能力及人才储备是高度相关的，一般而言，首先应该思考的是充分发挥自己的优势，努力做到极致，在发展过程中补齐短板，轻易不要去做严重超出自己组织和人才能力的事情。相关内容在第10章会有详细的讨论。

以前面提到的宠物食品的创业项目为例，在讨论客户及客户价值时，大家都很兴奋，但在讨论业务及利润模式的设计时，必须明确看到这个团队的大部分人都是原来代工厂出来的，研发、生产是业内领先的，但是根本不擅长品牌、市场工作，尤其不懂数智化营销，这方面问题是外招人才来解决还是找合作方来解决？成本有多大？时间窗口有多长？这一系列问题就是实现"路径具体清晰"不得不考虑的事情，事实上和前面有关方向的思考也有千丝万缕的关系。最后这个团队放弃了自创品牌的计划，转向为那些想自创品牌的公司提供代工服务，核心原因有三个：第一个是确实没有擅长营销、品牌工作的人才；第二个是如果新创一个品牌，测算完全负担不起营销端的成本，流量只会越来越贵，融资前景也不乐观；第三个是国内那几年出现很多想要在这个赛道创业的公司，甚至网红团队，索性自己不去挖金矿，而向挖矿的人卖铲子卖水，做自己最擅长的事情。在具体模式上，不一定就是向其他公司卖货，借助自己多年为国外大厂代工的优势，可以输出这个背书、一起做研发、新注册实体交叉持股，方式更加灵活，把自己擅长的事情做到极致比较稳妥。如果真的想自己做，那么花三年时间去招揽人才、培育能力、积累用户，风险和成本都非常可控。

**第四，中长期战略规划。**

当时我们帮助这个团队做"看十年"的战略洞察，主要是收集各种数据、走访研究行业里的关联方，在此基础上组织管理团队一起做"想三年"的战略讨论。在讨论的时候，对于前面的三个问题，团队成员吵得昏天黑地，花了两天一晚才定下了中长期的战略规划，大致有以下几条。

☑ **定目标**

国内业务未来三年争取增长十倍，十年后成为国内产业链的霸主。

## 第7章 战略制定：想三年，方向大致正确，路径具体清晰

目标之所以定这么高，主要是因为通过"看十年"建立的对行业增长的信心、对自己的信心、对策略的信心，以及达成目标之后的成就感，非常好地激发了团队。战略规划做得好还是不好，定性的参考是团队理不理解、兴不兴奋，定量的参考是团队敢不敢赌、愿不愿接有"王气"的目标。这是带动团队去选择相信、因为相信所以看见的过程。

☑ **定策略**

行业在高速发展，作为优质的产业链供应商是被需要的一方，依托现有的产业链知名度和产研优势，竭尽全力地定向寻找国内的合作方，同时接触各类宠物食品赛道创业公司、MCN带货机构、网红个人或者团队（具体寻找和触达的方法有很多，团队做了专门的整理），花半年到一年时间打磨合作模式并稳定下来，两年内要有稳定的头部合作方及储备池，不可以偷懒、坐等别人来找。

策略要有质量，核心在于切实可行。怎么判断策略好不好？定性的参考是参与讨论的人是否愿意努力去尝试，或者不确定哪条路走得通，但是能有资源和时间支撑去试错；定量的参考是不仅仅有对解决方案的描述，更要对怎么才能做好的标准有明确的界定，做到什么程度才算有效果、有价值，要有清晰的说明，而不仅仅是个方法。

☑ **定战略控制点**

对于战略控制点这个概念，你能查到的理论解释大概是这样的：战略控制点是能够对整个行业或市场产生重大影响的关键事项，这些控制点通常是企业核心竞争力的体现，不易被构建、模仿或超越，它们可能是业务设计中的特别控制点，保护着利润来源，是企业构建战略安全能力或战略进攻能力的关键，类似于护城墙或核武器，在商业竞争中起着至关重要的作用。这类解释本身没有错，但这就是典型的"后验"型理论。换句话说，没有指出到底是什么，事后再看才会发现好像是符合这些标准的。不能说它错，只是没什么用。对于实践中常见的战略控制点，我的经验是都要基于对远见的判断、对客户及客户价值的选择、对业务及利润模式的设计的基础上。大致有以下三大类战略控制点

**穿透：理顺业务和组织的22个关键动作**

要加以注意。

第一类是假设你要做的事情依托于你既有的核心能力或者优势，那么你就要想方设法地让你的核心能力或者优势成为行业里不可撼动的存在。拿这个宠物食品的创业项目来说，创业者最大的优势就是过去多年来积攒的研发能力、生产能力，具体表现在新产品从研发到量产的周期、质量的稳定性、交货的及时性、成本的控制等方面。这些能力都不是短时间内就能够被复制和超越的，要在这些能力上持续地投资、不断地精进，最终达到整个行业的最优水平。没有人比我们更懂宠物食品的研发生产，没有人能比我们做得更有效率、更能控制成本。

第二类是基于新的客户及客户价值的选择、业务及利润模式的设计，你必须补充的能力或者优势。还是拿这个宠物食品的创业项目来说，会涉及两种能力的补充。一种是商务团队的建设，这个必须要快，直接关系到三年规划、一年落地的达成效率，难度相对不算太高。毕竟行业在高速发展，优质的产业链供应商是被需要的一方。另一种是品牌、市场能力的累积。假设这家公司最终依然想要去做自己的品牌，那么事实上三年的战略规划只是第一步棋，需要在这三年时间里寻找优秀的品牌和市场人才，学习和锻炼相关能力和团队。考虑到合作或者竞业关系的问题，大概需要另设一个主体秘密地进行这方面的准备。

第三类主要是防范核心风险的问题。还是拿这个宠物食品的创业项目来说，核心风险有两块，首先是避免被合作伙伴"坑死"的问题。在流量的加持下，消费品行业里有太多创业公司起起伏伏。对于案例中的这个企业而言，如果合作伙伴不小心卖爆了产品还好处理，毕竟多年的工业底子在，基本上都扛得住，必要的时候还可以把订单分发出去。但是最常遇到的情况是合作伙伴夸下海口，最终效果却不理想，尤其是搞直播带货的那些人。如果对这些情况预估不足，极有可能造成产品的大量积压、成本的浪费。更麻烦的是账期的问题，很可能会遇到合作方要求先行生产、发货甚至垫资，这样的话风险就无限增大，一不小心忙完一看血亏。亏钱还不是最麻烦的，更麻烦的是这些事情会导致自己团队内部出现怨言，甚至动荡，这就得不偿失了。其次是小心贪污腐败的问题。这种To B业务合作通常会存在大金额的订单和资金往来，那么这里面就可能出现商业贿赂等问题，因此需要尽早引入审计机制，不给自己人犯错的机会，也不给合作方犯错的机会。这种事情一旦发生，不仅仅是对业务的影响，更是对口碑的影响，以及对自己团队稳定性的打击。

综合来看，战略控制点必然是和客户及客户价值、业务及利润模式的设计高度相关的，在真正去做的时候，既要看增长的需求，也要看核心的风险管控；而且不仅要看业务层的需求，更要看对团队的影响，这样才能长远地发展，而不是慌慌张张地只想着变现，也不至于太轻易地踩雷、猝死。

案例中的公司，在做完这些事情后，所有人都很振奋，后面一年虽然受到疫情的影响但是发展很顺利，一度我也非常看好他们的发展前景，可惜后来创始人选择把公司出售了，这背后是本书第一部分探讨的问题——美好的、核心团队都接纳的远见很重要，清晰的战略规划很重要，但如果没有一直坚持，内心不坚定，走不远也不奇怪。对于这件事情，我在2020年年中隐隐有预感，只是没想到来得这么快。

我们再看一遍图5-3，你会发现，上述案例中的内容基本就是战略制定的工作范畴，表面上看是制定了目标、策略、战略控制点，实际上是对客户及客户价值、业务及利润模式、中长期战略规划的思考。

## 7.2 关键动作：基于远见设定战略目标

战略目标的制定是一个非常考验人的动作，是"因为相信所以看见"，还是"因为看见所以相信"？这是一个好问题。前者是在阿里发展如日中天时传播很广的一句阿里土话，这句话和华为讲业务团队要有"王气"在内涵上很接近。事实上，真正能够做到这句话的人和组织并不多，大部分人和组织是"因为看见所以相信"，是习惯"有多大锅下多少米"的。如果你能带着团队一次又一次拿到结果，那么会有越来越多的人选择相信你的判断和规划，这也是"相信"的一种。这种现象是领导力的表现，一方面可以极大地提高组织的效率、战斗力，组织能力也因此比别人强，别人做不到的你能做到；另一方面也埋下了隐患，时间长了没有人会提不同意见，一旦某一天你走错了，也会很麻烦。如果在发展过程中没有注意培养人才，那么"大树底下不长草"，相当于给自己挖坑。事情就是这么互为因果的。

在实践中，务实的做法是基于远见去拉伸战略目标，这是实现"因为相信所以看见"的过程。接下来必须在制定策略、制定战略控制点的时候给出明确的解，做到"因为看见所以相信"，既不能太保守，也不能太跳跃，一切都要有理由。在这个背景下，创业者"想三年"的战略思考就变得至关重要，因为这是连接未来与当下的关键节点，必须说清楚在对远见的思考下，接下来的三年是怎样一个阶段，要拿到什么结果、建设什么能力、注意什么事项，为此要采取什么打法，以及这一切背后的"为什么"。这么说有点绕，我们来看一个比较有意思的案例——理想汽车。

理想汽车创始人、CEO李想，他微博发得比较多（参考图7-1）。2023年9月24日，他发布了一条关于公司战略会的微博。那场战略会为期4天，密集讨论了理想汽车未来5~10年的战略方向和落地节奏等，不仅理想汽车内部核心管理层、一二级部门负责人参会，美团创始人王兴、Y Combinator中国创始人陆奇等行业重要人物也受邀参加了会议。同期，由华为加持的问界汽车开始每日更新订单数据，问界M7车型大卖，不断翻涨的数字震惊了行业。

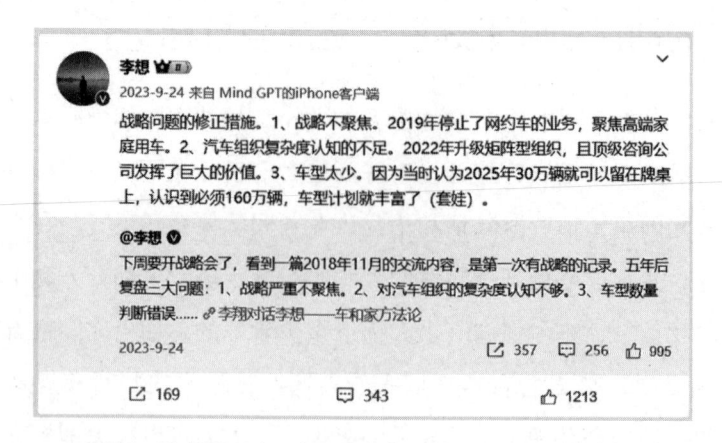

图7-1 李想2023年9月24日发布的关于公司战略的微博

## 第7章　战略制定：想三年，方向大致正确，路径具体清晰

理想汽车那次战略会讨论的议题已经延伸到2028年。事实上，在2023年6月份理想汽车就修改了自己的三年战略目标，要在2025年完成160万台的交付，比原来的规划几乎翻一倍；而且理想汽车还认为，2028年国内新能源汽车渗透率可达90%，如果行业只会留下四五家企业，比亚迪、特斯拉、华为都在其中，理想汽车如果要留在牌桌上，那么2028年要卖出超300万辆车，比2025年销售160万辆车的目标还要翻番。那么2025年160万辆车的目标又该如何实现呢？李想微博里给出的答案有三点：第一是聚焦，砍掉非核心的业务；第二是升级组织架构，参考优秀制造业企业做矩阵式组织；第三是搞套娃，丰富车型。底下你看不到的动作是，理想汽车需要跑到上海等汽车制造基地城市去买地、招人、谈合作，原来规划的生产及制造能力的扩张计划完全不够用。在此基础上，接下来的三年里，每一年要做的事情就有了清晰的思路，要花多少钱、钱怎么来也有了清楚的计划，同时智能驾驶、出海等问题也被重新讨论和设计了路径，具体内容大家可以查看36氪的独家报道《理想汽车战略会：避开华为锋芒，规划2028》。

综合来看，理想汽车是在自己对行业发展趋势判断的基础上，认为"2028年国内新能源汽车渗透率可达90%"，于是制定了看似激进的战略目标，目标的数字并不重要，真正的意图是获得继续留在牌桌上的资格，能够存活下去，能够有话语权，然后给出了实现路径，合起来就是基于远见大幅度拉伸战略目标，同时在制定策略、制定战略控制点的时候给出明确的策略。

注意，上述案例并不是说理想汽车的判断一定是对的，重要的是作为创业者、管理者要明白，当企业发展到一定阶段、组织的规模达到一定程度后，试错的速度也会降下来，很难再用0—0.1、0.1—1阶段的高频试错玩法。组织到了一定体量，对未来就一定要有判断，稳扎稳打，不能随便玩票，这是你无法回避的责任。

实践中制定战略目标的方法有很多种，上述案例中的这种方法往往是最有张力的，当然这对组织的要求也非常高。还需要提醒的是，目标的数字不是最重要的，数字背后的意图要讲清楚。上述案例中的意图是希望在行业中占据一

个领先的位置，留在牌桌上、有话语权。实践中还有一类意图是比较常见且重要的，那就是借助业务的发展去带动团队能力的提升，毕竟很多时候数字目标只是一时的，而团队的能力和状态却是有长远价值的。

## 7.3 关键动作：客户及客户价值的细分

到处都在说"客户第一"，但是真的能把这四个字做到位的其实没有几家。还有一个词叫"第一客户"，谈论的人也比较少。对此一般有两种解释。第一种是基于客户及客户价值细分出来的重点客户群体，希望他们贡献最多的营收、利润，所有业务、组织要围绕他们构建，或者某类客户在其他方面影响巨大，因此要紧紧围绕他们设计自己的业务。第二种是你的业务里有多方主体存在，那么到底谁是你的客户？这些主体间出现纠纷、利益不一致的情况时，要怎么处理？这些问题都需要在"看十年"思考远见的时候有一个判断，在"想三年"制定战略的时候落实到具体的业务设计上，否则执行"干一年"的时候会出现摇摆，导致资源、时间、士气等被无谓地消耗，对团队造成伤害。

第一种情况比较常见且相对好理解，下面用两个案例来说明；对于第二种情况，拼多多和淘宝的案例非常有代表性，我们多看一些案例，就会比较有感觉。

### 7.3.1 家用健身器械的细分

随着经济水平的提升和人们对健康愈发重视，家用健身器械这个行业的增速还是不错的。与此同时，欧美发达国家这方面的需求也更加旺盛，所以这个行业不但在国内有较好发展前景，还可以面向欧美等发达国家做跨境业务，这是一个典型的增量市场，是一个不错的赛道。在家用健身器械里，大件器械主要有三种，分别是跑步机、划船机、椭圆机（参考图7-2）。因为家庭空间的限制，一般而言，绝大多数家庭只会购买一件大型的家用健身器械，较少家庭能同时买两件甚至三件。那么问题来了，如果你做家用健身器械这个行业，

## 第7章　战略制定：想三年，方向大致正确，路径具体清晰

在思考未来长期的发展和规划的时候，除了知道市场是增量市场，需要尽快做大规模获得规模效应、降低边际成本，从而打造更大的竞争优势，还应该注意什么？

家用健身器械的三大件：跑步机、椭圆机、划船机。
这三种器械因主要客户群体有细微差异，使用场景又互相冲突，一般家庭很难都购买，所以需要进行细致的划分和运营。

图7-2　家用健身器械的三大件

先说共性，因为受限于家庭空间的大小，跑步机、椭圆机、划船机都需要尽可能占地小一些，能折叠最好。在这方面，三大件是一致的。至于这三大件的区别，核心是要深入地去看这些健身器械到底都是什么人在使用。

你会发现，虽然都是家用健身器械，但是实际使用人群还是有明显差异的。比如，划船机主要用于训练背部的肌肉，主要是男士在使用，尤其是中年男士。划船机曾经因为美剧《纸牌屋》被带火过一阵，主角就是中年男士。跑步机虽然适用人群更广泛一些，但是因为它对关节的保护不如椭圆机，在力量消耗方面不像椭圆机那么灵活，而且不如椭圆机那样方便女性塑形，所以相对而言，女性会更喜欢购买椭圆机。

所以你看，看似都是卖给家庭用户的健身器械，它们的实际使用者、使用场景也是有细微差异的，相应地，这就会带来产品设计、宣传上的显著区别。比如家用椭圆机的设计越来越需要符合女性审美，要更加轻盈、灵巧、美观

一些，划船机的设计则更偏向男士审美，要有力量感，材料方面多用木料、钢材，相应的营销策略、文案、推广方式也会有明显的差异。这些就是"第一客户"对具体业务、产品方面的影响。

客户及客户价值的细分是成功运营的基础，其底层的差异往往造就极具竞争力的优势。这里有一个矛盾点：分太细值不值得？在细分的过程中，要同时考虑规模、渗透速度、替代性等要素，否则过犹不及。

### 7.3.2　网商银行的贷款额度

2020年9月，在上海举办的外滩大会上，阿里技术委员会主席、中国工程院院士王坚和时任蚂蚁集团CEO的胡晓明（花名孙权）一起回顾了10多年前筹建阿里金融时做战略讨论的过程。会上放出了一段2009年网商银行战略会的视频（参考图7-3），当时王坚说了一句"直升机不是飞机，也不比谁飞得高，而是看能不能做到树梢高飞行，这是最难的"。[1]

2020年外滩大会上，胡晓明和王坚一起回顾了网商银行十年前的战略会，会上就网商银行的贷款额度这一关键决策做了讨论。

图7-3　2020年外滩大会王坚与胡晓明接受采访

---

[1] 金融界，《胡晓明对话王坚：用科技帮助小微企业是我们"发了疯一样的使命"》，2020年9月24日。

这句话背后的场景是，网商银行成立的初衷是要用互联网技术解决小微企业贷款难的世界难题。当时银行出身的胡晓明被委任为一把手。要知道传统银行里的贷款尤其是面向企业的贷款，额度一般都是比较大的，至少几十万元、几百万元起步；而网商银行这个业务是为了解决淘宝上做电商的小微商家贷款难的问题。换句话说，它在那个阶段的"第一客户"就是自己电商平台上的小微商家，为他们提供的产品就是小额贷款，客户价值是解决他们在别处得不到"输血"的问题，让他们能活下去、活得更好。那么这个客户群体真正需要的贷款额度是多少，这个关键细节直接决定了整个业务的设计，一旦调整，所有的风控模型、业务细节、组织能力要求都跟着变。最终的数据是，胡晓明在2020年外滩大会上表示："现在每年有2000万小微商家通过网商银行贷到了款，平均一笔贷款额度为3.6万元。"

这就是王坚说"直升飞机不是飞机，网商银行不是银行"的原因，看着都在做贷款业务，细分出来的客户是不一样的。从这里出发，贷款额度不一样，产品设计不一样，实现路径不一样，底层技术不一样，风控要求不一样。表面上看着好像一样的贷款业务，所有的一切都因为客户不一样而发生了重大变化。

### 7.3.3　拼多多和淘宝的折腾

前面提到的第二种客户细分的问题，很经典的案例是拼多多和淘宝这些年一些非常有意思的经历。作为两家业务高度相似的电商平台，在它们上面活跃的主体的类型是高度一致的，都有卖家和买家。拼多多和淘宝作为平台方去构建和维护买卖双方的关系，同时围绕着买家和卖家的还有物流服务商、数据服务商、广告服务商、软件服务商等各类主体，这些主体共同构建了一个复杂的生态。那么对于拼多多和淘宝来说，它们各自的"第一客户"到底是谁？如果各个主体之间出现利益冲突，该怎么处理？

这件事情聊起来太抽象，好在这两家公司都有很多有名的案例。比如2011年10月至11月淘宝遭遇的"十月围城"，2023年3月至4月拼多多遭遇的"炸店"风波。业内戏称拼多多是"摸着淘宝过河"，没想到连坑都一样要跳。

**穿透：理顺业务和组织的22个关键动作**

普通消费者对这些事情可能不是很熟悉，我们先看拼多多的"炸店"风波。这件事情的导火索是2023年3月25日拼多多上线了自营店"多多福利社"，大量在拼多多上经营的商家以消费者身份涌入该店铺下单，利用拼多多保护消费者的规则申请仅退款，同时给差评、与客服交涉，仅仅4小时该店铺就运营不下去了。此后"战火"并未结束，大量中小商家利用各种社交媒体集结，目标明确、行动一致，"要炸就炸大店、拼多多自营店、品牌自营店"，战术简单又极具杀伤力。很快"战火"烧到了拼多多百亿补贴入口的品牌商家身上，还有一些商家为了避免自身被波及，亮出了营业执照，证明自己不是拼多多的自营店，也不是品牌大店，是"友军"，甚至"主动求战"交投名状。拼多多这边呢，有运营人员公开表态"硬刚"："'炸店'行径如此突破底线，罔顾商业道德，实在闻所未闻，令人发指……将坚决诉诸司法机关……坚决和这些猥琐卑鄙、突破底线的行径斗争到底……在背后蝇营狗苟也不会让你隐身，请你站到阳光下来！"关于拼多多"炸店"风波各方的声音，你可以在网络上搜到很多这方面的信息。

拼多多的"炸店"风波背后有两个原因：一个是拼多多选择偏向和保护消费者，导致长时间给中小商家带来了较大压力；一个是拼多多和当年淘宝发展出天猫一样，在引进大品牌试图升级自己的业务模式，从"集市"走向"商城"，这些策略进一步引发了中小商家与大商家及平台之间的利益冲突。如果你能理解这段话，就能理解为什么说对于淘宝、拼多多这些电商平台而言，"第一客户"那么重要。

☑ **拼多多对消费者的偏向和保护**

从消费者的角度讲，拼多多真的在坚持"客户第一"，体验上几乎可以说是"一边倒"地偏向和保护消费者。比如"仅退款"政策就是拼多多为了保护消费者设置的一项退款机制。当一件商品存在货不对板、质量不合格、恶意欺诈等问题时，消费者可提出"7天无理由退货"申请，同时可以仅退款、不退货，这个政策给商家带来的压力极大。拼多多还在商家和消费者聊天的系统中设置了智能提示和接管功能，经常有商家反映上一秒还在和消费者沟通，消费

## 第7章 战略制定：想三年，方向大致正确，路径具体清晰

者还没有想要退货或者仅退款，结果系统就自动提示或者接管聊天，消费者就退货甚至仅退款了。类似的对商家严格要求的政策，拼多多还有很多，而且拼多多执行得相当到位，处于模糊地带也是明显偏向消费者更多一些。那么问题来了，拼多多为什么这么偏向消费者？

原因在于，拼多多早期采用"农村包围城市"的打法，客户普遍下沉。前面讲过其主要客户是三四五六线城市、乡村在移动互联网普及的过程中上线的人群，他们并不在意彩电是不是知名品牌，便宜、能用、画面清晰就行，也不在意服装款式老旧甚至褪色，能穿就行。拼多多平台上曾出现过不少假冒伪劣商品，因此也被很多人笑称为"拼夕夕"。早期的淘宝也经历过这个阶段，京东则从一开始就坚持正品、行货、开发票这样的差异化，当然这种打法也限制了京东的核心品类和规模，所以京东在服装、食品、小百货方面一直不占优势。对于2015年成立的拼多多而言，等发展到一定程度后必然要严格管理商家，提升产品质量和服务水平，这就催生了各种严格的规定；再加上拼多多是靠"砍一刀"这样的社交裂变模式起家的，所以对于拼多多而言，消费者天然就是更重要的客户，因此拼多多偏向消费者、严格管理商家就很好理解了。

对比一下，从中国供应商业务起家的阿里做的淘宝，它对待消费者和商家相对会平衡一点，好像不是那么极限地"压榨"商家，但是为何在2011年10月遭遇中小商家"十月围城"？中小商家不仅利用淘宝的规则针对品牌店、大店恶意下单、退货（类似拼多多"炸店"风波），还直接线下围堵了淘宝的办公楼，这又是什么原因呢？

### ☑ 拼多多、阿里为何要做品牌和自营

前面已经聊过，无论是拼多多还是淘宝，"十月围城"和"炸店"风波的事情都是由中小商家为主发起的，这个群体对于平台在管理规则方面的政策其实都还是比较克制和忍耐的，因为他们也知道要维护消费者利益，要不断提升自己的产品质量，要往规范化发展。同时，这些商家也需要依赖平台提供的流量获取客户来维持店铺的经营；但是这些商家也会认为，拼多多、淘宝早期是

靠他们才发展起来的。

等到阿里开始做天猫商城，拼多多开始搞百亿补贴引进大品牌商品店铺，甚至开始做自营的时候，中小商家就扛不住选择爆发了。这背后的根本原因，其实是利益的冲突和对抗。简单来说，淘宝、拼多多都以中小商家起家，一开始他们的主要商品都没有什么品牌，主打物美价廉。淘宝和拼多多在早期对商家的收费都是极低甚至是免费的，两方在这样的配合下，共同吸引了大量买家；但是到了一定阶段，平台方发现自己是在赔本赚吆喝，看似热闹非凡，事实上很难盈利，这是为什么？

参考阿里荣誉合伙人语嫣《生长：从战略到执行》中记载的内容，可以得知淘宝平台的运营需要投入巨大的成本，如服务器、技术支持、运营团队等，但是面向中小商家的电商零售业务本质上很难获取更高额的收益。首先参考线下的实体零售商业模式，你会发现大品牌在各大城市繁华地段的专卖店利润率会比较高，但是到目前为止这种业态自己都没有很好的线上化，而是选择在淘宝、天猫等平台开旗舰店。其次是类似银泰、大悦城、万象城这类商城或者Shopping Mall，线上对应的就是天猫、京东，这类业态在零售行业里的营收占比要高于其他业态，其商家入驻门槛比较高，以有品牌的大中型商家为主，中小商家为辅，平台方可以收场租费甚至按营业额抽成，而且只有大中型商家品牌方能付得起比较贵的广告费。再次就是各类"集市"，线上对应的就是类似淘宝、拼多多这样的存在。集市模式里活跃的商家以中小商家甚至个人为主，而且不讲究品牌，平台方对他们能收的费用主要是摊位费或者服务费。再往下还有各类跳蚤市场、花鸟市场那样的二手交易场所，线上化之后就是闲鱼这样的平台，基本上只能收很少的摊位费、服务费，很多时候甚至收不到。上述对比可以参考图7-4。

## 第7章 战略制定：想三年，方向大致正确，路径具体清晰

| 业态 | 线下典型代表 | 线上典型代表 | 盈利空间 |
| --- | --- | --- | --- |
| 商场 | 银泰、万象城、大悦城、光环购物中心、山姆等大超市 | 天猫<br>京东<br>亚马逊 | 除了摊位费，<br>还可以选择按营业额抽成，<br>也可以收到很多广告费 |
| 自由市场 | 各类集市、商贸城 | 淘宝<br>拼多多 | 主要收摊位费，<br>广告费收益远不及商城 |
| 二手市场 | 各类跳蚤市场、花鸟市场 | 闲鱼 | 主要收摊位费，通常很少 |

各类线上线下零售业态的对比；
分类并不是非常精确，线下存在很多模糊地带，线上也有一些App会模糊这些分界。

图7-4 线上线下零售业态的对比

所以你看，阿里为什么在做了淘宝之后，非要去做天猫？原因很简单，一方面同期京东的发展给阿里造成了巨大的压力，为此2011年6月成立了淘宝商城（后更名为"天猫"），用它对抗京东，但是这造成流量会明显倾斜给天猫上的大中型品牌商家，淘宝上的中小商家的日子自然就不好过了。另一方面淘宝虽然貌似非常成功，一片欣欣向荣，但是在为阿里贡献利润方面却一直不见起色，再加上淘宝初创的时候，用免费的策略吸引商家，造成后期收费和提高费用标准遇到了巨大的困难，因此在淘宝2011年10月10日发布的《2012年度淘宝商家招商续签及规则调整公告》里，商铺的技术服务年费从6000元提高至3万至6万元，违约保证金数额则从1万元涨至5万至15万元不等，这个费用标准对大量中小商家造成了"最后一击"。本来就认为阿里把最有消费能力的客户送进了隔壁阿里自己建的大商场，已经背叛了起家时的中小商家兄弟、去拥抱大中型商家了，这会儿又用大幅度提价的方法来驱赶中小商家，简直不能忍，于是爆发了"十月围城"。

后来在工商部门的调解之下，阿里选择延后执行新规，并将所有商家2012年的保证金减半，还称将投入18亿元扶植中小商家，事情才得以平息。这件事情对阿里电商的经营产生了深远的影响，以至于后面阿里在要不要做自营这件事情上一直有分歧。2022年2月阿里自营业务"猫享"上线，2023年8月宣布即

将关闭,这中间隔了一年半时间,这件事情甚至上升到了使命的争议层面——既然说"让天下没有难做的生意",那是不是自己就不应该做自营、让自有品牌去抢商家生意?

看完前面的案例,你会发现基于零售业态的一般规律,拼多多和淘宝的"第一客户"都不得不从中小商家、低消费人群,走向了大中型商家、中高消费人群。淘宝已经完成了这方面的升级,发展出了天猫,2022年天猫的GMV(商品交易总额)已经超过淘宝,背后是用远少于淘宝的商家数贡献了核心的利润。拼多多这会儿看起来好像暂时还没有单独搞个类似天猫的主体,而是用百亿补贴作为入口"暗度陈仓"。下一步它会怎么办,我们拭目以待。

综上,遇到可能涉及"第一客户"的问题时要特别小心,因为这直接关系着具体业务模式的设计,或者说具体业务模式设计的背后就是"第一客户"的选择,尤其是复杂、多主体共存的业务。

## 7.4 关键动作:从所有可能性中找策略

前面我们聊了要基于对远见的理解设定战略目标,也举了具体的案例来说明客户及客户价值的细分对业务的直接影响。这一节要讲的是,当你进入具体业务场景要去寻找和确定关键策略时重点要注意的事项,那就是不要太急于决定具体策略,而是慢下来,尽可能罗列出所有的可能性去做推演,这个思考和讨论的过程可以为参与讨论的人提供一个空间,从而期待更多可能性的发生,这也是对抗人类固有的自以为是、拒绝改变的天性的一个过程。

最终你选择了什么策略,一定要有自己的理由。这个理由主要分成三类:第一类是在各方能负担的成本范围里,最贴合客户及客户需求,是站在客户角度思考的,能更好地得到客户的信任和支持;第二类是在第一类的基础上,选择具有更强的不可替代性,或者更加能够切入和引爆市场的策略;第三类是为了长远的发展,无论多难都必须坚持去做的事情,短期不求回报。

我们分别来看几个案例。

## 7.4.1 跨境平台全托管模式

这个案例涉及一个著名人物——蒋凡，2021年年底，阿里派他去掌管海外业务的时候，海外团队内部有两种声音：一种声音觉得海外业务发展得不好，有个曾经创造了辉煌业绩的老板来带挺好；另一种声音觉得蒋凡完全没有海外经历，可能就是过渡一下。蒋凡则非常低调，在上任的最初100天内，不仅毫无政策动作，甚至与海外业务高层也鲜有交流，而是去了东南亚及欧洲各国走访市场，目的是梳理阿里的海外业务。

当时的情况非常有意思，根据远川研究所的文章《戍边500天：蒋凡做了什么？》，在SHEIN（希音，服装类头部跨境电商平台）研究海外消费者喜好变化、和国内工厂磨合小批量快速生产订单时，速卖通上的电器电压、衣服尺寸，还都是中国人的规格，甚至优惠力度也不会根据币种和国家调整。曾有媒体引述一位速卖通前营销员工的说法，认为当时身边没有人真正关注用户，"你几乎没有在站内发现过一张适配本地人群的 Banner（网页端横幅广告），在速卖通的眼里，似乎国际业务就等于和欧美人做生意。"另外，2018年阿里从欧洲创业公司收购Lazada（来赞达，东南亚地区最大的在线购物网站之一），短时间内有上百名原阿里中层空降Lazada。当这些久经沙场的电商专家讲着中文把来自国内的消费经验带入一个新市场时，收获了Lazada前员工的吐槽，"Lazada原来的欧洲经理们已经够不接地气了，没想到阿里的人更不接地气。"此后Lazada被阿里改造成"翻译版"淘宝，直通车、优惠券、客服IM工具等一堆淘宝功能一股脑儿被甩在东南亚卖家面前，他们一下子就不会动了，你可以说这些卖家相比国内太落后，但是他们接受不了不知道怎么开展工作，这算谁的责任？同时期，国内的淘宝、天猫正掀起品牌化和消费升级的浪潮，远在东南亚的阿里人也向国内看齐，熟练地选择在Lazada中引入更多国际大牌，但这与东南亚消费者现阶段寻觅平价好物的需求并不匹配。这些缺乏对本土消费需求洞察的问题让促销活动也闹出笑话，比如越南前负责人根据国内经验指定卫生纸作为促销品，但其实越南人更习惯用喷头清洗，最终数十万美元

## 穿透：理顺业务和组织的22个关键动作

的卫生纸只销出了一小部分。在阿里接管Lazada"宕机半年"的混乱中，新加坡起家的Shopee（虾皮，东南亚地区最大的在线购物网站之一）靠着卖5毛钱一张的面膜攻城略地，一度风头无两。

真正的改革在蒋凡上任半年之后开始落地，2022年年中，这个外界印象中公开演讲超过10分钟就磕巴的技术"直男"开了一场超过两小时的管理者大会。一个人讲了两小时，洋洋洒洒地罗列了所有跨境电商的模式和可能性，逐一分析各种模式的利弊，最后结论是要做"全托管"。两个月后的2022年9月1日，拼多多上线了海外版，叫TEMU，用的模式也是全托管。此后在很短的时间内，各大平台纷纷跟上。当然蒋凡同时也做了一系列改革，比如人才本地化，运营策略、服务本地化，市场推广也本地化，而不是照搬阿里在国内的成功经验。

全托管模式很容易理解，由跨境电商平台负责店铺运营、仓储、配送、退换货、售后服务等环节，卖家则提供货品、备货入仓，具体销售价格有的由卖家决定，有的由平台决定，更多的是两边一起商定。在全托管模式下，卖家与平台的权责一分为二，卖家只需要专注于开发、提报商品，而平台帮助卖家进行销售、运营、分销、售后等环节，各自负责擅长的领域，在具体分工上可能有一定差异，每个平台也有一些细微的区别，但大逻辑都是考虑到商家对于跨境经营的不熟悉，由平台承担更多工作。这对商家来说确实简便了很多，当然相应地也会有更高的费用和成本。从整体来看，这是最符合跨境电商平台上商家特征的选项，所以各主要跨境电商平台在很短的时间内都做了这个选择。事实上，这个模式和国内早就耳熟能详的电商代运营模式是非常类似的。换句话说，跨境电商平台在海外的角逐已经真正地演变成平台与平台之间的竞争，各平台的卖家或者商品都会高度趋同，鹿死谁手就要看各个平台自己的运营能力了，毕竟这个阶段大部分卖家在跨境电商业务上都不够专业，只好平台自己下场，这也是竞争白热化的无奈选项。

根据阿里2023年7月21日发布的财报显示，蒋凡执掌的国际数字商业营收同比增长了13%，并且大幅收窄了亏损，同比减亏26%，在财年的第4季度，更是取得了同比29%的增长，领跑阿里各个业务板块，其中，速卖通在韩国的订单增长超过30%，Trendyol（阿里旗下土耳其电商领头羊）订单同比增长约47%，以当地货币计算的GMV同比增长超过110%。在中国板块业务四处迎敌、增长陷入停滞的当下，阿里集团充分肯定了海外业务的成绩，在财报中指出"随着消费者服务能力与供应链能力齐头并进，海外业务已经逐渐成长为驱动阿里稳健增长的新引擎之一"，蒋凡也重新出现在阿里合伙人的名单中。

### 7.4.2 地图行业的战略选择

地图行业的竞争也是一个很有意思的案例，最早地图行业的客户是各大品牌汽车的主机厂，为汽车主机厂提供车机的导航产品，目前主要的企业有四维图新、百度地图、高德地图等。四维图新是我第一次创业时的客户，所以我对这个行业的了解还算比较充分。早期他们都需要安排很多车在车顶上安装摄像头、卫星通信设备、测绘设备，花很多时间去全国各地"跑图"，搜集各种道路信息、路边的小区和商铺信息，之后加工处理成车机导航产品，半年到一年才能更新一次，所以一开始这个行业的竞争壁垒还是很高的，同时互相之间的侵权问题也一直纠缠不清。

一般来说，地图行业大体分为三类公司，第一类为底层图商，提供基础数据，代表为四维图新等；第二类为服务商，服务于出行、外卖等场景，代表为百度地图、高德地图、腾讯地图等；第三类为应用商，将解决方案落地化，代表为滴滴、美团点评等。因为外卖、物流行业的高速发展，滴滴、顺丰、京东等互联网和物流公司纷纷加码地图赛道，获得资质的企业也越来越多，拥有甲级测绘资质的公司在2022年已经超过了30家。高精度地图是各大厂商都在发力的领域，相比普通地图，它对数据的要求更高，比如桥梁上可通行车辆的最大载重，桥下可通行车辆的最大高度、宽度，这些数据通常是用来为汽车智能驾驶系统服务的；再如小区楼栋的具体定位数据，这可以为快递、外卖业务提供很大的便利。

**穿透：理顺业务和组织的22个关键动作**

高精度地图业务也会有风险，绘制和更新需要大量的人力、物力和时间投入，必然成本较高，而且可能存在隐私和安全方面的问题，所以目前新能源车企、智能驾驶系统服务商都在发力基于传感器和机器学习的自主导航系统，反过来拥有甲级测绘资质的车企、物流公司也会在自己的车上安装测绘设备。目前已知头部的物流公司采集的自有数据已经完全可以供自己使用，不需要再采买别家公司的服务。目前来看，高精度地图依然有市场空间，但是行业内的企业被跨赛道切入的企业替代的可能性也在逐步增大，真的是"消灭你与你无关"。在这个远见的大背景下，回头去看当年的行业竞争其实意义不大了，行业里互相卷来卷去，今天你告我侵权，明天我诉你违规，都成了笑话一样的故事，但其中高德地图的一个选择非常有意思，值得一起学习。

早先这个行业主要包括三大类业务：车机导航、导航仪、手机导航。车机导航主要是To B业务，把软件和地图数据卖给整车厂，整车厂在制造汽车的时候，在中控台上安装一块屏幕，内置导航软件和地图数据，这些设备要加钱才能选配。这种事情现在看起来抠抠索索得很，但是直到2015年依然是这样的，而且加费用明显就是用镰刀割消费者的钱包，相当数量的车辆的基础配置仅仅是一个收音机而已，因此催生了导航仪市场，就是车主单独买一个导航仪安装在车上，有的放在中控台上，也有的挂在后视镜上。有的导航仪会提供一些奇奇怪怪的功能，比如探测和提示前方的测速雷达；有的提供一些实用的扩展功能，如外接倒车雷达、倒车影像、行车记录仪（内外录像）。现在看来，大家可能觉得"这都是什么乱七八糟的"，明明现在的新能源、智能汽车都一揽子解决了，额外安装导航仪既不美观也不安全，但是如果告诉你，小米、华为都做了类似的硬件产品，你就知道这件事情其实是有不小的市场空间的。

当然小米、华为做的是车载智慧屏，不仅有导航功能，还集成了影音、娱乐、倒车影像及雷达等，其实就是一个为汽车定制的平板。未来随着汽车产业的升级、新能源及智能汽车的普及，这个市场注定会逐渐萎缩乃至消失不见，所以这两家公司很聪明，都没有真的投入资源，而是赋能生态链企业去做，自己输出品牌、渠道优势去销售，获取其中的利润。

手机导航完全是To C业务，消费者选择在自己手机里安装哪个导航App，目前看主要选项有百度地图、高德地图、腾讯地图等。

随着移动互联网的快速发展及智能手机的普及，高德地图有一个关键的选择，那就是未来的业务核心到底是什么？当时一部分人认为车机导航是大头，而且是非常熟悉的业务，应当重点投入资源；一部分人认为智能手机的发展会非常迅速，应当做手机端的App。这两个不同观点背后的客户选择完全不一样，比较麻烦的是高德地图当时在导航仪市场还有不小的份额，是继续做还是停止？这些都需要基于对未来的判断才能抉择。更进一步地，假如集中资源做手机导航，那么是先做手机端的步行导航还是公交导航，还是驾车导航？对应的客户价值是什么，是否一样？

根据语嫣的分享，高德地图选择做手机端的导航，开发了躲避拥堵的功能，主要针对开车的时候用手机导航的场景。高德地图的判断理由是，智能手机的发展速度会非常快，相应地可以实现手机端的随时更新，且方便携带、适用场景更多，因此完全可以替代车机导航和导航仪。进一步地，开车的时候用手机导航这个需求几乎不可替代，虽然看起来坐公交车、走路的人更多，但是这两个场景中的用户随时可以问边上的路人，手机导航的可替代性极强，而且躲避拥堵的功能对于开车时的导航而言是刚需。这就是很好的切入口，非常精准的客户及客户价值的选择，一下子就扎进去了，然后扩散到其他客户和场景。2022年4月8日，高德地图官方宣布智能避堵功能正式上线，果然得到了市场和客户非常好的反馈，再加上预警导航、停车雷达等一系列实用功能，最终把高德地图从与百度地图竞争的劣势中拉了回来，目前高德地图、百度地图是手机导航业务里的第一梯队，其他几家加起来的市场份额也抵不过这两家之和，是典型的寡头竞争格局。

### 7.4.3　连锁酒店的私域建设

我服务过的酒店行业里比较大的企业主要是华住、亚朵、如家，还服务过为酒店行业提供数智化运营的创业公司，对这个行业也算比较了解。

穿透：理顺业务和组织的22个关键动作

　　根据华住集团官网的信息，华住集团于2005年创立于中国。截至2024年6月30日，华住集团在18个国家经营10286家酒店，拥有1001865间在营客房，为社会创造逾18.5万个就业机会，其中98%都是一线基层员工岗位。华住集团旗下经营的酒店及公寓品牌覆盖了从豪华到经济型酒店市场。在国内运营的品牌包括宋品、施柏阁大观、施柏阁、禧玥、花间堂、美仑国际、桔子水晶、美仑美奂、城际、漫心、美仑、CitiGO欢阁、全季、桔子、汉庭、星程、宜必思、海友、你好、城家公寓、瑞贝庭公寓酒店，另有合作品牌诺富特、美居、美爵和馨乐庭公寓酒店等。华住集团官网展示的旗下部分酒店品牌如图7-5所示。

华住已经成为全球发展最快的酒店集团之一，
根据美国《HOTELS》杂志公布的2023全球酒店集团排名，华住集团升至第五位。

图7-5　华住集团官网展示的旗下部分酒店品牌

　　亚朵成立于2013年，认为自己是"始于住宿的生活方式品牌集团"。根据亚朵集团官网信息，截至2023年9月30日，在营酒店数量达1112家，房间数128681间。根据弗若斯特沙利文的数据，从2017年到2021年，亚朵连续五年位居国内中高端连锁酒店规模第一位，旗下拥有A.T.HOUSE、亚朵S酒店、ZHOTEL、亚朵酒店、亚朵X酒店、轻居六大住宿品牌，以及场景零售品牌ATOUR Market（亚朵百货），并已孵化三大原创生活方式品牌，包含αTOUR PLANET（亚朵星球）、SAVHE（萨和），以及Z2GO&CO，覆盖睡眠、香氛个护及出行等领域。亚朵集团官网展示的品牌矩阵如图7-6所示。

第7章　战略制定：想三年，方向大致正确，路径具体清晰

## 始于住宿的生活方式品牌集团

新住宿品牌：
- 豪华：A.T.HOUSE
- 高端：亚朵S酒店、ZHOTEL
- 中高端：亚朵酒店、亚朵X酒店
- 中端：ATOUR LIGHT 轻居

场景零售品牌：ATOUR MARKET 亚朵百货、ATOUR PLANET、Z2GO&CO.、SAVHE

根据Brandwisdom进行的独立调研，从2017年开始，亚朵的总体客户满意度一直排在六大主流中高端连锁酒店的第一名。

图7-6　亚朵集团官网展示的品牌矩阵

这两家都极具自己的特色，总的来说，华住旗下的品牌更加多样化、经营范围更广、体量更大；亚朵则瞄准了对品质更有要求的人群。在具体价格段上，华住从经济型酒店起家，在中档酒店发展极好，也有五星级、国际品牌酒店；亚朵则从品质和中高端价格带切入，硬生生地在竞争激烈的酒店行业撕开了一个口子。印象中，亚朵是中高端连锁酒店里比较早提供带烘干功能的自助洗衣房的。在中高端连锁酒店里，亚朵在床垫、被子、四件套、枕头上花费了巨大的精力，睡眠体验确实非常舒适。

对于连锁酒店行业来说，一直有一个挥之不去的难题，那就是通过各种OTA[1]及其他渠道获客需要付出高昂的费用，而且如果一直高度依赖各种OTA平台，则消费者很难对自己的品牌建立起深度的链接和认知。如果你的体量规模不算大也就无所谓了，但如果你想做面向全国的连锁酒店业务，那么从第一天就要想好如何摆脱对各种OTA平台的依赖，这其实是连锁酒店行业的一个战略控制点。为了这件事情，华住和亚朵都建立了自己的App、小程序，多年以来一直坚持发展和积累自己的会员，最常用的方法如下。

---

1　在线旅游代理商Online Travel Agency或在线旅游平台Online Travel Platform，如旅行社、携程、飞猪、爱彼迎。

- 训练考核，把邀请消费者加入会员、教消费者通过官方渠道预订酒店作为必备动作纳入考核。
- 提供优惠，通过会员渠道预订酒店可获得折扣，这样前台也好向消费者推荐。
- 超值服务，对会员提供更多服务和超值体验，叠加优惠之后，打动大多数消费者。

这里为大家拓展一下，很多企业都有发展自己会员的打算，但是到底为消费者提供什么，才会让消费者觉得有必要在这里办会员、成为会员是一件挺开心的事情，愿意长期留存？这就非常有意思了。大部分企业的会员权益及服务流于形式，对于消费者而言意义不大，甚至可能会让消费者觉得是在侮辱自己的智商，比如说累积积分去兑换的礼品，大部分标价可能很高，但事实上成本极低，而且质量很有问题。举个例子，比如扫地机器人，这个家居智能硬件刚出来的时候确实是很时髦的东西，很多人至今可能都以为要好几百、几千块，但你去淘宝、拼多多上搜一下，就可以发现好多产品几十块钱就能买到，而且实际使用的效果也不错。这种积分兑换礼品的业务甚至催生了一个成熟的灰色产业链，有兴趣的读者可以自行查找资料。

实践中的成功经验是，要给会员实打实的优惠，再加上超值服务，这样才可以换来消费者的认可和会员数量的增长、黏性的增强。以亚朵为例，第一，成为会员后，预订酒店时确实可以获得折扣优惠。第二，在酒店房间数量允许的前提下，可以提供会员升级房型的权益。这两种优惠叠加之后经常会让你感觉很划算。比如你花500元订了一间基础型房间，打个九折，你还可以升级到更高一级的房型。假设更高一级的房型市场售价是600元，这样一来消费者会认为自己确实得到了实惠。第三，亚朵提供了一系列非常棒的增值服务，比如增加免费早餐的数量，提供质量更好的拖鞋，晚上专门打电话问你需不需要夜宵，第二天的退房时间也可以宽限几小时。这一系列优惠、服务，叠加确实舒适的睡眠体验，给亚朵带来了非常好的口碑。

这两家酒店集团为了建设自己的会员体系，投入巨大且坚持了很多年，到目前为止已经收到了非常可观的效果。根据华住集团CEO金辉接受《时尚旅游》采访的报道，截至2023年年底，华住自有会员体系"华住会"的会员数量已经超过1.9亿。亚朵这边体量要小一些，但是更加聚焦。根据亚朵集团官网信息，截至2023年9月30日，注册会员数超过5400万，黏性也非常强。这两家自营App、小程序、门店微信群等渠道的订单占比都达到了压倒性的优势，算是牢牢地拿住了这个战略控制点，摆脱了对OTA渠道的依赖。

## 7.5 关键动作：七个缸四个盖和九宫格

在前面内容的基础上，制定具体战略的时候，经常还会遇到七个缸四个盖和九宫格的问题。这类问题主要有两种情况：第一种是对创业经验不丰富的创业者而言，一旦走顺了甚至爆发了，不自觉地就会膨胀起来，开始四处出击，结果往往不太好；第二种是对比较大的企业而言，也许创始人觉得自己是比较克制的，但是有一天会突然惊觉，自己的摊子里莫名其妙地有了很多自己都不知道怎么回事的东西，处理起来还相当耗费精力和资源。

### 7.5.1 两个词的来源与含义

"七个缸四个盖"是马云很经典的一个比喻，网上有很多相关的视频。当面对有七个缸却只有四个盖的问题时，你怎么办（意思是业务模块或者事情很多，精力、资源、人才明显不够用，腾挪不开）？马云的建议很直白，砸掉两个缸，这样剩下五个缸四个盖就能腾挪开了，非常形象。在这个基础上，湖畔也一直坚持问创业者们一些很难的问题，那就是你有什么、你要什么、你能放弃什么。这些问题背后的基本逻辑就是前面提到的MOV模型里对想做、可做、能做的思考，你不可能总是什么都能做、什么都想做。

那什么叫作九宫格呢？我第一次创业的时候就干过这种事情。当时我做培训和咨询业务，曾经画过一个产品和服务的矩阵，横轴是产品分类，从课程到实战训练营到咨询项目；纵轴是线上、线下及线上线下结合，然后3×3就成了

**穿透：理顺业务和组织的22个关键动作**

一个九宫格。当时的想法是妄图把这九个格子都填满，每一块都能够做一个爆品出来，最后结果是只有三板斧实战工作坊成了爆品，其他都没有形成规模，更要命的是在做的过程中打散了资源，如果没有九个模块，或许就能再出一两个爆品。

九宫格在消费品领域非常常见，很多创业者借助一个爆品或者系列能做出几亿甚至几十亿的销量，然后就会自然而然地认为没什么难度，接下来横向复制不同品类、纵向拓展价格带，那么百亿元营收、千亿元估值好像已经是囊中之物，但实践中基本都走不通。不是说类似创立时间短、底子薄、能力不足的公司会遇到这个问题，大公司一样扛不住。核心原因是企业发展到一定阶段后，就会发现自己能做的事情很多，机会很多，诱惑太多，创业者会觉得自己很厉害，但实际上任何时候资源都是有限的，不仅仅是钱，更要紧的是根本没有那么多不同的人才。

再比如，强大如阿里，大家都知道阿里云，与其同期阿里曾经有个手机端操作系统业务，叫作YunOS，现在基本上没多少人记得，它的Logo如图7-7所示。阿里在这个业务上前后投入了近百亿元，有一些阿里的合伙人甚至愿意自己掏钱继续投入，最终决定停下。即便是阿里也扛不住YunOS、阿里云两个业务一起"烧钱"，缸太多盖子不够用。当不得不做选择的时候，阿里主要考虑的是自己的使命是"让天下没有难做的生意"，于是选择全力保阿里云，好在YunOS对应的能力、积累也没有浪费，迁移到了物联网、车联网等业务场景里。

总的来说，七个缸四个盖和九宫格的问题其实就是MOV模型里提到的可做、能做之间交集的问题。换句话说，就是能力和资源终究是有边界的。砸缸看着爽、看着霸气，但是真正的高手是不会乱造缸的。其中有两层意思：第一层是在业务的选择上要谨慎，不要轻易到处"开疆拓土"；第二层是在策略的选择上不要贪功冒进，尤其不要轻易四面出击。

第7章 战略制定：想三年，方向大致正确，路径具体清晰

阿里云创立于2009年，2022财年经营利润11.46亿元，
创立13年来首次实现年度盈利，2021财年阿里云还亏损22.51亿元；
阿里YunOS脱胎于2010年被阿里收购的猛犸科技，在2012成为独立业务，
现在已经不怎么被公众记起。

图7-7 几乎同时期展开的阿里云与YunOS业务

## 7.5.2 如何避免这两个问题

在战略洞察的章节，我专门聊过要冷静看待增长与竞争，这本身是一个创业者自身修炼的过程，在实践中也有一些注意事项可以参考。

☑ 业务上，不要被第二曲线的概念迷惑

在各种商学院、企业家圈子里，"第二曲线"的概念至今依然风靡。对此我非常赞同曾鸣的观点，这个概念太过了。在实践中，大多数企业自己的第一曲线到底还有多少发展空间，到底有没有真的打穿打透做到极致，同时积累足够的资源和能力……这件事能真的踏实做好就已经很不错了。太多企业往往是在自己的主业还没有做到足够规模、积淀足够资源的时候，就过早地展开了所谓的第二曲线或者多元化的尝试，往往新的东西没走出来，自己起家的东西也没有守住，两头不落好，这方面失败的案例非常多。

☑ 组织上，要警惕"插根扁担也开花"的现象

"插根扁担也开花"是一个非常有意思的话题，背后有一个职场上的"潜规则"。在公司里，你要想方设法地证明自己的价值，最简单的办法就是"忽

165

穿透：理顺业务和组织的22个关键动作

悠"决策层起一块业务或者一个部门，不断地把资源卷进来，尽可能把人先填满，扩大自己的队伍，这样就会显得你很重要，想动你也很麻烦。进一步地，类似于阿里这种大公司，本身掌握了巨大的流量，很多时候把流量卷进来就一定会有成绩。但是从战略的角度讲，资源被分散了；从组织的角度讲，业务的复杂度甚至重合度也越来越高，甚至引发一些不必要的冲突和内耗。

☑ 坐标系，看客户、客户价值、组织能力

如果你面对着七个缸四个盖或者九宫格的问题，真的要做取舍，该遵循什么样的原则？你砸哪几个缸？这是至关重要的问题了，总不能拍脑袋吧？而且随便砸掉哪一个，相应地都会有一堆人反对。这时可以使用一种分析模型，叫作SPAN（Strategy Positioning ANalysis，战略定位分析，参考图7-8），有兴趣的读者可以自行查找详细资料。

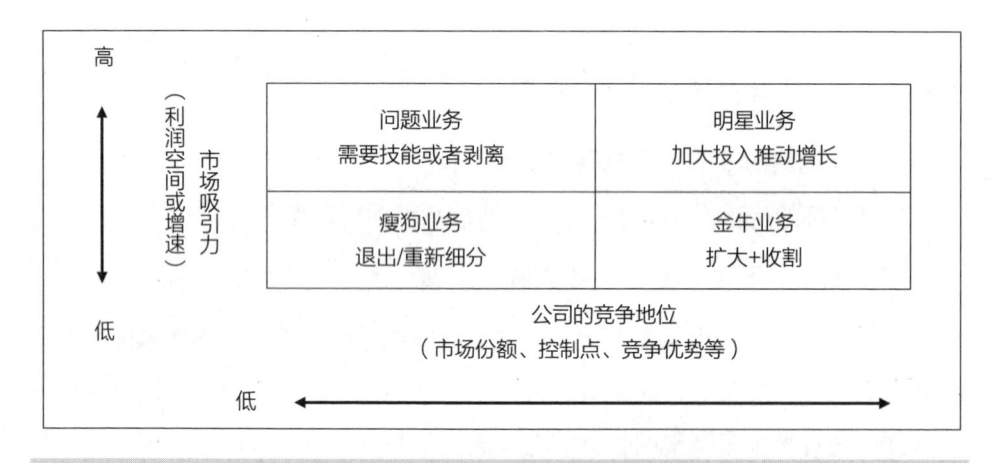

| | | |
|---|---|---|
| 市场吸引力（利润空间或增速）高→低 | 问题业务<br>需要技能或者剥离 | 明星业务<br>加大投入推动增长 |
| | 瘦狗业务<br>退出/重新细分 | 金牛业务<br>扩大+收割 |
| | 公司的竞争地位<br>（市场份额、控制点、竞争优势等）<br>低←→高 | |

SPAN在工具层面上介于BCG矩阵和GE矩阵之间，是GE矩阵的简化版、BCG的升级版，它采用GE矩阵的组合关键因素作为评价维度，采用BCG矩阵的四象限坐标呈现结果。

图7-8　SPAN分析模型

我更感兴趣的问题是，业务和组织怎么就随意长成了七个缸四个盖或者九宫格的样子？到那个时候砸缸真的很麻烦，最好从根源上解决问题。所以在给企业做咨询的时候，我一般会要求企业沿着客户细分、客户价值细分、组织能力三个维度去琢磨拓展业务场景及选择业务策略的问题，如图7-9所示。对于普通的企业而言，在这三个维度里，我的建议是至少得有两个维度能站住，才可以比较稳妥地扩展新业务场景，如果只有一个维度能站住，就得看是不是站得足够稳、足够深，否则绝对不要轻易拓展新业务场景。在后面涉及增长飞轮的章节里会专门介绍这方面的内容。

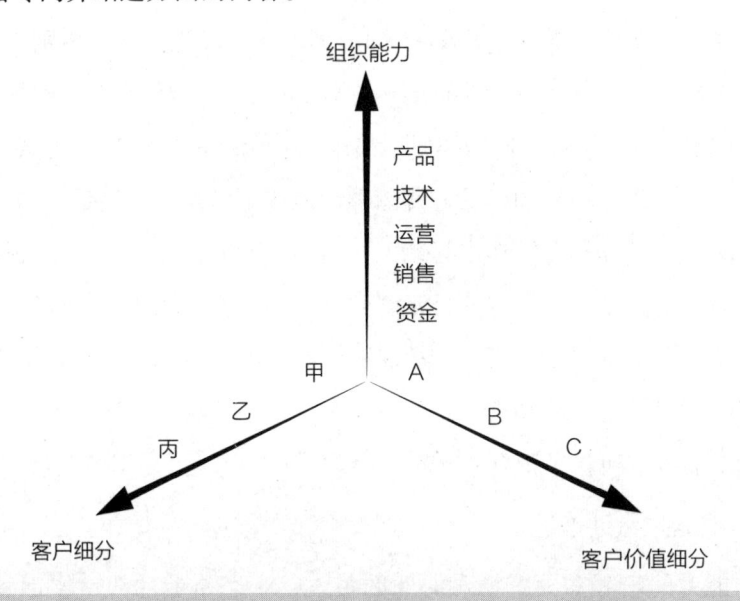

图7-9 拓展新业务场景、选择新业务策略时必须考虑的三个要素

## 7.5.3 组织能力的辩证认知

对于创业者而言，如果只是单纯缺钱，倒还好办，真搞不来钱一般也不至于随便造缸，所以七个缸四个盖和九宫格的问题主要指向的是组织能力不足、没有优秀的人才，或者不单纯是人才的问题，而是团队缺乏某项能力的问题。关于组织能力的建设，有一些基础的辩证认知分享给大家。这段文字写得比较枯燥，用得多了才有感觉，写下来供大家参考。

☑ 组织能力是相对的

曾鸣的观点是，要在业务最核心、客户价值最重要的地方，比竞争对手做得好一点，这是关键，同时其他地方不要有大的漏洞。语嫣把前者称为生穴，把后者称为死穴。生穴指的是做什么并且做得好，客户会选我们；死穴指的是什么事情没做、没做好，客户会抛弃我们。比如商品要物美价廉，客户才会多来，这是生穴；但是交易安全没做好，别的就不用谈了，这是死穴。人力资源领域也有个"双因素激励"（Dual-Factor Theory）理论，又叫激励因素–保健因素理论（Motivation-Hygiene Theory），是美国行为科学家弗雷德里克·赫茨伯格（Fredrick Herzberg）根据调研提出来的，调研的重点在于尝试发现哪些事情使员工在工作中快乐和满足，哪些事情造成不愉快和不满足。结果那些使员工感到满意的都是属于工作本身或工作内容方面的（如成就感、被认可、晋升等，称为激励因素）；那些使员工感到不满的，都是属于工作环境或工作关系方面的（如合理及时发工资、有社保、人际关系、工作环境等，称为保健因素）。但有意思的是，那些满意点和不满意点未必重叠，消除了不满意点，只是会让员工不再不满意，而不一定就满意。

☑ 组织能力是动态的

组织能力的培养需要资源和时间的投入，一个企业的战略能不能落地，有没有跟战略相匹配的能力至关重要。在战略思考和执行中我们可能会遇到一个难题——如果你判断得对，那么投入资源、时间去建设的组织能力有助于你建设壁垒，没有这个壁垒，你很难在竞争中存活下来；但是如果判断得有偏差甚至错了，前期的投入就大概率打了水漂，而且同时别人可能做起来了。看准了，大赌大赢，而一着不慎也可能"万劫不复"。

从这个角度讲，我在帮助企业做战略和组织落地的时候，都会特别关注组织能力的建设，每半年会要求每个业务的负责人回答团队的能力有什么变化，这些变化指向的是业务的哪些关键点，这就是"借事修人""借假修真"的一部分内容。具体来说，我坚持认为一个管理者最好的成绩是自己的核心下属半年之内有肉眼可见的成长，不仅仅看业绩，更要看能力。只获得结果不关注组织能力积淀的干部都不能得到提升和重用，这是一个基本的原则。进一步地，"天晴的时候修屋顶"是真理，但凡你觉得可以喘口气的时候，都不能偷懒，

## 第7章 战略制定：想三年，方向大致正确，路径具体清晰

要去优化你的组织、训练你的人，等待下一次战斗。人永远是最重要的，尊重人、"视人为人"，与优秀人才的接触和交流永远不要停止。

☑ **不是所有能力都能培养出来**

对于这件事情，很多人不信邪，尤其是搞多元化的公司。一直以来，社会上有一个关于企业"基因"的争论，比如阿里到现在也做不好社交，腾讯到现在也玩不转电商……

从这个角度看，与自身现状差异过大的组织能力勿要强求，确实很难培养，还容易影响原有的组织。如果一定要做，该买就买（收购、并购），要尊重差异，同时注意得在外面有独立的空间、在物理上隔开。比如阿里当年做淘宝，就外招了很多人，且不和供应商一起办公。但是这样的操作需要有充足的资金。当年孙正义支持阿里这么干，给了更多的投资，这也是组织能力的一种——创业者能找来钱。在商业竞争中，这几乎是最重要的组织能力之一。

另外，有些特定的能力是需要一开始就具备的，否则根本无法起步，比如比亚迪起步的时候就拥有电池行业的一线人才队伍。再比如，很多年前我在上海和朋友们一起聊天的时候，就有人想过滴滴的模式，这真是一个很好的业务，但是稍加推演，怎么才能做到同时有足够多的司机和乘客在线难倒了我们，其实当时想到了砸钱补贴是可以做到的，但是测算之后在场的所有人都认为这种模式是非常不商业和不理性的，因为我们的眼界和能力限制了我们，完全想不到还可以这么玩，结果后面的事情大家都知道了。

这里我们看一个成功的案例。公众大多知道比亚迪是做车的，知道它起家是做手机电池的比较少，知道它还有手机组装业务的就更少了。算上造车，比亚迪有三大块业务，而且都发展得很不错。比亚迪是怎么做起来的？回看一下，大家都觉得有点不可思议，我花了大量时间与比亚迪的朋友交流。限于篇幅，这里重点介绍汽车业务。

先看比亚迪造车的高光时刻，2023年8月9日，比亚迪第500万辆新能源汽车正式下线，成为全球首家达成这一里程碑的车企（后来没多久，比亚迪就刷

## 穿透：理顺业务和组织的22个关键动作

新了这个成绩）。王传福在这场发布会上回顾历史的时候数度哽咽，读者可以参考比亚迪官网发布的视频。他提到，"一个做电池的，怎么敢做汽车？各种质疑和嘲笑扑面而来。在进入汽车行业的第一天（2003年1月23日比亚迪收购秦川汽车），比亚迪的股价就跌了20%，资本市场给我们狠狠地泼了一盆冷水"。"迎着这些质疑和嘲笑，我们没有放弃，坚定地走这一条没有人走过的路。""……从2010年到2019年，这十年间，市场上看不到我们大的进展，一直原地踏步，停滞不前。2019年是比亚迪最艰难的一年，当时比亚迪只有一个目标，就是活下去！背后的心酸和不易只有我们自己更清楚。""……尤其是在2019年，净利润只有16亿元，但在研发上，我们还是咬紧牙关投了84亿元。很多人笑我们，这是在烧钱。但我们深知，要把车做好，要想发展新能源，没有核心技术是不行的。"只看激动人心、催人泪下的故事是远远不够的，需要仔细研究比亚迪的历史，否则完全理解不了比亚迪怎么就做成了跨度这么大的业务。沿着时间线，我们一起来看几个关键细节。

1993年，不到30岁的王传福，任北京有色金属研究总院下属一家合资电池企业的董事长，可以说电池是王传福和比亚迪的老本行。二十世纪九十年代初，"大哥大"开始流行，随后手机产业蓬勃发展，其中的核心部件之一就是电池。王传福和他的初创团队具备当年国内少有的手机电池核心技术，是一群真正的高科技人才，这是最强大的组织能力。这群人于1995年正式开始创业，叠加当时国内的低成本优势，比亚迪很快就相继拿下了包括飞利浦、松下、索尼等多家全球知名外企的订单。等到1997年金融风暴时，很多亚洲电池企业受金融危机影响被击垮，远离金融风暴的比亚迪成了受益者，进一步提高了在手机电池市场的占有率。至2002年，比亚迪拿下了当时"如日中天"的诺基亚的订单；2003年，比亚迪的镍镉电池拿下全球份额第一宝座，并在下一代蓄电池产品镍氢电池和锂电池上完成自主研发；此时，比亚迪已经创立八年了。之后比亚迪的电池业务一直做得非常成功，可以说比亚迪的第一曲线——手机电池业务真正做到了极致，基础非常扎实，积累了巨大的组织能力，包括资金、人才、技术、社会影响力等。

## 第7章　战略制定：想三年，方向大致正确，路径具体清晰

2002年7月，依靠电池起家的比亚迪在香港联合交易所以"比亚迪股份"为主体上市，创下了同期54支H股中的最高发行价纪录，共募集资金16.5亿元。得到资本加持后，王传福决定实施多元化战略，不再只做电池。因为在他看来，电池制造业的进入门槛很低，在比亚迪取得突破后，电池领域一时间涌现了100多家公司互相竞争，充电电池在几年时间内出现每年10%的价格下调，而且当时比亚迪的电池业务也遭遇了销售天花板，一时间很难再有大的突破，也不需要更大资金的投入。手握新募集的巨额资金，王传福希望找到更好的投资方向。

2001年，科学技术部正式立项将电动汽车作为重大专项纳入国家研发计划，比亚迪是在2003年才宣布造车而且是造电动汽车的，可以说绝对不是一时起意。比亚迪一方面看到了国家的支持、行业的趋势，这是典型的增量市场、规模效应的行业，需要早进入、早布局。另一方面，站在自己对电池技术的理解基础上，比亚迪非常清楚电动汽车的核心之一是电池，这是自己的强项，是别人没有的，再加上多年的研发、制造积累了一定的能力。而且比亚迪也没有选择从零开始自己研究造车，而是非常务实地收购了秦川汽车。进一步地，比亚迪的创始人和特斯拉的创始人出身非常不同，两国国情也非常不同，两国消费者的思想观念不同，消费能力不同，融资环境也不一样，导致这两家公司在客户及客户价值的选择和发展阶段的设计上也是截然不同的。比亚迪选择从低端切入，同时面向B端用户做了很多努力（比如生产公交车），再加上国家政策的支持，才硬挺着坚持了下来，单靠电池业务是不够的，中间确实有几次差点就扛不住了。

同时，得益于创始人的坚持和远见，比亚迪在组织能力的建设上选择持续坚持技术研发，资源花得非常集中。2010—2020年，比亚迪前后改进了四代技术。王传福在2013年接受采访时说，一旦家庭消费启动，比亚迪分分钟可以造出特斯拉。注意，2013年特斯拉在中国的销量也只有2万多辆而已，却是媒体人、高收入人群、互联网群体眼中电动汽车的代表和"白月光"。因此当时很多人笑话王传福，然而这背后真实的大背景是，2013年的中国还不够自信。

总结一下，比亚迪一开始做的正是自己擅长的事情，基于自己的组织能力优势把第一曲线做到了极致，积攒了足够的资源，在看到老业务增长乏力背后的大环境问题后，切入了新的造车赛道，新的赛道和自己过往的核心能力有相当大的复用空间。即便如此，比亚迪也选择先收购一个汽车企业，而不是从零开始，所以客户细分、客户价值细分、组织能力这三个维度至少有一个维度站住了。此后比亚迪选择了难度最大的策略，那就是不断地在技术上投入，最终在国家政策支持、消费市场增长的加持下扛了下来。这个过程非常艰难，我跟比亚迪的朋友交流的时候，听到的声音是"再来一次的话不一定能成，实在是九死一生"。

## 7.6 关键动作：战略与组织的同步调整

基于战略洞察，在进行战略制定时还需要特别注意，要同步完成对组织的调整。

马云专门强调过这个问题，网上有很多相关的视频。简单来说就是，如果你真的有了新的战略，那么一般而言，与之适配的组织也需要和以前不太一样，有了新的战略但是没有新的组织，那等于什么都没有。对于企业而言，具体到战略同步的组织层的调整，要思考的核心问题是横向、纵向与交叉点。在这个基础上，要搞清楚决策机制的核心逻辑，这一节将展开介绍这些内容。

### 7.6.1 横向部门与纵向部门

大部分人对组织的理解都停留在组织架构图上，在这个基础上要思考金字塔形、矩阵型等组织结构的优劣势。其实无论哪种组织结构，都由横向部门和纵向部门组成，常见的注意事项如下。

**第一，纵向部门抓效率。**

纵向部门必然要关注和考核效率问题，这方面最有代表性的就是销售部门，天生就应该用高绩效、强考核的方式去设置和管理。对于这种部门的新设与关停，要考量的核心都是能否带来效率或者产能的提升，如果不能，就完全没有存在的必要。

**第二，横向部门看机制。**

类似人力资源、财务、法务、行政、数据等向各纵向部门提供支持的都属于横向部门。

注意，从某种意义上讲，核心管理层作为一个职能的存在，也可以理解为一个横向部门，技术、产品部门则有时候是横向部门，有时候是纵向部门。

横向部门存在的理由或者要考核的重点是能否创建更多好的机制，从而向纵向部门提供支持，要特别小心的是横向部门天生就有成为官僚机构的倾向。最典型的就是财务、人事及行政部门，找它们办事情的时候可能需要填表、走程序，这本身没有什么大问题，但一旦这个过程被僵化或者过度消耗时间，甚至有一些权利、利益的因素纠缠进去，人事、财务、行政部门就会蜕变，就会异化成掌握任免权力、薪酬权力、财政权力甚至与核心高层对话机会的官僚部门，而这些部门是不应该掌握这些权力的，它们应该做的是支持、协调，帮助把事情处理得更及时、更高效、更有质量。但是实践中经常遇到的荒诞情景是，领一支笔要打报告、走几天程序，见核心领导一面要处好跟门口秘书的关系，付一笔款总是各种延误。当然这些横向部门也经常会遇到一些源自纵向部门的困难，比如最常见的就是业务部门天生会有不达目的誓不罢休的倾向，经常会去破坏财务、人事、行政部门的一些该有的规则，对此的及时调整和平衡就要考验各部门负责人的智慧了。换句话说，核心团队作为最大的横向部门，要及时去发现和解决这类事情。

还有一个常见的情景就是数据或者报表的问题。一家公司或者一个业务团队，每天、每周、每月、每季度、每年应当去看哪些报表，紧盯哪些过程与结果指标及动态变化的趋势？这都是基本功，是需要数据团队或者部门提供支撑的。很多公司的业务团队在需要报表的时候，要找特定的人去获取，时间长了发现这件事情变成了一个需要"求"的动作，不是反应慢，就是各种被要求走程序审批。与此同时，数据团队或者部门也很痛苦，能做数据工作的人往往都是高学历的员工，这样的人一旦感觉自己天天就是在做各种重复的表单，也会感觉非常没有成就感，互相折磨。这要怎么破解呢？数据团队或者部门作为横向部门，从机制建设的角度出发，应当做的是与业务部门的深度沟通，理解业务的逻辑，做好埋点[1]，确保有足够的Data（基础数据），在这个基础上制作出业务部门需要的例行报表（到这个层面就是信息了，Information），定期定时地直接推送给业务部门，同时建设一个数据共享平台，确保业务部门在例行报表之外还可以根据自己的需要，去数据共享平台做自定义的报表拉取动作。当然背后需要设置不同的权限，确保数据安全。这样一来，数据工作就有了基本的机制，业务部门也可以有足以支撑、及时且灵活、完善地做判断（Judgment）的数据，数据团队或者部门也有了展开更深层分析的时间和空间。

人事、法务、行政、财务、数据这些团队或者部门还不是横向部门里最难处理的，最难处理的往往是技术与产品部门，尤其是在各种互联网公司和智能硬件公司。这里有一个广泛存在的矛盾，就是纵向的业务口天然地会希望有专门的产品、技术团队对接服务自己，甚至巴不得直接将其编到自己部门里来，而产品、技术团队的负责人天生有集中管理、做模块化设计开发的倾向，因为这样做得好的话确实可以提高效率、节省成本。这两者之间的矛盾最直接的体现就是"需求排期"，业务口会不断提出各种各样的产品和技术的需求，产品和技术部门往往会要求他们填工单、排期，两者之间各有自己的认知和优先级，很难做到真正的彼此理解。业务口会指责产品、技术口不懂客户的需求、懒于应变、反应迟钝，产品、技术口会指责业务口不懂技术、胡乱提需求、得寸进尺，产品和技术这两个部门之间也经常有类似的"斗争"，销售、市场、设计师等部门之间也一样，甚至会出现程序员要求产品、业务人员立字据不再改需求的情况。啼笑皆非中全是打工人浓浓的苦涩。

这里举一个案例，2016年阿里的"月饼事件"。这件事情当时闹得很大，

---

1 埋点指在业务的各个环节中，提前设置好要获取哪些数据，以及如何获取。

## 第7章　战略制定：想三年，方向大致正确，路径具体清晰

大致经过就是中秋节阿里定制了一批月饼，除了给每个员工都配发一盒，还有一定的余量，员工可以在网上购买，因为买的人比较多，所以就需要抢，对应的链接有一些漏洞。9月12日，阿里集团安全部4位员工和阿里云安全团队的1位员工写了自动化脚本去抢购，结果抢到了133盒月饼。时任阿里首席风险官刘振飞及时任阿里云总裁胡晓明在与上述员工沟通之后最终予以劝退。阿里内部员工的理解就是以价值观有问题的名义把他们开掉了，而且要求当天离开。在办理离职手续的时候，经办人员在态度上也没有做到很好地处理，结果这件事情就引起了轩然大波。社会公众普遍同情这几个程序员的遭遇，认为阿里处理得过分了，同期有不少互联网企业公开打出"月饼管够"的说法疯狂挖阿里的人才，类似事情成了一个欢乐的段子。我在为某客户做项目的时候，遇到了这5个人中的3个，再加上有很多阿里业务口和做"政委"的朋友，所以对这件事情有比较直接的了解。

这件事情更深层次的原因是阿里对文化、价值观非常重视，以及"政委""闻味官"等岗位、职能的设置是非常重视价值观层面的考核与管理的，这个职能遭遇了时代变迁、受众变迁的考验。过往阿里从供应商起家的时候，核心业务要依靠地面的销售队伍。当年招募组建这个团队的时候阿里本身也不算是知名的大公司，要求放得比较低，因此对团队的训练和管理都做得比较严格，尤其是因为经常会出现过度承诺、贪腐甚至欺骗客户的行为，所以在价值观层面的管理上必须做得非常严格。但是当阿里有了淘宝、天猫、支付宝、阿里云等更多元化的业务及多元化的员工群体之后，事情自然会有一些复杂。比如你跟欧洲的员工提"激情"，说国内的员工都自愿加班到凌晨，对方会直接跟你说NO。你不能只看到国外的差异，也要看到国内的发展，因此该坚持的要坚持，但是具体方式和方法应当及时迭代和演进。

在事后复盘的时候，阿里内部有个说法，这件事情做的是"有理有据"，但是不够"有情有义"。不够"有情有义"说的是当事人其实并没有以此牟利的主观故意，也主动找相关部门说明了情况，相当于有"自首"的情节，那么既没有造成损失，又没有主观故意，还有自首情节，即便在法律上最多也应该

只判个"死缓",而且当时马上就是中秋节了,等过完节再处理免得影响人家整个家庭过节也好啊。

之所以说"有理有据",是因为这几个当事人都是安全部门的人,本身安全部门如果发现了漏洞应当主动去提报和修复,不应该借用这个机会做其他事,而且这不是个例,是5个人都在做这件事情,引发了管理层的震怒,同时网上也确实已经出现了倒卖月饼的行为。有人在内部、外部加价出售,管理层认为这是有严重问题的,所以在极短的时间内做出了严厉的决定,这背后是管理层沿用过往的经验和模式,认为这件事其心可诛,必须及时矫正,本身也没毛病。但没有做好沟通、解释,也不够有情有义,导致同期阿里内部有相当数量的员工对此表示不满,这几个人所在的部门出现了大批量转岗甚至离职的申请,组织为此事复盘、调查也动用了大量资源。

这个案例已经过去很多年了,这里不再展开更多细节。在我看来,最核心的是一个与机制设置相关的问题,那就是为什么月饼要靠抢?本身月饼值不了多少钱,员工愿意多买几盒公司的月饼送朋友、送家人,这是对公司认可的体现,为什么需要员工去抢?难道我们国家的月饼生产力还供应不了这些人的需求?所以这件事情的核心根源在于机制设置不合理。后来阿里在中秋节发月饼的时候都会提前发布几次购买链接,有需求的员工可以提前预约购买,各业务团队的HR或者行政人员也会多购买一些以备不时之需,这么做以后就再也没有出现月饼要靠抢的事情。

## 7.6.2 交叉点上是决策机制

既然有横向部门和纵向部门,那么就会有横纵的交叉点。这个交叉点最要命的问题就是决策机制的问题,前面介绍横向部门时列举的各部门之间的矛盾冲突现象背后就是决策机制的设计。

这样讲比较抽象,举一个我服务过的公司的案例。这是一家服装公司,有将近二十年的历史,年销售额规模已经做到几十亿元。有一年他们找了国际

## 第7章 战略制定：想三年，方向大致正确，路径具体清晰

知名的咨询机构做新的战略，动静非常大，背景是这家公司过去二十年来最核心的优势就是物美价廉，在款式上一直没有很好地抓住年轻人的喜好，导致公司营收的增速明显放缓，品牌影响力逐年式微。公司决定开始转型，要努力拥抱年轻和时尚，为此专门成立了一个子公司，有自己的设计、品牌、市场推广及运营团队，以线上电商模式为主，人事、财务及生产和母公司是一体的，还重金挖来了国际知名品牌的设计师，也非常明智地单独为这家新公司找了办公室，因为之前的办公室和生产基地是在一起的，没有年轻时尚的味道。

应该说，明面上该公司在新的战略之下也匹配了重大的组织调整，按理说没什么毛病，但是实际效果非常糟糕。此后一年这家新的公司没怎么出过爆品，反倒是营销费用、工资成本比较明显地拖累了母公司的财报，导致母公司的股价加速下跌，这就很麻烦了。当初拒绝这个战略及组织调整的人就会更加有自己的理由，而支持调整的人则没有了当时的底气，更要命的是这件事情甚至影响了老板娘的威信。要知道这家公司过去二十年来经历过很多次危机，老板娘凭借着自己强悍的领导力、精准的判断和圈子里的资源带着这家公司渡过了一次又一次的危机、难关。可以说老板娘是公司里神一样的存在，大家都习惯了重大决策以老板娘的判断为主，这次战略和组织的调整也是老板娘力排众议发起和推动的，本来想革自己的命再辉煌一次，眼看着可能晚节不保。

当这家公司找我提供支持的时候，我很快识别出这里面的根本问题在于新的组织没有匹配合适的决策机制。服装行业外的朋友可能不了解，过去服装行业其实反应速度是很慢的，夏季会开冬季订货会来决定这个冬季主要推哪些款式。随着时代的发展和技术的进步，"快反"成了常态，最疯狂的情况是一个款式从被设计出来、出样品（现在甚至不用出样品直接生成图像）到投放测试、决定是否批量生产，再到送到消费者手上，最快可能只需要一周甚至几天时间，那么其中最核心的事情就是什么款式能上、什么款式不能上，这是最关键的决策场景。而这家公司虽然制定了全新的战略，也为此大动干戈调了组织，但这个关键场景的决策权事实上依然在母公司那些擅长物美价廉款式的人手里，为此子公司也出现了动荡，重金挖来的人才纷纷待不住选择出走。

解决方案也非常简单，核心就两件事，第一是安排子公司找了一堆穿搭网红，有大的有小的，请他们参与款式的设计与选择；第二是请母公司的老人，尤其是负责生产及工艺的人，决定哪些是无法量产的，或者量产之后很难保证质量及规模的，把这些剔除掉。就这么一个小小的改动，很快就激活了子公司的活力，之后的销售数据节节攀升，母公司的股价也涨了回去。

所以说，当你有了新的战略，也为此做了新的组织设计和调整的时候，一定要记得沿着新的战略规划找出关键的决策场景，看这个决策场景具体会落在哪些横向部门与纵向部门的交叉点上，提前设计好对应的决策机制。这样一来，你的组织调整才算真的有效，而不是停在表面。

### 7.6.3　谨慎使用组织创新

做咨询做得久了之后，接触的企业越来越多，也看到了各种很有意思的东西，例如经常会遇到这么几个名词——赛马、阿米巴模式、创业平台等。**这些基本都是组织层面试图调整生产关系、解放生产力的操作**。有相当数量的企业很喜欢谈论这些概念，也有不少真的这么去做了。在这一节，我们稍微展开聊一下，仅供大家参考。

**首先看赛马**。

赛马指的是安排两组或者两组以上的团队，同时去做相同的业务，最终谁能先做出来或者谁的市场效果更好，这件事情就交给谁统筹负责，本质上这是一个内部竞争机制。这种操作有非常明确的前提，那就是公司的资金、人才都比较充裕，最大的好处是有利于提高效率，经典案例就是腾讯在开发微信的时候，安排了三个团队同时开展，最终胜出的是张小龙的团队。

要特别注意的是，赛马这种组织层面的设计，不能用来解决战略洞察和战略制定层面的问题，最多算是在战略拆解层面上可以考虑的一种方法。对于战略洞察和战略制定这两项偏方向性的工作而言，一旦做了决定，那就要集中资源、想尽一切办法，消耗是巨大的，所以很难用赛马的玩法。

## 第7章 战略制定：想三年，方向大致正确，路径具体清晰

总之，不要试图用赛马方法去解决战略层的问题，类比一下新能源汽车的技术路线，在一个阶段内也只会做一个主要选择，然后努力去做成。

**其次看阿米巴模式。**

百度对阿米巴模式的介绍还是比较全面的："阿米巴模式是由日本企业家稻盛和夫创立的经营管理模式，这种模式强调将企业组织划分为若干小型的、独立核算的单元，类似于一个阿米巴变形虫，每个单元都直接面对市场，并自行制订计划、完成目标。"在这种模式下，企业的每个小单元都像一个小企业一样运作，有自己的领导和成员，共同负责该单元的业绩和成长，这种管理模式不仅限于企业内部的组织结构，还包括一种经营哲学和文化的培养。通过这种方式，阿米巴模式旨在实现"全员参与经营"，激发员工的积极性、创造力和责任感，从而使整个企业更加灵活、高效地适应市场变化。此外，阿米巴模式的成功也依赖于透明的管理和放权，有助于建立信任和激励员工，同时培养具有经营意识的人才。

我一度非常疑惑的问题是，本身这种模式是稻盛和夫应用在京瓷这个规模非常大的企业上的，为什么国内讨论这个问题的，都是中小民营企业？是我接触的面不够广吗？后面遇到的多了才发现，痴迷于这种模式的老板看重的是这个模式要求企业的人有极强的独立自主性，能独立开展作业、独立核算甚至自负盈亏，重点是阿米巴小组其实都在帮这些老板赚钱，而这些老板忽略了如下几个要命的问题。

第一，有这样的主观能动性和能力的员工，为什么一定要在你这里工作、帮你赚钱？就算他现在可能需要你的一些资源，但是如果没有不可替代性，这能持续多久？或者人家为什么不选择做别的更赚钱的业务？

第二，稻盛和夫能运用这种模式，在很大程度上是因为老先生有非常大的人格魅力，为此他放弃了几乎全部的个人收益；而痴迷于这种模式的大部分老板，往往都不具备这两条。

第三，有一种说法是稻盛和夫只有在日本才能推行这种模式，背后是日本

的终身雇佣制和日本职场文化的支持，而国内也不具备这些。

第四，实操上，阿米巴模式如果想要运行得好，公司内部的结算定价要设置得非常合理，比如有几个阿米巴小组自己开了网店卖公司生产的衣服，那么公司的生产部门如何制定给这些阿米巴小组的结算价？这就成了一个非常艰难的问题，因为这涉及各方的利益，进一步地，人家能不能从别的地方进货？能的话凭什么给你赚钱？

**最后看创业平台。**

有一些企业会把自己积累的资金、人才、产品能力、制造能力、市场营销推广能力、销售能力打包成一个虚拟的创业平台，鼓励员工去申请项目。这个申请过程经常被做成类似创业公司路演的形式，公司的高层、股东作为投资方，申请人作为创业者，其他员工作为亲友团或者观众。这种玩法确实可以收获一些好的创意，发展出一些不错的业务甚至新的公司。这方面非常有代表性的是类似谷歌的721资源分配法则：70%的资源用到核心业务上，20%的资源用到已出现的新想法上，10%的资源用到疯狂的点子上。谷歌用这个机制确实很好地激发了创新，但不是所有企业都能这么操作，具体我们在后面还会介绍。

本身企业搭建创业平台、支持员工搞创新项目甚至裂变新的公司，是非常好的事情，但是这件事情背后经常会出现一个不好的现象，那就是有不少这么做的公司，事实上对主业投入的精力明显不够，甚至已经有点儿在玩票的感觉，这和谷歌的721资源分配法则的逻辑是相反的。这些公司的老板们基本上已经丧失了对主业的兴趣，最常见的原因就是主业其实已经停滞，老板们也没有更好的办法，索性就让它这样下去，能赚钱的话就多活几年，自己也不知道该怎么寻找所谓的第二曲线，所以搞了内部创业平台。

坦率地讲，这样的操作其实完全看老板的心态。如果就是想要转型做天使投资人，支持年轻人创业，倒也无可厚非；但如果是主业没辙了，用这个方法逃避现状，那就是另外一回事了。这件事情和赛马一样，内部创业平台也不能解决战略洞察或者战略制定层面的问题，甚至也不是战略拆解层面的工作，基本上完全脱离了主业，往新的方向发展。

简单总结一下，组织层的创新有一些确实可以调整生产关系、解放生产力，作为战略拆解环节的一些备选；但这个层面的东西一般无法解决战略洞察及战略制定的问题，而组织创新一般都有非常严格的前提，要么对员工的能力要求极高，要么对资金或者其他资源的要求极高，要么对公司核心高层的领导力、利益分享要求极高，要谨慎地思考和加以使用。

### 7.6.4 实操常见的纠结状态

在前面内容的基础上，接下来我们一起看一下实操中常见的难题，毕竟很多事情说起来简单清晰，真正落到实际的工作中，瞬间就会变得复杂起来。先看三个案例。

**第一个案例，是一个创始人旗下有两家几乎一模一样的公司。**

这是一家细分类目的消费品公司，因为种种历史原因，创始人下面有两个公司在做几乎完全一样的业务，客户一样、产品高度类似，用消费者的话讲就是根本分不清彼此。两家公司发展得都很好，加起来能够占到细分市场份额的60%以上。

伴随着野蛮增长的结束，流量越来越贵，两家公司底下的团队为了自己的KPI开始抢广告和流量的资源，自己兄弟打架，白白便宜了流量平台。创始人就琢磨，毕竟业务高度类似，客户群体也一模一样，两个团队的结构也一模一样，要不索性合并算了。2021年我是作为数智化营销的供应商跟这位创始人认识的，他知道我有做咨询的背景，于是他和两家公司的主要负责人商量要不要合并的时候，让我旁听给些意见。聊完我就发现事情没有想得这么简单，最核心的问题有两个：一是合并之后相同的部门要不要裁人，二是相同部门的负责人以后谁是老大，这都是非常直接的利益冲突。这两家公司的主要负责人本来是热火朝天地互相竞争的，互相总想争个高下，想让对方服气，这也是过去几年发展速度快的动力之一。聊完之后，这哥俩也不知道怎么办了，甚至都开始担忧自己的出路了，明显状态都出了问题。

这个时候，作为创始人，你怎么办？

**第二个案例，是一个全国性的连锁集团。**

该集团有15年历史，旗下有近10个不同的品牌，覆盖了低、中、高三个价格带。2022年交流的时候，面对的压力可谓巨大，起因是当时集团制定了新的三年目标，要求三年后连锁门店数量要增长一倍，为此也发起了一次组织变革——维持总部产品、技术等部门的集中管理结构不变，全国各地的业务团队（主要是招商和运营，核心工作是找到愿意投资的加盟商，培训他们，帮助选址，帮助做好日常运营工作，尽快让他们盈利）从产品线分开运作，变成区域化"包产到户"。

假设你是这家公司的区域负责人，原来分产品线运作的时候，只需要管好本区域某一个价格带、最多不超过三四个品牌的工作即可，遇到想做别的品牌、别的价格带的潜在加盟商，那就介绍给对应业务团队的同事，成了的话分一些利益即可。这样的结构最大的好处是一线作战队伍会更加专业和聚焦。随着竞争的加剧和经济形势的变化，集团也发现不同产品线之间会争抢资源，甚至出现了内部恶性争抢、互相诋毁对方负责的品牌的事件，毕竟一个区域里有能力的加盟商和好的开店位置总是有限的。

集团决策层认为，那索性分区域、不分产品线了，每个区域合并、整理后，都归区域管理，这样"包产到户"之后，应该能极大地释放积极性，减少恶性竞争，这个想法是很美好的，可以调整生产关系、解放生产力。我当时就顺势提了一个建议，那就是这次调整确实很有指向性，为了确保能落地，每个区域乃至每个核心城市的负责人都需要做好准备，选谁上那就至关重要了，有必要都仔细地谈一轮，看看他们自己的理解及能力储备。结果发现，100多个区域、城市的负责人里，只有不到10%是真正有经营意识的。换句话说，就是知道怎么去收集和分析区域的经济、规划等关键信息，知道怎么去差异化地对城市不同街道做不同的属性划分，知道怎么在此基础上细分客户群体，知道怎么收集和分析竞品的优劣势，知道怎么深度挖掘加盟商群体甚至推动裂变，等等。然后在这些基础上要做一系列关键判断，比如本区域内怎么有目的性地规划不同品牌的搭配关系，谁攻谁守，以及与竞争对手的主要差异化怎么去构建，进一步，怎么去有目的地调整和训练区域的团队。最关键的是，本区域的开店目标到底怎么定，几乎难倒了所有人。

造成这个局面的原因也比较清楚，那就是过去这些年太顺利，区域乃至总部其实基本不用做这些工作，"无脑"开店就行，所以过去发展速度极快。最近三年发现速度明显变慢，而且连锁店口碑下降、盈利下降甚至被迫关店的比例直线上升，这都是需要解决的问题。

面对这些问题，如果你是集团决策层，这次组织变革，你打算怎么办？

**第三个案例，是一个互联网公司，有三块还不错的业务、三个App**。

这家公司的创始人和我是在2023年一次小范围交流的时候认识的，当时他面临着一个很棘手的问题。

这家公司发展的速度相当快，三块业务的运营团队是彼此完全独立的，但技术及产品架构是大致相通的，原本由集中的产品部、研发部负责。2022年三个运营团队的负责人一起私底下找创始人诉苦，要求拆掉产品部、研发部，认为他们仗着资历最老、话语权最大，总是欺压运营团队，觉得业务上提的要求总是被各种无理由地延误，而且认为做产品和技术的人也不够贴近客户。正好创始人也有这个判断，他自己对产品、技术的负责人也有很多不满意，一直以来沟通无果，索性就做了组织变革。

变革之后，公司改成了矩阵结构，原来集中归首席产品官管理的产品部分拆成三个组，每个组分别对应一个业务团队，当然这三个组明面上也还都汇报给首席产品官，但实际上，业务团队有各种办法把这些小组拉得跟自己更近一些，这几个组的负责人也有动力自己多冒头。至于研发部门，原本的负责人选择退休，创始人本身就是技术的大佬，于是自己直接管理。

一开始好像是皆大欢喜，各业务团队觉得有产品组直接对自己了，自己的效率会大大提高，三个产品组也干劲十足。这样运行一年之后发现，三个产品组的人数都在大幅度膨胀，加起来人数已经是一年前的两倍了，产品上的创新、改善貌似很多，但是创始人的直觉是都没有抓住重点。数据上也是，用户增长、营收增长的曲线，根本赶不上产品团队成本的增长曲线，这就很尴尬了。

创始人就开始琢磨，是不是当时拆分的有问题，要不要合并回来？为什么自己亲自管理的研发部门没有这些糟心事？难道产品也要自己亲自管吗？

类似上面的问题遇到的多了之后，我也总结出了一些规律和解决方案，有这么几条，供大家参考。

**第一，组织的问题，最好先从业务上解决。**

就第一个案例而言，直接合并的话，利益冲突如此直接和巨大，从组织和人的层面是很难解决的，后面我给的解决方案是让两个公司把业务做得不一样，从而牵引组织、关键人变得不一样，然后再合并。

具体来说，就是一个公司往高端发展，一个公司往中低端发展，在此基础上制定不同的三年战略规划。这样一来，两三年之后，这两个公司的组织结构、核心部门、核心人才都会发生各种变化，比如高端的会更侧重品牌、设计，中低端的会更侧重成本和运营。本来这两个公司也有意向分一下客户群、价格带，不再眉毛胡子一把抓，这次正好索性就彻底分一下，两个公司的主要负责人就各自选了一个方向去开展工作。一些确实高度类似、难以因为两边业务不一样就能长得不一样的部门，比如财务和人力资源部，就借此机会做升级，我帮助创始人找到了几个高手，先从顾问做起，过程中征服了原来两家公司的财务、人力资源经理，于是他们顺利进来做了整合。

2024年年中的时候，这两家公司已经发展得完全不一样了，消费者可以很好地区分出来并做自己的选择。我跟创始人闲聊的时候，创始人的说法是避开了一个巨大的"坑"，当时如果硬合并的话，不知道会出多少"幺蛾子"，至少会无谓地损失不少优秀人才。现在看来，假如发展得好，组织层合不合并已经不重要了，因为业务不一样了，两家公司不再高度类似，都有了自己独立存在的理由和价值，互相之间的冲突也完全可控了。

**第二，组织的调整，必须有人才的支撑。**

第二个案例就非常典型，区域化管理的想法是好的，但公司的人才能力不足、数量不够，支撑不起这样的调整，硬要做的话，就要承担巨大的风险。

这里有个鸡和蛋的问题，那就是你不把人放到对应的位置上，让他去处理更复杂的问题，那这个人确实也很难成长，可是如果你贸然把这个人放在那样的位置、去处理更复杂的问题，那么就必须要承担业务上出各种乱子的风险。

所以更加稳妥的办法是，对类似第一个案例中的组织的调整，必须同时看一下人才储备的数量及人才能力的支撑是否到位。如果不到位，但还是要去做相应的调整的话，那就要看接下来的训练能否跟得上，外部大环境给不给时间，试错成本有多大。当时我的评估意见是，如果这个公司这块业务都还处在五到十年前的野蛮增长期的话，那这个组织调也就调了，因为那个时候核心的干部们也都比较年轻，战斗力也都还在，更重要的是市场的空间巨大，那种情况下成功的概率是很高的。但现在这些核心的干部们年龄普遍偏大，战斗力和学习的欲望确实大不如前，再加上市场也高度饱和，竞争对手又步步紧逼，风险是比较大的。但是这个公司因为各种原因，还是要进行组织调整，于是我给了两个具体建议，便于对冲风险。

首先，在集团品牌、市场宣传的层面上，要投入重金，从而给各个区域和业务团队足够的声量支持，要有突破。本来这也是要做的事，但是考核指标、打分要区域业务团队参与。一句话，总部的"炮火"要给够，这样其实是在业务层解决部分问题，降低了对业务团队的组织和人才的压力。

其次，最好能先在部分区域花半年左右的时间打样，先训练一批"教导大队"出来。如果这个实在来不及的话，那就组织一个持续一年的实战特训营，老板亲自做"班主任"，找业内的顶级高手们来指导，边打边辅导，总之要确保有足够的训练。

正所谓"以不教民战，是谓弃之"[1]，这家公司接受了这两个建议，可惜目前来看，执行得不是非常到位，很多2022年预判到的问题仍在接二连三地发生，非常可惜。

**第三，组织拆完要准备合，合完要准备拆。**

这方面第三个案例就很有代表性。对于创始人、企业的核心决策团队而言，必须要明白公司组织架构的调整是自己管理工作的一部分，很难用一成不变的组织架构去应对所有的业务和人的问题。所以，我认为最明智的做法就是组织拆完就要准备合，合完就要准备拆，要提前做准备工作，掌握主动权。

拿第三个案例中的产品部门来说，什么叫合完就要准备拆呢？

原本是合在一起、统一管理的，那么在业务稳定的时候，就必须要求这个产品团队的负责人训练自己下面的骨干人才，在这个基础上要求他面向不同的业务单元提供及时的个性化服务。要给他设置合适的业务指标，要让内部客户监督他，在这些业务的压力推动之下，原本合在一起的组织，就可以逐渐地长出能够支撑分拆的人才、能力和对接关系。做得好的话，就会发现业务上的需求能够被比较好地满足，那么产品部门要不要分拆就已经不重要了。就算到了真正要分拆的时候，因为人的能力以及在日常工作中的对接关系已经酝酿得差不多了，那么拆也不会出现多少乱子，也不至于因为能力不足导致出现需要大量招人的情况，从而造成无谓的成本损耗。当然你也要明白，一旦你新设立了一个部门，从职场生存的角度来看，这个部门的负责人天生就有动力把自己部门的人想尽办法搞得多一些——人多了会显得自己更重要，等到你看他不对要处理的时候，也会变得棘手很多。

那什么叫作拆完就要准备合呢？

还是拿上面案例中的产品部门来说，假设你把它拆成了三个组、面向三个业务团队，运转得已经比较顺利了，那么这个时候你就需要仔细观察这几个组里有谁未来可以堪当大任，有谁可能成为未来产品部门真正有影响力的领袖，

---

[1] 出自《论语·子路》。

要尽早去发掘他、培养他。因为伴随着公司的发展、业务的成长,你不知道什么时候会需要把分开的三个产品组再合并回来统一管理,那么到时候你有没有真正能够接得住的人?这就是一个非常严肃的问题了。与此同时,你还要组织和推动这三个产品组内部多做交流和分享,以提升专业能力的理由要求他们共同研究和进步,尤其要重点关注有哪些重复的轮子不需要再造,大家要共享工作的经验和教训,以及既有的资源和素材,这其实也是为将来能够合并打基础。

总之,对组织的调整,最好提早做足准备,而不是某一天因为被什么事刺激了就大手一挥开搞。真实的组织复杂得很,牵一发而动全身,业务、组织和人才适配、同频共振,才可以发挥最大的效果和价值。

组织方面的事情有太多可以交流的细节,但这些都需要对照业务和人才的情况开展,商业上没有业务和人才,何来组织?受篇幅所限,暂时就先讲到这里,本书第三部分有更多相关内容可以参考。

## 7.7　关键动作:怎么筹备和组织战略会

在前面所有内容的基础上,实操中必然会遇到的问题就是怎么筹备和组织战略会。

首先需要理清楚,战略会根据场景分成四种:战略洞察会议、战略制定会议、战略拆解会议、战略复盘会议。这其实和本书第二部分主要章节的内容是一致的,其中要用的关键认知、核心理念请参考各对应章节。那么为什么在这里讲"怎么筹备和组织战略会"呢?核心原因是战略洞察是少数关键决策人不可推卸的责任(这背后有一个关键决策机制的问题,后面会介绍),需要进行长期、深度的思考,需要经常走出去和客户、上下游、专家交流。实践中比较常见的情况是没有组织专门的战略洞察会议的需要,或者说一次战略洞察会议往往不能真正解决问题。战略制定会议和战略拆解会议经常放在一起,所以一般情况下我们讨论的战略会就是指这两种会。本书后面没有特别说明的话,指向的也是这种理解,也有不少人把这件事情称为"战略解码",非常形象。至于战略复盘会议，很多时候指向的是每季度、每半年的复盘总结，当然也意义重大，只是在重要性、优先级上，战略制定会议和战略拆解会议更高一些。

### 7.7.1　战略会的五个大前提

突然组织战略会搞"偷袭"，很难有好的效果。在实践中，要有如下几个过程和心态上的准备。

**首先，企业经营大节奏是基础。**

参考第一部分关于企业经营大节奏的内容，我们必须清醒地认识到，信息的收集和整理、对市场和客户的感知、对组织能力的判断、对策略的选择等，这些交织在一起的事情背后是一个感知和积累的过程，要经年累月地去实践、研究，不要奢望"灵光一现"。尤其要明白，即便你自己"灵光一现"有了绝妙的想法，靠自己也成不了大事，比如推动关键人理解接纳，推动组织一层层地贯彻落地，这件事情绝不是大手一挥就能完成的。所以企业经营大节奏的问题需要高度重视，理不顺的话，活该没有结果还被累死。

这个大节奏做得好，基本上该有的客户反馈，该有的数据、信息，该组织参与讨论的关键人自然而然地也就齐备了，并且有比较高的质量，这时开一场战略会才有意义。如果大节奏没处理好，那么临时赶工这三样也不能少，但是在深度和质量上往往就会出现问题，少任何一样都没有开战略会的必要。

**其次，关键决策人要做到自己心里有数。**

当一个创始人、董事长、CEO走进战略会现场时，对于战略洞察层面的事情，他应当有7分以上的把握。做什么、不做什么、为什么能做成、核心问题是什么及怎么解，他心里得有数，这是不可以推卸责任的，否则凭什么他是老板？这时他要做的事情应当是看看有没有重要的信息被自己遗漏，看看核心的管理团队的理解、接纳程度怎么样，看看基于这些信息要不要调整自己的预期，是加快节奏还是放缓一些，也借助这个场合去发现一些优秀的人才。与此同时，要清楚地认识到战略制定和战略拆解的过程就是相信的过程，这是核心决策层除战略洞察外最重要的工作场景，要有巨大的耐心去做抹平信息差、拉齐认知、鼓励信心、构建规则的工作，没有人天生要听你的，底下的人需要你用这个过程去带动着看到和相信，从而选择加入、一起战斗。这是第一部分价值观章节已经聊过的内容。

可能的例外情况是，这家公司的业务本身就是处于非常早期或者前沿的领域，谁也不知道会发生什么，这种情况其实也没必要搞严肃的战略会。借用一个市场营销领域的名词PMF[1]，整个公司和业务还处在混沌期，这个时候抓紧拉投资、做测试、拉人才，甚至尽可能先赚点小钱活下来比较重要。

**第三，要看到和尊重人与人之间的差异。**

我遇到过各行各业优秀的创业者，这群人其实是最适合一起讨论战略的群体，但是众多最聪明、最有阅历的大脑聚在一起，也很难达成一致。这是由很多差异造成的，核心是认知的不同，甚至是说话习惯的不同，背后是经历或者成功、失败的经验不一样。

这些不一样累积到战略会上，经常见到的情况是各说各话，有的人会一直聊生态，比如那位"下周回国"的贾跃亭；有的人总是想做平台，这也是从阿里出去的人的通病之一；有的人擅长聊打法，有的人习惯看趋势，有的人喜欢谈目标，有的人总是聊意义，有的人就是"杠精"，等等。这些各说各话的人还经常会莫名其妙地"打"起来。还有一种情况是，不同人的能力不一样，重细节的人弱于看全景，重全景的人往往差在细节，重当下的人无暇看长远，看长远的人往往顾不好当下，擅长执行的人不擅长做规划，做规划的人又经常少了血气，等等。这些人还经常会彼此看不上，各有各的理，也会莫名其妙地"打"起来。最讨厌的一种情况是，各部门的人都会站在自己利益的角度说话。这时如果放任他们"打"起来，就会影响团结，甚至造成派系斗争。

战略会上可能遇到的这些事情，事实上必然会遇到，就会开始过度发散、

---

[1] PMF（Product Market Fit），指市场接受了产品，可以发力做增长了，否则越努力，暴露的问题越多，死得越快。

吵来吵去，最后大家精疲力竭。一看天都黑了，都不记得干了些什么，甚至还觉得窝一肚子火。为了避免这种情况，需要有人能随时"收拾整理"局面，这个工作至关重要。曾鸣就发挥了这个作用，不仅仅是战略会的现场，更重要的是结合企业经营大节奏，把秩序底座建立起来。这件事情需要以年为单位面向组织去做训练，难度极高，事实上本书的全部内容都在为这个秩序底座做准备。

对于参与战略会的人而言，需要在开始前一起做思想准备工作，要有大心脏和大脑袋，能把这些不同都装进去，最终尽可能达成尽量多的一致；实在达不成一致的，就安排试错的计划，或者留待合适的时候再讨论。

**第四，要看到不同发展阶段的重点不一样。**

不同的发展阶段，关注重点自然是不一样的。组织讨论和做决定、执行的时候要有所侧重，需要确保参与讨论和执行的人群理解当下处于哪个阶段，否则容易在纬度层面发生不必要的争论。对此我一直有一定的认知，也尝试梳理过，还可以进一步参考《企业生命周期》。我后来读了曾鸣的《智能商业》，感觉总结得非常到位，如图7-10所示。

| 战略尝试期 | 战略成形期 | 战略扩张期 | 高效执行期 |
| --- | --- | --- | --- |
| 0—0.1；<br>创新和试错<br>把握大方向<br>寻找切入点<br>创始人为主 | 0.1—1<br>逐渐收敛<br>战略共识<br>有引爆点<br>团队为主 | 1—10<br>清晰的战略<br>有业务模式<br>要找到杠杆<br>重组织建设 | 10—N<br>持续地优化<br>重运营模式<br>重视加速度<br>重文化建设 |

对于不同发展阶段的业务，战略和组织的重点不一样；
没必要做对错之分，都有自己发展的一般规律。

图7-10 业务的不同发展阶段与战略及组织的特性

结合这些年的实践经验进行简要说明，供大家参考。

☑ **0—0.1，战略尝试期**

这是找感觉的阶段，核心驱动力要看CEO，最难的是找到一个切入点，要

## 第7章　战略制定：想三年，方向大致正确，路径具体清晰

找最小的闭环，打磨初步的原型。在那之前都不要扩张，否则会很快耗尽资源、消磨团队，一定要"眼高手低"，尽可能看远方，尽可能落实尝试。**这个阶段无法谈聚焦，需要在大方向上努力尝试。**

回想一下，马云最早也不是做阿里的。他搞过海博翻译社，翻译社生意不好，无奈之下，场地分出一半卖鲜花，还好鲜花生意也不怎么样，否则可能就没有后面的阿里了。我第一次创业的时候，当时的茅庐学堂做的招聘共享平台业务已经死了，几十个产研人员基本都走了，我尝试去做各种能做的事情，甚至还跟各种机构合作做阿里园区的游学。当时一方面是为了活下去，一方面是为了尽可能多地接触客户，看看客户到底关心什么。最终在2017年下半年发现三板斧系列的实战工作坊自带IP级别的吸引力，也有很好的实际效果，才慢慢做起来，中间还被合伙人搞得几次摇摆。现在回想一下，做索引科技的时候，早期的尝试也相当辛苦，大方向是知道的，数智化营销一定是对的，但到底从哪个口子切进去，需要不断尝试。我们是想做产品的，但是怎么就总是越做越像服务？其中的纠缠、摇摆虽然痛苦，但就是要不断地尝试。

☑ **0.1—1，战略成形期**

这个阶段开始收敛，基本确认了客户及客户价值，核心策略也有了选择。此时，刺刀一定要见红，让团队闻到血腥味。这一阶段有个很有意思的说法，是很多年前在一次钉钉的产品专家分享时听到的，大概意思是十倍好才是创新，才是战略的切入口，十几个点那只是优化。这个理念在0.1—1的场景里很应景，如果你达到了一个引爆点，你就会找到抑制不住的有生命力的感觉，按都按不住。在这个基础上收拢团队的共识，把团队意见统一。

在具体落地的时候，**这个阶段要捏软柿子，要不断给团队信心。**大部分创业者总是习惯性地找核心的突破点，但是往往这些核心的地方都不是那么容易搞定的，要优先找软柿子捏，让团队越做士气越高。创业就跟冰天雪地里生火一样，费尽心思找到合适的地方，收集了一堆草木，你得小心翼翼地点火、添柴、挡风，别指望火一下子就能烧得很旺，否则灭得也会很快。

### ☑ 1—10，战略扩张期

这个阶段有了清晰的业务模式，得到内部、外部的普遍认同，就得想办法找增长的杠杆，尽可能快速增长，避免被"摘果子"。毕竟大厂有个"不败"的竞争策略，那就是先各处看，一旦发现有好的苗头被做出来，就迅速复制，或者收购，或者投资。无论大厂怎样，对你而言，**这个阶段能快速增长的时候不快速增长都是"有罪"的，你会失去竞争的先发优势，或者丧失接受投资、出售时的议价权。**

到了这个阶段，你必须依赖组织。比较悲伤的是，此时创始人、CEO往往开始头疼组织建设和发展，要么被增长掩盖了问题，要么被业务消耗了所有资源，尤其是自己的时间。如果自己的能力不足以支撑组织，又找不到合适的搭档，这就是一个大麻烦。特别是，随着扩张，组织原有的文化也开始被稀释，能否在母文化原汁原味的基础上包容接纳子文化，是很考验管理者的一个话题。

### ☑ 10—N，高效执行期

这个阶段，业务模式甚至组织大概率比较固化，很难大动。如果大方向没有大错，此时就看业务还有多少加速度，一般要通过运营来不断优化或者"打补丁"。

另外，发展到这个阶段，就得注意文化有没有成为真正的驱动力。我对此的理解是，0—0.1的时候死就死了，0.1—1、1—10的阶段经常是创业者最舒服、最幸福的时候，虽然累但是有生命力的感觉让人如此沉醉。到10—N的时候，看似业务庞大，组织挺规整，效率也还在，在外还荣誉加身，事实上创业者能感觉到变化正在发生和堆积，或者已经在1—10的阶段累积得势不可挡。组织已经非常复杂了，太多的人在内部抢地盘、"摘果子"、搭顺风车，过去成功的管理动作开始失效甚至起反作用。这时死了实在太可惜，但是发起变革的代价却如此之大，维持现状的消耗也令人捉襟见肘。如果前面企业文化、价值观的建设比较到位，到了这个阶段就不至于失控，创业者可以有强大的影响力

## 第7章 战略制定：想三年，方向大致正确，路径具体清晰

去发起变革或者维持现状，否则基本上注定走进周期律。

**第五，不同时代背景、不同业务下的战略讨论差异巨大。**

从通用、西门子、各大汽车飞机厂商等制造业巨头代表的工业时代，到谷歌、亚马逊、Meta、阿里、腾讯等互联网公司代表的IT时代，再到最近五年新技术的发展，世界的变化在不断加速。

- 区块链，关于各种币的喧嚣争论已经不再是焦点，底下的区块链技术一直在蓬勃发展。
- 数智营销，已经成为现实，很大程度上已经改写了商业的玩法，也造成了更卷的问题。
- 数智制造，在领先的工厂里已经成为现实，但是大部分工厂还在烦恼于怎么做好信息化。
- 生物科技，专家普遍预计我们这代人的平均寿命可以过百岁，器官移植的代价会大幅降低。
- 人工智能，2022年11月30日OpenAI发布GPT-3.5，人工智能领域的爆发正式开始。

用经纬创投张颖的观点来说，人工智能方面的进步，并不是从ChatGPT出现才开始的，而是随着从2017年到2018年就开始的新一轮数据和算力革命开始的，是技术累积的量变到质变，但是临界点到底是什么，目前还没有人能说清楚[1]。2023年3月，在OpenAI的CEO奥特曼（Sam Altman）与MIT研究科学家Lex Fridman长达2小时的对话里，他自己的说法是，从2022年有ChatGPT开始，AI出现了推理能力，但没人能解读这种能力出现的原因，OpenAI自己也不知道，但带来的"涌现"是事实。

还有一个需要被看到和关注的特征，那就是技术的突破和产品层的应用几乎同时到来，这和过去任何一个历史阶段都不一样，对商业逻辑的影响更加猛烈，同期的Midjourney、Pika等也佐证了这个事实，背后对组织模式方面的冲击

---

[1] 混沌学园，《经纬张颖：AI的远与近》，2023年07月11日。

也几乎同步到达，对社会层的影响，比如教育的改革，不得不被正视，因为这关系到就业和国家之间的竞争。这一块尤其艰难。

能源与材料革命才是真正的底层，不是新能源汽车电池、石墨烯之类的东西，而是核聚变、超导体，这才是真正意义上的革命。我坚定地相信，人类文明的追求应当是所有人脱离生存竞争，自由地挥洒创造力，这必然建立在极度丰富的物质基础之上，其底层就是对能源的依赖。当下最热的AI的发展也高度依赖能源，对电力的消耗可以称得上是巨大的，如果全世界普及，目前来看只有核聚变、超导材料等可以解决这个问题。从第一颗氢弹爆炸算起，人类在这方面已经持续努力了七十多年，已经看到了一些可能的曙光，期盼这一天能尽早到来。

不同的时代背景下的战略讨论差异极大。工业化时代的变化比较慢，2010年以前制造业十年间的变化能匹配人的成长周期，一次战略决策可以管十年，典型的CEO代表是通用的杰克·韦尔奇。伴随着技术的进步和加速扩散、人才的加速流动、信息的加速传播，以及资金的越加泛滥（主要国家都在印钱），事实上世界变化的速度被大大加快了，一个行业可能一年内就完成从出圈到消亡。更麻烦的是，随着社交媒体的发展，一线的一些动作不经意间就造成战略影响，对于一不小心的翻车，以前可能无所谓，现在却不一样了。

在这样的时代背景下，创业这件事越发需要一个创始人团队、几个合伙人一起彼此支撑，靠一个超级大脑往往不行了。持续的创新或者持续的、高质量的战略决策成为常态，战略和执行越发分不开，对组织的要求越来越高，对技术的关注度越来越高，越来越多的一线核心员工本身就是在做战略尝试和反馈，因此需要从集中的、CEO的战略工作开始，向建设决策系统、授权更多岗位自决策方向发展，这也倒逼CEO更加关注文化、关注人、关注组织内的生态建设，复杂度、难度远超工业时代，这也是时代变革的结果。

## 7.7.2 开战略会的五个经验

在把前面五个大前提都理解透彻、执行到位的前提下，就可以召开战略会了。下面列出一些开战略会的经验，供大家参考。必须说明的是，这种会议现场的应变是极其重要的，对场域和能量的把控需要很深厚的功力，这种功力很难用文字表达，这里能列出来的更多是偏向程序或者结构设计上的建议。

**第一，一定要出去开。**

如果公司当下面临着重大的困难和挑战，那么战略会可以考虑到延安去开，先走一走红军路，看一看革命先辈的艰难历程，整个团队的状态也会好很多。还有一种效果更好的，倘若已经知道想要参考和学习哪些企业、哪些行业，那完全可以设法先去对方那里进行学习交流，然后就近组织自己的战略会。比如最近一段时间，国内消费品行业的朋友非常喜欢往日本跑，去找日本的消费品企业交流学习，他们经历过"失去的30年"，也经历过"老龄化"和"少子化"的冲击。在这些背景下，他们有一些成熟的经验和方法很值得去考察交流。

出去开战略会还有另外一层考虑，那就是在预算允许的前提下，组织核心团队出去团建，这群人确实非常忙，平时也很难有机会在一起做这些事情。

**第二，至少两天一晚，一般两天两晚，有团建安排的话另算。**

这个时长需求其实和刚才说的出去开战略会也是有直接关系的，就算不组织出去开，在自己公司的会议室里开，也需要这些时间，原因在于一场高质量的战略会是需要沿着本章前面介绍的内容一步步展开的，每一步、每一个关键事项的展开大概率会遇到不同的声音，需要组织讨论。有时，第一天讨论达成共识，在第二天时会有一些人又提出反对意见，这很常见且正常。一个真正好的战略会需要把公司整体的目标、各部门的目标、核心的资源分配、人才发展规划、大致的节奏规划、奖惩机制的关键点都定下来，要明确关键责任和部门之间的关键分工配合。一旦开始讨论这些内容，基本上"吵架"就会非常多。

没有出现激烈争吵的战略会往往不是好的战略会。由于需要把要吵的架尽可能在会上吵完，因此没有两天一晚几乎是不可能的。

**第三，要安排专人做"收拾整理"的工作。**

除非参与讨论的人都有极强的思辨和结构化的思考能力，也善于及时做总结，否则战略会大概率不会有什么好的效果。多搞几次之后，大家就疲了，也就没有开战略会的必要了，公司就丧失了一个非常好的集体讨论、批量制定和拆解战略的机会。

在实操中，如果核心团队缺乏对基础的战略方法论的理解，那么最好就像早期的阿里找了曾鸣一样，针对核心高管们开展相关的训练，确保大家对战略的理解是一致的。然后每一次战略会都需要专门设计流程和环节，现场的主持、对话、场域和能量的把控都是需要功力的，比如何时提出哪些关键又犀利的问题，何时追问，遇到准备不认真、数据不完备甚至回避问题的人或者事要不要戳破，何时停下来松弛一下，什么时候可以考虑收拢，什么时候"让子弹再飞一会儿"，什么事情必须有结论，什么事情可以留白……这些细节很难用文字讲清楚。

这里提一个很有意思的细节。根据曾鸣自己的分享，他1999年回国之后在长江商学院做战略老师的时候，听过他讲课的企业确实很多，但是进一步邀请他去讲课的企业其实不超过十家。在这不到十家里，只有马云邀请曾鸣加入。这和当年的时代背景是有直接关系的，那个时候民营经济远不像今天这么活跃。

这件事情有意思的地方在于"菩萨畏因，众生畏果"。当年阿里才三百多人、三亿多元营收规模的时候，马云就很认真地组织管理者学习战略的方法论，有章法、有节奏地展开思考、讨论和落地执行。到底有多少企业、多少创业者能认识到战略的重要性，真正明白战略是需要学习、可以学习、必须训练的，并且真的愿意花代价去寻找专家在比较早的时候介入、真的去落地执行？事实上非常少，以至于有些企业在意识到战略的重要性时，面对的问题已让其感到回天乏术了。

我在这些年的咨询工作中服务了近百家各行业的优秀企业，发现大部分老板普遍认为自己的战略没什么问题，是组织跟不上，是底下人不行、执行不到位。在这种情况下，和老板讲道理通常是没有用的，索性从战略拆解工作入手，反推回去，暴露出层层问题给老板"照镜子"，才能帮助他看清楚真相——对于很多战略上的关键点，老板自己没有思考到位，或者没有用合适的方式方法传递到位，导致底下人没有理解到位。所以有种说法是"老板缺执行，底下缺战略"，也有一定道理。

**第四，要确保关键人才、意见领袖的参与。**

第一部分聊企业经营的大节奏时提到过，年中的人才盘点、优秀人才的晋升工作有一个核心目的，就是把业务骨干识别出来，后面的一系列战略讨论都需要他们参与。他们能够带来一线客户及团队的声音，他们也是很好的民间意见领袖，要请他们真正参与进来讨论和决策，这样在推广落地的时候解释和沟通的成本也会相应少很多。别忘记，还有一类意见领袖的声音也要能被如实传递到战略会、让老大们听到，那就是客户的声音。

**第五，个别酝酿至关重要。**

"个别酝酿"一词出自《党的建设辞典》[1]的民主集中制"十六字方针"。这一原则强调在决策过程中，对于重大问题，需要先进行充分的酝酿、协商和讨论，不能跳过这个过程直接组织重大会议。

在工作中，很多人对民主集中制的理解不到位，单纯地认为就是所有人都要发表意见，然后大家举手表决，少数服从多数，就完事了。事实上，如果单纯这样操作，首先效率会非常低，其次重大问题往往得不到真正有深度的讨论，真正的难题会被回避，决策也会偏向声音大、背景硬、感染力强的人，这些都会给战略级别的工作造成严重的影响。

---

1 《党的建设辞典》，由中共中央党校出版社于2009年出版。

**穿透：理顺业务和组织的22个关键动作**

在实践中，对于企业而言，比较务实的做法是，核心决策者、核心团队作为一个领导集体，要提前识别有哪些关键的事项和分歧，不能回避难题和挑战。在这个基础上，组织充分的个别酝酿，也就是专门就不同意见及关键事项、难点做充分的沟通，待到时机成熟时，再交到战略会上进行讨论和决定。这是本书第一部分提到的企业经营大节奏相关工作中要解决的，具体来说，每年上半年各部门、各业务团队要严格地执行战略规划，推进业务，在实战中积累数据，收集客户的反馈，观察团队的情况，轻易不要做任何战略级别的摇摆，关键人可以组织小范围的交流和讨论。等到半年的复盘总结做好之后，核心决策者、核心团队和关键的业务骨干要被组织起来去识别关键的事项和分歧，企业要在日常工作中花大量时间去组织他们进行全方位的沟通，确保大家掌握的信息是一致的。在这个过程中拉齐大家的认知，逐步找到可能的解决方案并尽可能达成共识，而不是完全寄希望于一次战略会解决所有问题。这件事情非常消耗精力，曾鸣的主要的作用之一就在这里。

第8章

# 战略拆解：
# 干一年，理顺目标、战役、战斗、战术

当你完成了"看十年"的战略洞察，有了远见后，也就理清楚了可做、能做、该做。下一步就是完成"想三年"的战略制定工作。这时输出的战略规划应当包含对远见的描述，包括客户的细分、客户价值的细分、业务及利润模式的设计，以及中长期的战略规划。这个规划要有对应的中长期战略目标、核心策略及战略控制点。

接下来我们要研究的是"干一年"，也就是战略拆解和执行，本章先来看战略拆解。这个工作的产出就是年度业务计划，"看十年、想三年、干一年"设计的核心要素在图5-3中都有体现。

要清楚地意识到，如果没有"看十年"的远见，那么"想三年"的战略是很难真正做到严谨、合理和有定力的。如果没有这些，花太大力气组织"干一年"的战略拆解工作其实意义不大，完全可以有什么就做什么，擅长什么就做什么，什么赚钱就做什么，尤其对于处于初创期的企业而言，抓机会、活下去更重要，运气好的话也能很赚钱，只是不同阶段选择不同罢了。

## 8.1 拆战略不是拆数字

实践中，当工作进展到这一步的时候，最常遇到的问题就是"拆数字"。

从战略拆解产出物的角度看，确实需要把"想三年"的战略目标具体拆解为"干一年"的公司整体目标，再拆到各部门、各关键人。这本身并没有错，但是如果感觉自己是在单纯地"拆数字"，那就不对了。

### 8.1.1 五类拆数字的情景

这方面的案例非常多，我们看几个非常有代表性的把拆战略搞成"拆数字"的情景。

**第一种，怨声载道，疲于奔命。**

在我服务的企业客户里，有好几家是这样的。其中有一家科技型企业，在行业里算是第一梯队的，知名度非常高。2018年年初，应这家企业大学的邀请，我去支持其核心研发部门做战略拆解的工作。在前期的访谈和实施过程中，我发现了一个很有意思的现象，那就是经常会遇到一个词，叫作"填坑"，这是什么意思呢？

这家公司的创始人比较被社会各界关注，经常作为行业的先进代表做各种分享、交流、汇报。每当这个时候，研发部门都会非常紧张，因为他们会在媒体上得知老板放话了，说自己家的产品、技术已经或者马上就要达到某一个水平。研发部门把这件事情叫作"挖坑"。要知道，研发是有客观规律的，具体到生产，更有非常严格的周期，不能指望"大力出奇迹"。

研发部门跟创始人沟通过好几次之后，商定以后每次出去分享、交流、汇报，尤其是给政府领导汇报，都需要先一起研究好。但是2018年挖的几个"坑"必须得填上，否则老板的脸面、公司的股价都会出问题，可是对应的目标、方法、节奏规划都是空白的，没有经过充分讨论。无奈之下，只能强行分指标，这个组开发五个功能，那个组开发三个功能，仓促之间搞得整个团队怨

## 第8章 战略拆解：干一年，理顺目标、战役、战斗、战术

声载道、疲于奔命；更要命的是，整个研发部门的节奏都乱了，各部门不是整合力量有秩序地推进，而是陷入了恶性的资源争抢，公司负责研发的副总认为这非常麻烦，不但数字目标、质量指标会出问题，而且会影响团队状态，所以找外部专家帮助梳理。

好在这家公司底子很好，在组织大家一起从头梳理所有可能性、盘点资源，并打了很多"鸡血"后，还是做出了相对清晰、可落地的年度业务计划。除了研发部门要更加努力，创始人、副总也要承担更多的融资指标，还有大神级别的高手招募及校企合作洽谈的工作，也承诺了非常有吸引力的绩效奖励政策。人力资源部门也扛住压力，配合研发部门制订了可行的紧急人才招募计划，这样整个团队才算彻底稳下来。然后，我们把"填坑"换成了"登峰"。年底回访的时候完成度为90%，虽然不是100%，但也已经超出了所有人的预期。

应该说，这个案例中的公司所遭遇的问题，算是比较乐观的一种，表面上看是核心高层对未来的期许过高，面向公众做了过度的承诺；但事实上几乎所有的创业者、管理者都有这样的冲动，谁不希望自己公司业绩更好、产品更有竞争力呢？案例中的这家公司还是想把事情做成的，还是愿意努力的，这些得益于公司过去积累的能力和行业地位，以及大家对未来依然有期待。而实践中更常见的是消极抵抗、互相欺骗的情景。

**第二种，消极抵抗，互相欺骗。**

这种情景出现的概率要大很多，简单来说，就是高层希望当年能够有更好的业绩，比如做到10。但是高层自己心里其实也没底，索性就要求下面的人做到15；而下面的人也不傻，看穿了老板的小九九，但是他们揣着明白装糊涂，都不讲，还有模有样地去拆解各部门应该怎么分担这个15；更好笑的是，这个过程还经常会伴随着层层加码，最后拆到一线执行层，加起来一看，到了20。

这个过程最让人恼火的是，除了任务指标的摊派、加码，既看不到对策略方法的说明，也看不到对资源的评估和分配，这种仗根本没法打；还有一个表

现是基本看不到合理、精细的里程碑或者有节奏的规划。非常典型的就比如当年要做到1.2亿元的销售指标（平摊到每个月就是1000万元），可完全不考虑市场和客户的节奏、周期、淡旺季的问题，或者前半年用各种理由只规划了30%甚至更少的任务指标，把大头留到后半年，甚至最后三个月，非常头重脚轻。从表面上看，原因很多、理由很多，其实是所有人心里都实在没底，说不出来具体该怎么做，无奈之下只得用缓兵之计，前半年少背一点儿指标，多给自己留点儿时间和空间去想办法搞研究，把希望放在后半年。事实上，可能早就想好了半年后自己在哪里都不一定，因此就随他去吧。更让人无语的是，一般而言，这种"拆数字"往往会把对应的绩效奖惩视作儿戏，反正都没当真，随便写写甚至不写，其实都没有人在意。长此以往，公司内部的信用也就失去了基础。

这种事情在销售导向的企业中相对会更多一些。2023年年底，我遇到一个客户，在这方面的表现非常极致。过去三年里每年的目标都完成了不到一半，而制定新一年的业务计划时，老板还是不吸取教训，高举高打，然后底下各城市分公司的负责人、各业务单元的负责人在汇报自己的计划时，基本上都刻意回避了过去为什么达不成目标，以及新一年具体打算怎么开展工作，都在说"我这里的指标按月份、按销售组、按产品，甚至按人头要怎么分"。这一场战略拆解工作坊是我这些年来遇到的最让人郁闷的案例，花了大量的精力去戳破假象，拉动管理团队沉下心去深入研究市场、客户、产品，做得非常累且没有成就感。

**第三种，盲目自信，很傻很天真。**

这种情景出现的概率比前两种小一些，常见于行业发展速度比较快、业绩依然处于高速增长期的企业。简单来说，这样的企业就是"命"比较好，老天爷给饭吃，可能早期吃过开拓期的苦，但是最近几年打顺风仗打习惯了，没有很好地总结、分析过去成功的原因；更要命的是，光顾着打仗，没有同期去沉淀人才和建设组织能力，导致在拆战略、做年度业务规划的时候，凭着惯性给自己定更高的目标，而且很乐观地认为自己一定能达成。但是当被问到为什

## 第8章 战略拆解：干一年，理顺目标、战役、战斗、战术

么、凭什么能达成的时候，经常发现他们在这方面的思考是不够的，给到的回应经常是"我们过去这样做，就能够获得怎样的增长，市场也在高速增长，因此预估，明年这样做也可以获得怎样的增长"。

这也不算错，但是要注意一个细节，这群人到底是在把自己当作执行层，还是当作有战略思考和拆解能力的中高层，这很重要。马云在湖畔给企业家学员们讲校长第一课的时候，举过这样一个例子：就像带兵打仗一样，一线的班长、排长你就上刺刀，带着同志们往前冲就好了，班长、排长是不拿望远镜的，因为你拿望远镜一看，对面都是机枪阵地，你还怎么往前冲？怕都怕死了。就应该一鼓作气、勇往直前。再往上的人是要拿望远镜、作战地图的，要确保这仗应该打、值得打，确保进攻路线和战术合理，尽可能减少战损、增大成功的概率。华为也有类似的说法。这当然非常有道理，但是你要注意阿里、华为等大厂的规模非常大，人才储备也非常到位，也有比较严格的层级和干部梯队。说得粗糙一些，就是每块业务的管理团队是能分出头部、腰部、腿部三层的，战略拆解是头部、腰部、腿部管理者和核心骨干员工都需要参与的。一般而言，主要工作在腰部，头部是要借这个场训练腰部干部去理解和拆解战略的，这个做得好，才能要求腿部的干部和基层员工"头脑简单向前冲"。

但是对于绝大多数民营企业而言，在这些方面没有办法和阿里、华为这样的大厂相提并论，尤其对于只有几千万元、几亿元营收的偏传统的民营企业而言。这些老板经常会发现一个很残酷的现实，那就是对照阿里、华为等大厂的人才结构，自己公司里好像只有核心高层和员工两级，更残酷的是，可能就只有老板和员工两类人，事实上，连能接住"战略拆解"这个工作的中层干部都没有。

这个现状导致一个非常严重的问题，那就是假如不在战略拆解工作中刻意地训练干部，不逼迫、引导他们思考为什么、凭什么、怎么能更好，不主动建设人才梯队、累积组织能力，那么业务很难持久。假如高层英明神武，底下将士用命，那么遇到年景好的时候，确实可以连战连捷。很直观的表现就是在拆战略、做年度业务规划的时候，大家都很开心、很积极地去认领更高的指标，

但是高度聚焦在业务层；在组织能力的积累、人才梯队的搭建上着墨很少，或者不知道怎么安排。在顺风顺水的时候，只顾着抓营收，忘记了阳光灿烂的时候应该修屋顶；等到年景不好的时候或者遭遇其他变故的时候，就一落千丈，甚至直接"猝死"，这是绝大多数民营企业生命周期只有几年的根因之一。往深里追究，其实还是"看十年、想三年"思考得不够，"干一年"自然就非常单薄。

**第四种，过度关注单一维度或者定量指标，留下了太多犯错的机会。**

我遇到过一个有点儿搞笑的案例。这是上海的一家公司，有一年，公司投入了很大资源，开发了一个面向一二线城市CBD区域（核心商务区）办公室白领的App，提供各种办公神器及补品、宠物周边、包包等物件，有零售，也有团购形式。试图以人群的细分为基础，配合高度聚焦的产品线及供应链，去满足这类人群的特定办公、生活需求和情绪价值，花了半年做开发、测试，下半年开始做拉新工作，新用户注册指标是100万人。当年底指标顺利完成后，公司领导也很高兴，表扬了对应的运营团队，也发了年终奖。等过完年一个月之后发现不太对劲，感觉这100万名用户的活跃度非常差，购买行为远远低于预期。到底是App里产品的问题，还是运营问题？还是说这个业务模式根本不成立？

这家企业的联合创始人知道我当时在做数字化营销方面的业务，于是找我帮他看一下到底怎么回事。我跟他讲，先把注册用户的基本信息看一下。看完之后，发现这里面有一件非常诡异的事情，就是18岁以下和50岁以上的人群占比非常高，超过了40%。照理说，这个App里的注册用户应该100%是一二线城市CBD区域的办公室白领，那么主要年龄应该是25~50岁才对。沿着这个线索一层层捋下去才发现，原来去年运营团队为了达成拉新的目标，找了几家代运营公司，给他们分派了数字指标。等分到这几家公司底下具体干活的人时，他们非常娴熟地采取了很多"灰色操作"，比如使用机器人注册虚假用户，买水军注册。最可笑的是，他们还打通了类似社区团购的渠道，在社区网点面向各种小区的居民，尤其是城中村里的老人、儿童，用类似送鸡蛋的方法来换取他

# 第8章 战略拆解：干一年，理顺目标、战役、战斗、战术

们的注册（这其实已经算是有良心的了，至少是真人注册），结果可想而知。

这个案例比较极端，也比较搞笑，实践中经常遇到的是，员工也好，团队管理者也好，他们会用100种方法，烧着公司的资源去换自己的数字目标，而目标背后的目的、客户及客户价值经常被忽略。

**第五种，维度限制设定得太多，又只盯着数字。**

这种情景非常常见，说得更通俗一点，那就是既要、又要、还要、也要、就要，限制太多。既希望营收数字能够快速增长，又要求尽可能控制营销成本投入的数字，还不肯加人，也没什么特别的激励，更没有指出核心的实现路径，每月、每季度开会也只盯着数字，做不到就说底下人的执行力不行，没有主观能动性，不会创新。这种事情太常见了，甚至没必要举例。

本质上，这类情景是高层自己没有想清楚或者过于贪心，同时又懒于思考造成的，心智层面可能还停留在"你不干，有的是人干"的阶段。如果业务本身处于很好的赛道，公司有别人没有的资源，比如客户关系、资金、核心技术，那也不是不行，但基本都很难长久。等到这类企业遭遇市场变化或者因为别的原因失去了原有优势的时候，一般都没有必要救或者很难救回来。

## 8.1.2 战略拆解的功力

既然战略拆解不是简单地拆数字，那到底是什么呢？要做到怎么样才算合格呢？这个问题用以终为始的方式来回答比较恰当，那就是要做到如下三点。

**第一，业务层。**

"干一年"涉及的关键定性、定量指标，以及背后的路径方法，要尽量与"想三年"产出的目标、策略一脉相承，反过来也在实践中修正"想三年"的判断。有时候，确实可以适当分资源去做一些别的尝试；但有时候，不得不在业务上选择苟且，先活下去再说，但是也不能忘了"想三年"这件事。

**第二，组织层。**

关键人才的累积、核心能力的建设，相比于业务结果会更需要耐心。业务

没有拿到结果是总会遇到的事情，但是如果人才和组织能力没有提升，那"干一年"就真的白干了。创业者要早点儿明白，也许初期抓机会更重要，但是越往后，人才和组织的能力越重要，是需要经年累月地累积的。因此在战略拆解的时候，既要关注业务，又要思考如何借助业务的场景去训练关键人才，去打造组织能力，这些往往指向了"想三年"里要搞清楚的战略控制点（关于战略控制点的介绍请参考7.1节）。

**第三，味道层。**

一个真正好的企业，终究是要有自己的"味道"的，正式一点儿就叫"企业文化""价值观"等。有哪些言行举止、行为习惯等，是你希望团队养成的？这些务虚的事情又该如何贯彻到业务和组织的设计中？这是最难的。

如果硬要总结一句话，那就是战略拆解工作，要找到"看十年、想三年、干一年"的穿透感，所有关键的事项、指标、方法、节奏都有来处和缘由，最终能带着团队去看到和相信，并且在战斗中打造出优良的作风，这就是战略拆解的功力。

## 8.2 关键动作：三种设定年度业务目标的方法

战略拆解，必须要解决在"想三年"的战略规划下，如何制定"干一年"的业务目标的问题。事实上，这块内容和"想三年"要确定战略目标时的工作一体相通，很多方法论、经验是可以复用的。顶级高手在设定年度业务目标的时候，就能够实现"看十年、想三年、干一年"的穿透，背后是客户细分、客户价值、商业诉求、策略方法、组织能力建设的高度统一，在这些基础上还能够传递味道。

这方面的经典案例很多，总结之后发现有三种常见的方法，分别是紧箍咒、放大器、参照系。注意这三种方法不是各自单独使用的有形工具，而是一些经典案例的总结，实战中经常混在一起用，要慢慢地找感觉。

## 第8章 战略拆解：干一年，理顺目标、战役、战斗、战术

**第一种，紧箍咒。**

这方面华为总结得非常科学，华为做战略拆解的时候有一个基本的要求，那就是关键目标要尽可能用结构化的描述，最好能写清楚"动词+定语+宾语+目标+目的"，最低的要求是"动宾"结构。换句话说，就是通过什么获得什么，不仅交代了目标，还指出了方法。

紧箍咒相对比较简单易懂、容易上手，比如前面那个App的案例，"100万人拉新"应该描述成"面向一二线城市CBD区域白领人群，通过电梯广告等直达渠道，以及社群裂变等运营模式，实现100万人的新增注册用户，为明年产品、技术的优化及线上商城的运营打下用户基础"。

这种方法其实是一种格式化的动作，要求你在设定目标的时候，把目标背后的目的（或者说定性目标、战略意图）、客户、核心路径方法，以及定量指标都尽可能清楚地表达出来，这样设计出来的目标就有了紧箍咒，各部门、各层理解出错的概率都会小很多。这种方法的实战应用空间非常广，建议经常练习。

阿里也有一个非常经典的案例，那就是2011年马云给淘宝提出的"双百万"目标，希望在两三年内，有一百万家淘宝商家年收入过百万元。当时淘宝团队已经习惯了过去几年每年都是GMV（销售总额）翻倍的目标设置，马云这个"天马行空、不知所云"的目标可以说完全出乎所有人的意料，而且从2003年创立到2011年淘宝八年高速增长，积累下来的年收入过百万元的商家刚达到十几万家，想要达到一百万家的确很难想象。但在马云的领导力影响下，淘宝团队非常认真地思考了这个目标，那段时间大概是淘宝头脑风暴会议最密集的阶段之一。

马云的意图其实非常清楚，那就是改变组织对GMV数字的简单追求，认真思考阿里电商生态圈的繁荣到底需要什么，希望回到初心、回到阿里的使命，不要被数字的增长冲昏了头脑，让商家在淘宝的平台上可以快速成长，真正能赚到钱，能看到上升空间，从而让整个生态更加繁荣，这也是为了真正落实阿里2008年提出的战略：推动建设开放、协同、繁荣的电子商务生态系统。说得

**穿透：理顺业务和组织的22个关键动作**

更简单、直接、露骨一些，对于大部分平台业务而言，初期增长大多依赖小商家、小主播，等到已经成型、有了很好的影响力时，如果想要获得高速增长，扶持大商家、打造大主播才是比较省时省力的手段。团队也会非常自然地这样选择，这本身算不上错，但是真正繁荣的生态系统其实是一个社会学层面的问题，那就是要让小微商家、主播能够看到上升空间，要让他们相信自己也能做到，而这是要对抗"马太效应"的，必然是一个费时费力的选择。2011年马云定了这个目标，事实上就是给团队下了一个紧箍咒，你不能只盯着GMV，更不能为此只盯着大卖家、大主播。他要的是繁荣的生态，要的是"让天下没有难做的生意"。

第二种，放大器。

放大器指的是能明显提升团队能力的目标设置，往往着眼于客户价值和战略控制点。这里必须再提一个马云的案例，同时也提供一个我经手的案例。

2003年淘宝成立，到2005年马云才给淘宝一个非常具体的战略目标，那就是"创造100万个就业机会"。这个目标最有意思的地方，在于同时传递了阿里的使命、客户价值和商业诉求。100万个就业机会背后的计算方法是非常具体和实在的，商家在淘宝上开店，那么他的营收淘宝就是知道的，大致的利润淘宝也是知道的，他能雇佣几个人也是可以推算出来的，各个城市的人均收入水平也是公开的。因此理论上淘宝通过不断地建设、优化自己的经商环境，帮助商家更好地做生意，是可以回答到底创造了多少个就业岗位这个问题的。换句话说，马云把淘宝要实现的商家数量、买卖交易额这样的商业指标转化为指向社会价值的指标，员工看到这个指标之后，能够感受到使命驱动的味道，团队做事情不仅是为了实现自己的KPI，更重要的是这个业务诉求的背后，有了更有价值的意义和理由，这是非常难得的。

之后几年淘宝在开年会、做总结的时候，员工会看到遥远山村的农民因为淘宝农产品卖得更好了，残疾人因为淘宝过上了体面的生活，这些事情在淘宝早期的发展过程中，给团队带来的激励是无比巨大的。2010年4月30日，淘宝宣

## 第8章 战略拆解：干一年，理顺目标、战役、战斗、战术

布可直接统计的有106万人通过在淘宝开店实现了就业，这意味着淘宝公开许下的实现100万个就业机会的诺言兑现了。

马云的案例很难被复制：一方面是因为阿里这家公司的土壤不太一样；另一方面是当年这个目标下对应业务的增长速度，也很难在别的行业重现。但是制定这样目标的功力，是需要大家花足够的时间去认真修炼的。

再来看另一个也很有意思的案例，它发生在某连锁企业战略拆解的场景。这家公司最辉煌的时候发展了接近600家连锁门店，疫情期间没能扛住，非常可惜。当年邀请我去帮助他们做战略拆解工作的时候，这家公司刚刚突破了100家连锁门店，也获得了非常不错的融资，核心高管团队和投资人在"看十年、想三年"的工作上做得比较扎实，但是在制定"干一年"的业务目标时，遇到了比较大的困难。一方面，从战略的角度讲，当下公司的发展势头正好，市场接受度也非常不错，应当高歌猛进尽快去攻城略地，所以投资人和公司的创始团队希望第二年能够挑战200家连锁门店的目标，规模翻一倍。另一方面，过去几年业务发展得比较快，团队的组织能力和人才储备都没有跟上，导致员工有点儿疲于奔命。团队还是愿意相信公司是有很好前景的，但是因为内部管理混乱、人才缺乏，导致大家都陷入了疲劳作战的状态，部门之间的抱怨和对工作压力的抵触情绪比较明显。

在战略拆解工作现场，如果硬要拆数字，把新增100家门店、规模翻一倍的目标分给各区域、各部门，其实也做得下去，但经过前期的访谈沟通和现场的对话，最终团队达成了一致，第二年最核心的业务目标是把加盟商的平均回本时间缩短1/3，做出这个决定背后的原因有这么几层。

第一，这是业务部门的刚需，客户选择加盟不仅是为了盈利，还要避免风险。过去几年"蒙眼狂奔"开了100家门店，确实存在一定数量的加盟商没能得到很好的支持，导致长时间没能回本甚至倒闭，这对品牌美誉度、业务团队状态都是非常大的打击。

第二，经过推演之后，团队相信这件事情是能够做成的，而且都认为这是

必须要去做的。过去几年迅速发展的时候，有太多环节没有处理好，有非常多管理上的"浮油"可以去捞，完全可以在选址、供应链管理、物料成本管控、门店现场管理、员工培训等方面快速开展工作，一个季度，最多半年就能见到效果。而这些事情就是这家公司的战略控制点，是这家公司组织能力的体现，是锻炼队伍、积累人才的必然路径，投资人也非常认可。

第三，加盟模式的业务，最容易出现的作风甚至价值观问题就是一味追求加盟商的数量和营收数据，而忽略了对客户的关注和支持，这无异于饮鸩止渴。选择把加盟商的平均回本时间缩短1/3作为公司最核心的业务指标，这件事情非常有使命感，非常有味道，团队为此很振奋。可以毫不夸张地说，这个目标点燃了团队，为解决前面提到的团队各种问题提供了基础。

第四，这里也有非常现实的业务考虑，站在加盟商的角度，如果他们知道这家公司把加盟商多长时间能够回本作为业务团队的核心指标，且坚持去执行、真的做到了，现有加盟商一定会非常愿意介绍亲朋好友加盟，或者有能力的话自己再开一家店，这样一来远比完全陌生拓客要快得多。于是，转介绍、老客户开新店计划消化40家的任务，全新拓展目标就不是100家了，而是60家。

这样一来，团队新拓的压力减轻了很多，也看到了公司真的为客户着想的决心，也明白具体路径是必然的修炼内功的选择，并且相信一定能做到。团队整个状态大为改观，到年底总共新增了110多家，超额完成了任务，所有人都非常有成就感。

**第三种，参照物。**

在实践中确定年度业务目标具体数字的时候，如果能有参照，就会好办很多。常见的参照物有两种。

第一种是"想三年"里设定的中长期战略目标。如果定好这个，一般而言都会获得很大的能量，配合策略和战略控制点的设计，能够让团队相信和感到兴奋。在这个基础上，大致想清楚三年时间里的每一年，从定性的角度要获得怎样的结果，然后把它转化为定量的目标就可以了，这样"想三年"的战略规划和"干一年"的目标就有了直接的连接。例如，前面提到的一二线城市CBD区域白领用的那个App，其背后"想三年"大致的规划是第一年做初步的产品、技术，完成基础用户的拉新，事实上这一年是做了冷启动的工作，100万名用户是后面所有工作的基础；接下来第二年，重点做线上商城及运营模式的试错和优化，跑出稳定的业务模式和运营团队；最迟第三年希望能够实现爆发，在这个大节奏下才有100万这个定量的指标。再比如第7章战略制定部分提到过理想汽车调整战略目标的案例，也非常经典，大家可以翻回去再看一下。

第二种是竞争对手或者学习对标的对象。如果是竞争对手，那就在"想三年"的基础上，重点考虑市场竞争的需求和自己组织能力的强弱，来决定这一年到底要做到什么程度，是偷偷摸摸地"猥琐发育"，还是在局部战场站稳脚跟，抑或是要四面出击全盘开花。如果学习对标对象，那重点关注的可能是学习对标的能力，比如客户满意度、生产车间的良品率、毛利率等。

## 8.3 关键动作：理顺战役、战斗、战术的关系

在"看十年、想三年"的基础上，假设制定了非常好的"干一年"的业务目标，那么为了确保这个目标的实现，就需要进一步理顺战役、战斗、战术的关系。这几个词是华为和阿里在做战略拆解时经常会用到的，但也没多少人说得清楚彼此之间的关系，很多外部企业在学习的时候，也会经常被搞迷糊。我的建议是不要被这几个词所困扰，从战略到战役到战斗再到战术，很多时候是层层拆解、互相纠缠的关系，是在研究做什么不做什么、分几步走、关键节点是什么、怎么做的问题。

这样讲非常抽象，我们来看一个案例。北京一家创业公司2019年年底邀请我去支持他们做战略拆解的工作，这家公司做的是面向企业的业务，核心客户是一二线城市的企业。具体实施战略拆解工作的时候，首先邀请了公司的创始人和投资人为大家做了"看十年、想三年"方面的分享，规划了未来三年这家公司基本的业务节奏，如果顺利，计划在第三年完成上市，也给出了第二年的

## 穿透：理顺业务和组织的22个关键动作

几个关键的总体指标，希望全国各区域的负责人和总部的后台部门能一起拆解和制定各自的目标，并说清楚实现方法、所需资源及具体节奏。当广深区域汇报的时候，我隐约感觉有点儿不对劲，因为广深区域负责人提到，区域里有一家竞品公司上一年拿到了融资，借助本地的资源优势，在过去一年里抢走了几个标杆客户，2019年它的市场占比已经达到40%。

广深区域负责人在汇报自己年度业务规划的时候，基本上是稳扎稳打的，计划第二年第一季度先稳住市场份额，再用一个季度左右的时间压倒对方。等他讲完，我和这家公司的创始人互相看了一眼，然后向广深区域的负责人抛出了一个问题："你再想一想，你是要打歼灭战，还是持久战？"对方没有立刻反应过来，我就邀请其他区域的负责人都谈一下对这个问题的看法，最终统一了认知，那就是广深区域非常重要，关系到公司的品牌形象。考虑到公司需要在未来三年之内，做出非常好的成绩才能有效支撑上市，如果广深区域不能尽快在竞争中获得压倒性的优势，则会给行业、其他投资人一个非常不好的示范，就会有更多的竞品公司冲进来，而这对我们是非常不利的。与此同时，我们也需要打一场硬仗来锻炼自己的组织能力，过去的增长更多的是因为进入早、市场空白，这算是第一次硬碰硬地遇到了比较强的竞争对手，因此这一仗也关系到士气。

综合考虑之下，最合理的选择应当是打歼灭战，力争在最短的时间内把对方打到服气为止。这样其他人想要再进入这个行业，或者寻求融资都得掂量一下，同时对于振奋团队士气、锻炼组织能力也是一个极佳的机会。最终基于这些考虑，重新做了公司全年尤其是广深区域的业务规划，确定了一场歼灭战，由公司负责运营的副总裁亲自带队，调配全国精干力量集中支持广深区域，同时提供了非常优惠的促销政策，这是明面上做的事情。私底下其实还派出了创始人约见对方核心团队，尝试提出收购提议，不强求收购成功，至少是展开接触，知道对方是什么人、什么脾性。团队还提出了是否要安排卧底及定向挖墙脚的动作，实践中这两种手段的效果不容小觑，毕竟商业竞争确实非常残酷，但是讨论再三后，没有做这一动作：主要是一方面觉得自己完全可以凭

## 第8章 战略拆解：干一年，理顺目标、战役、战斗、战术

实力打赢；另一方面觉得轻易就能挖过来的人也没有忠诚度，以后怎么处理也很麻烦，不如打赢之后再说。这些信息最后整理成图8-1。

| 关键战役 | 广深歼灭战 | |
|---|---|---|
| 战役目标 | 彻底打垮对手 | |
| | 震慑行业，避免过多竞争对手入局 | |
| | 第一场攻防战，要锻炼出组织能力 | |
| 战斗及战术设置 | | |
| 关键战斗 | | 主要战术/资源支持 |
| 关键客户争夺 | A 类客户争夺战 | 调集精干人手×××××； |
| | B 类客户争夺战 | 对应营销政策×××× |
| | C 类客户争夺战 | |
| 邀约收购洽谈 | 创始人出面约见，洽谈收购可能性 | 不强求结果，但要熟悉对手 |
| 关键人才猎取 | 卧底行动 | 未采纳 |
| | 猎头行动 | |

案例中企业的关键战役、战斗、战术及资源支持设计；
实战中战役主要是在日常工作基础上，根据竞争态势或者组织能力需求发起的行动，
目的在于影响战争的态势。

图8-1 案例中企业广深区域歼灭战役、战斗、战术的基本设计

最终，四个月内就彻底结束了这场战役，此后直到这家公司上市，同行业里也一直没有出现非常有竞争力的对手，都在比较早的阶段就被打败或者收购。

案例中的事情就是战略、战役、战斗、战术的统一，即为了"想三年"战略规划的实现，"干一年"里要解决哪些关键的问题，为此要组织哪些专门的行动，这就是战役。要注意，能对战场态势产生质的影响的就是战役级别的事情，专门的战役安排可以凸显重要性，便于调集资源攻坚重要事项，比如消灭关键竞争对手，比如突破某个关键指标，再比如建设及运行某些关键机制——这个经常被忽视，但往往很关键，常见的有数据报表体系打通、期权落地、绩效考核体系落地、职级体系等。战斗则是再向里面拆的时候，基于时间、空间、竞争、资源等要素的考量，必须拿下的关键点，放在真实战争中可能就是某个高地的反复争夺。战术则是紧贴战斗、战役不同层面的具体方法或者资源

**穿透：理顺业务和组织的22个关键动作**

支持，有时候因为战术的原因，反过来也会决定战役和战斗的设计。

在做战略拆解工作的过程中，经常被问到一个问题，那就是战役、战斗、战术和日常工作之间的关系是什么？为了搞清楚这个问题，你可以思考为什么各大电商平台要搞"618""双十一""年货节"。这些电商平台在日常运营工作的基础上，搞这些运营动作其实就是在组织战役。一般而言，一场"双十一"活动是要提前半年时间做准备的，而且阿里并没有哪个部门是专门为"双十一"设立的，而是为这件事情设置了牵头人，组织了虚拟团队，定期安排工作会议。"双十一"这场战役，可以满足商家实施大促、提升营收的需要，还可以锻炼阿里各部门的关键能力，比如数据、安全部门的支撑和承压能力，还可以制造声量提升品牌关注度（阿里"双十一"为什么要请明星、搞晚会），这些都是日常运营工作所无法满足的。当然随着经济的发展、竞争的加剧及促销的常态化，现在的"双十一""618"是否还有存在的必要，这已经是一个社会学、经济学层面的话题了。

实战中，从战争决心的确认（即战略意图的确认），到战役的规划，再到每一场战斗与战术的选择，经常是交织在一起的，甚至有时候因为某些特别的战术优势，会有必要围着它打一场大规模战役，甚至影响战略的取舍。典型的案例莫过于短视频的兴起，最早即便是字节跳动自己也都没有料到，短视频背靠着移动互联网的普及，居然可以如此侵占用户的时间，可以如此有黏性。早期这只是一个战术层面的尝试而已，等意识到的时候，字节跳动投入了足够的资源抢占了先机，战术层的亮点成了战略层的选择。读到这里，你可以回看一下第1章秩序底座的内容，如何在日常工作中建设机制寻找新的亮点，而不是单纯凭运气，或者过分依赖高层的英明神武，这是一个组织必修的课题。

在帮助企业做战略拆解工作的时候，我发现有一类现象发生的概率非常大，那就是有很多企业的腰部、腿部管理者在制订年度工作计划的时候，总是把"看十年、想三年"的信息抛诸脑后，习惯性地做自己过去一直在做的、擅长的事情，而不是围绕战略的三年目标、核心策略及战略控制点展开。其中略搞笑且常见的一件事情是，总有一些腰部、腿部管理者在规划战役、战斗、战术的时候，和他前面自己写下来的客户、客户价值、我方的优劣势、核心难点之间没有什么直接关系，战略层面你说你的，执行层面我干我的。这种情况的出现，一般有这么几种原因。

第一种，企业的头部、腰部、腿部之间没有做好充分的沟通，这是我们在下一节要专门聊的问题。

第二种，可能腰部、腿部管理者确实能力太差、惯性太强，这是大部分中小民营企业的现状。对于头部管理者而言，大概率不得不通过充分的沟通、辅导、训练去解决这个问题。

第三种，很多企业"看十年、想三年"的工作并没有做到位，底下人也不傻，这种情况其实就是照镜子反过来照到了头部管理者身上，是有点儿尴尬的，但总好过大家都遮遮掩掩，不说真话，然后忙完一年回头一看，不仅浪费了时间、资源，弄不好还给自己挖了大坑。所以一般而言，我在帮企业做战略拆解工作的时候，都需要和客户的头部管理者就"看十年、想三年"进行足够深度的对话，给头部管理者做足心理假设，让他们能够理解战略拆解本身是一个双向修炼的过程，要接受各种可能性。

## 8.4 关键动作：纵向沟通和横向"通混晒"的过程

在上述内容的基础上，具体去做战略拆解工作的时候，还要注意横向和纵向操作。纵向操作指的是上级和下级之间的沟通，横向操作指的是各部门之间的"通混晒"。

### 8.4.1 纵向的基础操作

如果是广义的上下级之间的沟通，市面上有一门很有名的管理类课程，叫作"情境管理"，其基本逻辑是对管理方式、风格的选择，要考虑具体工作任务和对应下属的能力、意愿度。假如某项工作对应的下属意愿度非常高、能力也很强，则可以更多地采取授权的方法，注意授权不是放任不管，定期汇报是必须要有的，其中关键难点、风险点的提示和商议还是要做的，只是细致程度不一样而已。对应的还有意愿高、能力高，意愿高、能力低，意愿低、能力高，意愿低、能力低，合计四个象限，如图8-2所示。具体大家可以自行查找相关的资料。

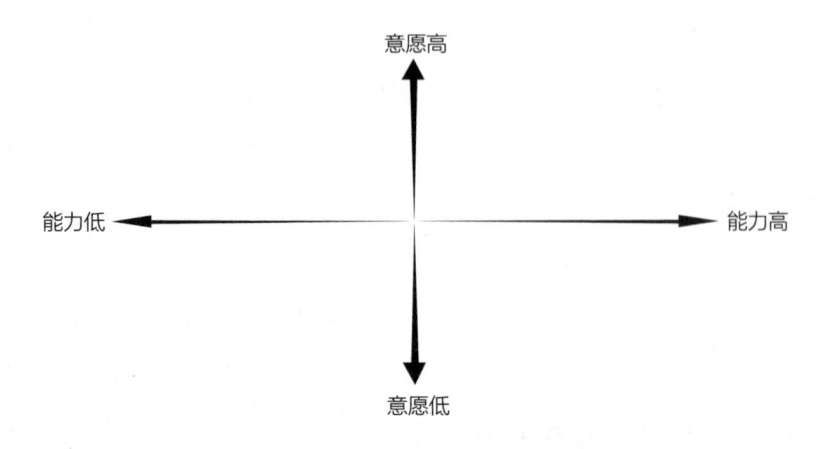

```
                    意愿高
                      ↑
                      │
    能力低 ←───────────┼───────────→ 能力高
                      │
                      ↓
                    意愿低
```

> 情境管理理论认为，管理的风格或者方法，要看具体工作任务和人的匹配关系，基于这个逻辑区分了相对于任务而言，能力高低、意愿高低的四象限，每个象限里都要采取不同的管理、对话方式。

图8-2　情境管理四象限

理论上这是一个完美的模型，也有一种说法是，优秀的管理者是没有脾气或者个性的，能够根据不同的情况、不同的人，做出不同的管理动作，实践中也确实有人能够做到。但我的体会和观察是，这件事情非常难，毕竟人有七情六欲，有自己的性格特征，实操的时候考虑到创业九死一生，很难要求一个处于初创期和高速发展期的企业能顾得上这么细致的管理工作。对于处于这个阶段的公司而言，更重要的是聚集聪明、皮实、简单、直接、能打、敢拼的人，或者风格相似、意愿在线的人，这样可以降低管理的难度，沟通成本过高的人要及时替换。等公司发展到了一定的规模，业务和员工群体都高度复杂化的时候，情况就会变得不太一样了，这会有一个过程，尤其是普通创业者的成熟也需要一个过程，不要强行生搬硬套，适合自己的最好。

具体到战略拆解工作中的纵向沟通，重点讨论的是头部和腰部的管理者。

## 第8章　战略拆解：干一年，理顺目标、战役、战斗、战术

在这个情景下，默认腰部管理者是有一定的思考和理解能力的，反过来头部管理者也不得不借助这个场景，去训练腰部管理者的能力，考察他的意愿，也验证自己的思考是否正确，看看是否有人能说服自己，或者提出新的想法。对于公司而言，腰部管理者如果没有这方面的能力或者意愿，那么整个公司就很难安排工作，很难有足够高的效率；头部管理者不得不亲力亲为，反思自己为什么没有真正的左膀右臂。

实操的时候，这部分对话一般要分这么几轮。

☑ **第一轮**

头部管理者要向腰部管理者同步自己对战略的思考，听取腰部管理者反馈的疑惑，理解不同的声音。

☑ **第二轮**

在第一轮的基础上，腰部管理者要思考，拿出自己对战略的理解和拆解方案，越具体越好。

并不是说要求腰部管理者定下来，而是给他留一个作业，让他提出自己的看法，来跟头部管理者沟通。头部管理者要借助这个过程，去识别和理解腰部管理者的能力及意愿；腰部管理者要借助这个机会，反馈自己的判断及建议。

☑ **第三轮**

在第二轮的基础上，头部管理者可以给予腰部管理者关键的反馈及核心的要求，指导腰部管理者做进一步的思考和修改。这个过程可能反复多轮。

对照第7章聊过的关于怎么开战略会的章节，这个过程就是民主集中制"十六字方针"里的"个别酝酿"，**事实上这也是头部管理者为腰部管理者做绩效辅导的第一个环节，就是腰部绩效目标制定的过程**。从这个角度讲，这个过程中的具体方式、方法、细节可以灵活，但无论如何都不能省略，这是一个企业组织秩序的关键基础。

## 8.4.2 横向的"通混晒"

在战略拆解的过程中，部门间需要非常认真地做"通混晒"的工作。这项工作做好了，部门之间关于配合、协同的问题就会少很多。"通混晒"是源自阿里的一个名词，具体场景就是腰部管理者在和头部管理者沟通好本部门的年度业务规划之后，要以本部门为东道主，组织关联部门的关键人到场，向他们汇报自己的业务规划，请他们"拍砖"，提出自己的问题、需求，或者看看有没有更好的想法被激发出来。公司层面也可以直接组织各关联部门的关键人一起"通混晒"。这个动作的目的有三层。

☑ 第一层

关联部门之间有责任、有义务互相通气，彼此提出要求，彼此给出建议，提前磨合，提前商量好怎么配合，关键的资源冲突怎么解决，认知分歧怎么处理，要把接下来半年、一年该吵的架尽可能提前吵完，该做的约法三章也提前做完，该设定的节奏也提前设定好，这些都是战略拆解工作的范畴。正所谓"因上努力"，如果这些问题不解决，单靠修炼沟通方法和技巧，就会很难处理好部门间的冲突。

☑ 第二层

这是一个非常好的发现人才的场域。

我在组织战略拆解工作的时候，经常会提醒老板和各部门的负责人，你们其实有能力提前识别出底下的哪些人对别的部门的哪些人、在哪些环节可能会有比较大的意见，谁和谁可能会吵起来，谁和谁又有可能会拉帮结派。"通混晒"这个场域，对于老板和各部门负责人而言有一个巨大的价值，就是去发现到底谁的眼界和格局更高，谁更有沟通能力和影响力，谁能更好地站在大处出发，统筹协调各方资源，这样的人一定是腰部管理者的好苗子。

腰部管理者一般都是各关键部门的负责人，无论是华为还是阿里，对于这群人都有一个明确的要求，那就是必须要搭建自己的团队，必须要有能力为公司培养人才，这是他继续向前发展的基础。对于这一层面人才的培养，除了业务能力，更关键的是跨部门的沟通能力和影响力。深层的原因在于，腰部层面的大部分工作基本上都不是靠自己独立完成的，都要通过和各部门之间的配合才能做好。那么"通混晒"就是一个非常好的、可以在实战中训练和识别好苗子的机会。

☑ **第三层**

有一些类似于文化和味道的东西，经常会出现在"通混晒"的场域里。比如，是拼尽全力想让你的兄弟部门打赢，还是站在自己部门利益的角度冷眼旁观甚至冷嘲热讽？比如，发现问题的时候，是有话直说还是遮遮掩掩？再比如，遭遇困难的时候，是"此时此刻，非我莫属"还是挑肥拣瘦、能推就推？

有太多值得关注的点，一旦遇到，现场更高层的管理者或者教练、组织发展专家有责任及时做出反应，把这些事情暴露给大家，并且引导大家做出选择，让大家明白公司要什么、不要什么，并落实到具体的业务动作里面。不能光说，必须改变行为，并且和奖惩挂钩，这样一来就能"虚事实做"，在实战中传递文化和味道。

其实第三层贯穿了整个战略洞察、战略制定、战略拆解和战略执行的过程，只不过在"通混晒"的场域里，因为冲突相对会比较多、比较激烈，因此表现得相对集中而已，所以放在这里介绍。

## 8.5 关键动作：找软柿子打好开局

这件事情是我在栽了一些跟头之后悟到的，很多创业者对此也有共鸣，只是一直没有想到比较好的描述。后来听了曾鸣对马云做战略拆解工作的感悟后，瞬间感觉就通了，确实就是这个意思。

简单来说就是，在做战略拆解的时候，对于具体的任务排布，要尽可能寻找相对不是那么困难的地方开局，就是优先找相对比较容易搞定的软柿子捏。一旦搞定，记得要组织小胜即庆，尤其对于创新型的业务或者新组建不久的团队而言。这样操作的原因是，开局之战要避免一上来就被市场打一闷棍，要尽可能把团队的斗志、精气神养起来。

更多的专家和创业者天然会更加关注最核心、最艰难的工作任务，这和软柿子并不矛盾，是两件事。前者指向的是重视度、资源调配，后者指向的是怎么巧妙地提升团队的状态。之所以篇幅再小也要单独把这件事情拎出来讲，是因为这些年我越发感受到状态的重要性，管理最终是要管好自己和团队的状态，状态好了，一切都会变得更好。

第9章

# 战略执行：
# 干一年，用务实的方法确保执行的效果

---

当真正理清楚"看十年、想三年、干一年"之后，相当于已经做好了全盘计划，接下来就要落地执行、盯牢进度、及时组织复盘和调整。毕竟实战不是文字游戏，细碎和变化是常态，要在应变中验证自己的判断，抓住主要矛盾，"把目标刻在石头上，把计划写在沙滩上"。

其中有很多细节值得关注，限于篇幅，我们重点介绍几个。

## 9.1 持续对抗懒惰和冷漠

对于创业，管业务、管团队是一件非常劳心劳力的事情。我认识的绝大多数做投资的朋友，对此的态度都是打死也不会去创业——"这简直不是人干的事情"。没有真正经历过的朋友往往会把这件事情想得过于简单，尤其是刚步入社会的人，看过太多的"无脑"电影、电视剧，里面展现的东西距离真相差了十万八千里，那些大手一挥就有结果的剧情，都是文艺加工而已；真相是创业需要大量的调研、沟通，反复打磨，持续改进，经常伴随着身体和精神的双重折磨，鲜衣怒马不常有，高冷霸道没人理，灰头土脸才是常态。

## 穿透：理顺业务和组织的22个关键动作

如果你浅尝辄止、及时收手也就罢了，一旦发展到一定规模，那就很难轻易停下来，创业这件事情在很大程度上是一条不归路。2024年3月28日，雷军发布了小米的第一台新能源汽车小米Su7，小米做手机做得好好的，也算是功成名就，为什么还要去造汽车？万一搞砸了，可以说晚节不保。对此，雷军自己的说法是被逼的。2021年1月15日，美国宣布把小米列入DoD清单[1]，开盘后小米股价应声大跌，跌幅超过30%，对小米的股价和海外市场打击巨大。在2024年7月19日晚的年度演讲中，雷军提到小米为此召开了紧急董事会。要知道，小米当时有三四万人，大家都等着公司做出决定看怎么应对，有一个董事建议雷军认真研究一下造汽车的事情。对于雷军而言，这是很痛苦的，他出去调研，一开始也是为了说服董事不要造汽车，专注于做手机，要坚持聚焦，毕竟企业资源是有限的。当时汽车的话题非常热门，但雷军在小米内部是拒绝讨论汽车的。那个时候雷军自己的说法是，在美国采取这番操作之前，自己其实已经在想什么时候退休或者不要再这么忙、这么累了，结果不得不加以应对。

之所以改变态度、开拓新的领域、再搏一回，主要原因是雷军觉得小米如果真的想要成为一家伟大的公司，智能手机已经不是最尖端的科技，最尖端的科技已经变成了智能汽车。这个赛道获得了足够多的关注，极其廉价的资本和足够丰富的人才聚集在里面，这对手机行业已经造成了虹吸，真的是不能停下来。对于雷军而言，用他的话说就是要再做小学生，"否则你一个车厂老板，人家说你不懂车啊，就这一条就被人搞死了吧"[2]，这意味着很大的工作量，意味着别想舒舒服服地躺着。大家可以去搜相关的采访视频，看雷军自己对这段经历的回顾。

在真正干活的时候，对业务的监控，对团队的辅导、管理也没有停下来，这是一个日复一日、年复一年往复上升的过程。如果你真的想要舒服一点儿，

---

[1] DoD清单，美国国防部认定的"中国军方拥有或控制的中国企业清单"，美国投资者被禁止投资名单里的企业。
[2] 2024年7月31日，资深媒体人李翔专访雷军深度谈造车，雷军B站账号发布了完整的206分钟视频。

不那么累，第一是在"看十年"的时候。花足够多的精力去选择非常好的赛道，做到足够但又不过分的前瞻性、差异化；第二是在"想三年"的时候和团队一起做出严谨、可行的战略规划；第三是在"干一年"的时候有清晰的觉悟：**这就是你至少需要花1~3年时间持续打磨团队，才有可能建设属于自己的企业操作系统，将各部门的配合训练到位，让各岗位的关键人基本上都能领会战略意图，把自己的事情做好。这样一来，你才能从日常的琐碎中抽出身来，去思考更重要的事情。**

也许你以为忙完三年之后就顺了，但这个过程总是会被各种意外打断：要么是关键人的稳定性问题，好不容易调教好了，结果他离开了，还带走了一拨人；要么是竞争对手突然发难的问题，甚至是莫名其妙的人跨行业来"打劫"你；要么是行业周期性的问题，刚发展得比较顺利，行业就进入了低谷期。这些事情几乎没有结束的时候，如果有几年你感觉过得非常舒服，那一方面要感谢上天的恩赐，另一方面你要特别小心，"天晴的时候修屋顶"，这段时间一定要关注组织能力的建设和新机会的洞察，否则舒服的时间越长，等一个浪打过来，猝死的概率就越大。

总之一句话，除非命好，否则都要放平心态，持续地对抗懒惰和冷漠。关于这件事情，还有一个很有意思的段子，那就是对老板而言，随时随地工作是应该的，是没有上班的概念的。这一点大家基本上都能接受，既然不是上班，自然也就别想下班，大家要有这个觉悟。

## 9.2　关键动作：要盯住三类仪表盘

经营企业有点儿像开车，日常上下班、接送家人、买菜、到近郊走走，这都是日常事务；至于到新疆、西藏自驾游，这些日常之外的事情就像专门安排的重大战役。当你开到西藏的雪山脚下，比如要爬唐古拉山的时候，你需要给车轮加装防滑链。爬唐古拉山就是一个关键战斗，加防滑链就是一种战术的选择。为了确保这辆车运转正常，顺利安全地完成这些任务，坐在驾驶舱里的你需

### 穿透：理顺业务和组织的22个关键动作

要时不时地看一下仪表盘，这就是企业在战略执行过程中必须具备的数据报表系统。

你观察一下汽车的仪表盘，会发现一个很有意思的现象，那就是速度和发动机转速一般都是最显眼的，水温表和油量表也非常明显。其实仪表盘里还隐藏着非常多监控指标，全部亮起来的话会密密麻麻。稍作分析之后，可以发现仪表盘指标大致分成三类。

第一类是偏结果的指标，比如开车时最关心的速度，在企业里一般指向产量、收入、利润、客户数等。

第二类是偏过程的指标，一般会指向关键业务动作执行的情况。稍微有点儿修为的管理者就会知道，不能只盯着结果指标，必须盯牢关键的过程。例如对直销队伍而言，需要非常关注拜访量，所以无论是保险公司地面业务员，还是阿里早期的中国供应商业务员，都有类似这样的顺口溜：

一日一访就地阵亡，一日二访摇摇晃晃；

一日三访才算正常，一日四访家中有粮；

一日五访有车有房，一日六访黄金万两；

一日七访实现理想，一日八访国家栋梁。

拜访量很像发动机的转速，拜访量、客单价、复购率、毛利率等都是常见的过程指标，指向的是团队在作业过程中的质量与效率。再细致一些，会关注这些指标的结构，比如不同产品的销售占比。

第三类是健康指标，汽车仪表盘里其实隐藏了大量这类指标的指示灯，没发生问题的时候不会亮，亮起来了就要尽快处理，比如胎压报警、发动机检测、机油报警等。企业里常见的此类指标有离职率、员工满意度、客户满意度等。

这些指标之间的关系和实际的应用非常有意思，有大量司机直到车子报废，都没有把仪表盘上的指标搞清楚。对应到企业里，也有大量创业者、管理者，直到公司倒闭都没有摸清楚到底是哪里出了问题。汽车仪表盘或者说公司

## 第9章 战略执行：干一年，用务实的方法确保执行的效果

的数据报表系统真的很重要，创业者和管理者每天、每周、每月、每年都要看哪些数字，这是非常严肃的问题，要学会从中找到经营的感觉。如果没有，则很接近闭着眼睛开车，这非常危险。在帮助企业做战略和组织方面的工作时，我经常会遇到这方面的问题，统计下来常见的有四种。

第一种是没有仪表盘或者数据混乱和缺失。出现这种情况往往有两种原因，首先当然是由于创业者、管理者的重视不够、能力不足，其次有极大的概率是有人在浑水摸鱼，通过故意搞乱数据来实现个人利益。

第二种是仪表盘里Data（数字）、Information（信息）、Judgement（判断）之间的关系一团乱麻，表面上看着非常漂亮，甚至专门花钱做了可视化的炫酷效果，但没有真正打通业务逻辑。例如，不能只盯着每个月的静态数字，而是要盯住曲线，学会追踪变化，要在某一项指标开始偏离正常轨道的时候就予以警觉并及时关注，而不是等到严重了再来处理。还要重视数据的拆分，而不只是盯着总数，这一点往往会指向业务策略的落地效果。消费品行业需要非常关注不同价格带的销售占比，这反映着公司对高、中、低端客户的心智情况。对运营团队、销售团队而言，整体的营收数字必须能够一拆到底，具体到对应的线上商铺或者线下区域小组，甚至业务员个人；同时细分到产品，数字要做到足够细致地拆分，这样才能提炼足够精准的信息，进而才有判断，才能发现问题、解决问题。

第三种是一家公司有多种统计口径甚至指标体系，部门之间的数据不通，甚至对业务的理解不一致，这其实是管理秩序出现了问题。最典型的案例就是，销售部门倾向于按照合同金额统计业绩、计算佣金，交付部门倾向于按照实际交付来计算，财务部门则同时看实际回款和交付，如果没有完成交付且收回尾款，那么在财务上就无法列入收入。这件事情经常在扯皮，完全按照财务规矩来的话，很多销售扛不住；完全按照销售的意愿来的话，财务会问你遇到坏账尾款没收回来，但是奖金都发了，这由谁担责？类似的问题还有很多，还有一些价值更大的数据打通问题。比如当你的公司规模比较大、业务遍布全国

时，你的合作伙伴，如供应商、分销商也会比较多，他们之间往往有千丝万缕的联系，一旦某个地方的某个合作伙伴出现问题，你就必须立刻清查和他有关联的业务还有哪些，以便及时做出反应，这样可以避免很多损失。

第四种是对关键战役或者重要事项的监控缺失。这类工作很多时候可能没有精确的数字可以呈现，而是需要及时沟通、同步信息。比如类似于KA大客户作业SOP（标准作业流程）的打造、职级体系的梳理、人才盘点，这种工作不像销售业绩，可以量化，但是又极其重要，需要单独和负责人保持沟通，从而做出定性的进度判断。在此基础上，才好开展工作。

借着这个话题，也跟大家聊一下中医和西医的区别。西医会特别强调对数字指标的监控。比如你去医院看病，医生会要求做很多项检查，如血常规、尿常规、心电图等，目的就是做到尽可能精确，在大量临床案例的基础上用数据排除或者定位问题的可能性，这其实也是做业务、做管理的基本功——你连基本的数字都没有，那么对信息层面的判断自然是混乱的，也就谈不上高质量判断。但对于企业而言，光有西医的方法是远远不够的，企业的经营管理里有大量的模糊地带，最关键、最紧要的关口往往还需要精神和文化的力量，整个公司的味道或者作风又需要长年累月地培育，这就类似于中医的调理。如果你看过通用CEO杰克·韦尔奇的经历，也研究过星巴克舒尔茨回归拯救公司的案例，你就会发现他们做得最难的事情就非常接近中医的理念，所以这两方面的修炼都是不可或缺的。

在实践中，对于创业者、管理者而言，仪表盘是开展工作的基础，但是数字是死的，人是活的。一方面，要确保这些数字是真实的，为此需要掌握底下人工作的过程；另一方面，要打通部门之间的隔阂，解决全公司共用一套业务逻辑、数据体系的问题。在这个基础上，针对出现问题的部门和人，进行有效的激励辅导，从而改变其行为。这样一来，仪表盘上的数字才会跟着改变，这些是本章后面的内容，具体指向的是如何实现穿透管理、掌握真相，如何打通部门墙，如何推动下属做出想要的行为改变。

## 9.3 关键动作：两招实现穿透管理

什么叫作穿透管理？简单来说就是，你作为老板、核心高管，如果只面向直接向你汇报的人开展工作，时间长了，就会有很大的概率遇到以下几个要命的问题。

第一，你会脱离群众、脱离市场、脱离客户，在逐步丧失影响力的同时，也会越发难以做出精准的判断。必须得承认，大多数民营企业能做起来的核心要素之一确实是创始人、核心高管的洞察甚至是执念，而这些东西一定来自于对市场、客户、员工群体的体感。如果这件事情做不好，必然会滋生官僚做派，老板、核心高管成了云层里的神仙，不知凡间疾苦，尤其是老板自己很多时候拼了很多年，也确实累了，就被几个高层围起来、供起来，成了"大龙虾"，又大又聋又瞎，这就非常麻烦了，企业也就很难长久。

第二，不要考验人性。不能说因为你对你的下属用人不疑，所以你只跟他对话就可以了，他怎么开展工作，你完全不担心、不用管。要知道，老板是要为最终结果负责的。当面对巨大诱惑的时候，底下人的动作变形是人性使然，要尽量少给底下人犯错的机会。

第三，作为创业者、管理者，有一个核心工作是训练好自己的下属。如果不了解下属的状态及对他们直接上级的反馈，那么在训练自己下属的时候，是缺乏关键参数的，很难获得真正好的结果。可惜的是，很多企业对业务数据分析得头头是道，一旦涉及人，就鲜有客观甚至直接看到本质的数据呈现。虽然这类关于个体和团队的测评在市场上不少，但如何选择有"信度"和"效度"的专业测评工具，就需要企业里的人力资源和组织专家做好甄别。

基于上述三大问题，作为创业者、老板、核心高管，必须做到穿透管理。简单来说，就是你需要去看下属的工作状态，同时要与客户、合作伙伴保持一定频率的沟通，确保自己能掌握第一手的真实信息，也有一种说法，叫作掌握足够的知情权。在真正去做这件事情的时候，有一个方法和一个关键场景，方法指的是跨层沟通和逐层管理，场景指的是定期复盘。

## 穿透：理顺业务和组织的22个关键动作

首先看跨层沟通和逐层管理，它的关键细节在于三方的共识。假设A是老板，B是副总，C泛指总监、经理、主管、员工，那么A和B要达成共识，在正式公开的场合，最好由B告知C。当A去找C了解情况的时候，要知无不言、言无不尽，虚假隐瞒反而是红线，而且要让C明白，这是A能够给B和C的最好支持。A则要明确地告知所有人，在自己和任何人的沟通过程中，一旦自己不小心直接安排了什么事情，如果你的上级不知道，你要提醒我，直到你的上级找你做出安排。事实上，这就是A和B之间的关键共识，在面对C的时候，要达成一致并且身体力行，这样C才不会迷糊。

大家如果研究过任正非和马云创业早期的经历，就会发现他们不自觉地把跨层沟通和逐层管理做得非常到位。任正非经常会端着他的水杯，到处跟员工聊天；在阿里早年时期，周末、晚餐的时候马云家里的人是不断的，谁都可以找他一起吃饭。有一些创业者可能天性不太习惯和喜欢这种方式，你也可以选择相对正式、严肃一些的场合来做，那就是定期组织和参与各部门的复盘。

再看定期复盘。作为老板、核心高管，组织和参与下级部门进行复盘本身就是跨层沟通的一种形式，而定期复盘工作就是业务的必要环节。一般而言，所有部门都要按照月度、季度的频率开展日常的工作复盘，公司则应按照半年度和年度的频率组织更高层面、更有深度的复盘。在实际操作的时候，要根据具体业务属性来调整这个频率，有些需要高频率、高速应变的业务，会恨不得每天晚上都复盘。复盘会议的筹备和实施也是一个手艺活儿，这方面很多细节与第7章中战略会的筹备和实施有相通的地方，大家可以再看一遍。

相比于战略会，复盘会议最常见的问题是开成报喜会或者批斗会，毕竟一旦老板、核心高管作为更高层的领导参与进来，底下人碍于上级的面子，或者担心自己的饭碗，不自觉地就会只报喜不报忧。一旦问题藏不住了，所有人要么默不作声，要么无奈之下展开批斗甚至找替罪羊，这都不是我们想要的。为了避免这些问题，以下方法可供参考。

第一，可以通过前面刚刚提过的"仪表盘"来确保问题不被隐藏，而且可以被追踪定位。

第二，尽可能坚持在日常工作中做到穿透管理，如果你因为各种原因不太方便跟下属的下属交流，那么至少要到客户、合作伙伴那里多走一走。毕竟有很多信息，尤其是人的状态、心态层面的东西，在数据上、报表里是看不到的。

第三，最好在复盘工作会议召开之前，参考前面提到的民主集中制"十六字方针"，提前做"个别酝酿"的工作。对出现问题的环节和责任人，事先做好沟通，确保他们在复盘工作会议现场不要有太大的压力，做到态度坦诚，且能拿出相对稳妥的解决方案。当然，如果你有意借这个场合去进行一些问责、震慑的操作，则另当别论。

第四，所有的复盘工作都必须清楚地表明，不是针对过去，而是面向未来。找出问题和责任人不是目的，最多只是过程，真正的目的是搞清楚接下来该怎么做。这个过程是需要智慧的。

最终产出的结果在结构上有一个很经典的KISS模型，如图9-1所示。

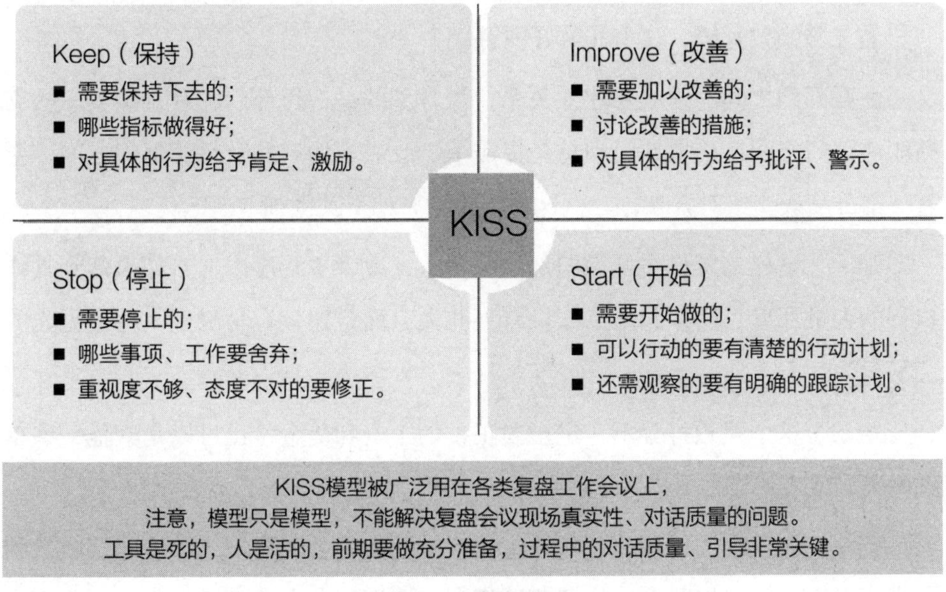

**Keep（保持）**
- 需要保持下去的；
- 哪些指标做得好；
- 对具体的行为给予肯定、激励。

**Improve（改善）**
- 需要加以改善的；
- 讨论改善的措施；
- 对具体的行为给予批评、警示。

**KISS**

**Stop（停止）**
- 需要停止的；
- 哪些事项、工作要舍弃；
- 重视度不够、态度不对的要修正。

**Start（开始）**
- 需要开始做的；
- 可以行动的要有清楚的行动计划；
- 还需观察的要有明确的跟踪计划。

KISS模型被广泛用在各类复盘工作会议上，
注意，模型只是模型，不能解决复盘会议现场真实性、对话质量的问题。
工具是死的，人是活的，前期要做充分准备，过程中的对话质量、引导非常关键。

图9-1　KISS模型

简单来说，复盘工作会议要基于前面的方法进行准备和执行，在结果产出上，把需要保持的、需要改善的、需要停止的、需要开始的事情结构化地理清楚，并留下详细的记录。在开始下次复盘工作的时候，这些记录都将作为核心的输入内容，在开始之前先过一遍。

注意，KISS模型只是一个引导思考的工具，和绝大多数理论模型一样，最大的问题在于更多的是对结果的要求，真正的难点依然是前面列出的四个方法。

## 9.4 关键动作：三拳拆掉部门隔阂

在战略的执行过程中，部门之间的拉通配合是至关重要的，越大的公司越是如此。为了解决这个问题，实践中有三个非常有效的方法，第一个方法就是做"通混晒"，第8章已经做了相关的介绍，操作起来会有一定的难度；余下两个方法分别是绩效互锁和互派大使，其操作都比较简单；其实还有一个终极大招就是组织轮岗，但是难度极高，我放在第三部分讨论。

**首先看绩效互锁，这个非常好理解。**

关联部门之间的绩效要建立关系，最常见的是销售部门和有直接关联的支撑职能部门之间，技术部门和总是提需求、改需求的产品及运营部门之间，要有一部分绩效交给对方来打分，这在实践中有如下关键细节。

第一，这样的操作主要面向部门负责人，或者主管层以上，如果落到具体执行的人员那里，操作起来工作量有点儿大，而且比较容易滋生一些不见光的交易行为。

第二，这个互相打分不一定指向正常的工资和奖金，也可以是其他一些单独的奖励或者荣誉称号。

第三，实践中用得最广、相对也难度最低的是公司要基于整体的营收盈利和当下、未来的规划需求，分配薪酬福利、资源包。在这个基础上，所有不直接产生营收的部门，至少部门负责人要有一定比例的薪酬福利是直接与公司业绩挂钩的，这个比例还不能太低，一般建议在30%以上。

第四，在业务和组织发展的基础上，最好每年都组织若干横跨多部门的关键战役，将容易产生冲突的部门搅在一起，组建虚拟团队，类似于阿里的"双十一"活动，组织他们围绕同一个战役目标去开展工作，在过程中刻意设计彼此融合的环节。一旦战役打赢，就有专门的奖励和庆祝活动；如果操作得当，就可以拉近彼此的距离，避免很多不必要的冲突。

**其次看互派大使，操作起来也非常简单实用。**

熟悉人力资源领域的读者可能知道有一个词叫HRBP。HR是人力资源。BP的全称是Business Partner，即业务伙伴。伴随着公司规模的扩张，很多发展到一定规模的企业，其人力资源部门会向业务部门派出BP，相当于把人力资源的工作空间扩展到业务部门的办公室里，紧贴着业务部门提供人力资源的专业服务。BP不是HR独有的，所有部门之间如果有需要，都可以彼此派BP过去。这个BP很像一个大使，其主要的作用和工作场景如下。

第一，参与对应部门的主要工作会议，并将会议讨论的关联事项和决定及时同步给自己的部门。如果自己的部门对这些讨论和决定有不同的意见或者信息需要补充，那么BP可以在现场直接发表或者做出提醒。

第二，作为本部门代表，汇总对接对应部门的业务需求。毕竟有专人集中接洽，甚至就坐在身边，响应的效率和沟通的体感还是不一样的，尤其是信息层面的交换效率可以大大提高。

第三，BP自己无法处理的事情，可以由BP牵头安排两边部门的关联人快速对焦，很多时候底下就可以解决，而不需要两边的部门负责人出面召开正式的会议。这样一来，效率也得到了大幅提高。

基于上述BP的工作场景和工作内容，你会发现对BP是要有一定要求的。一般而言，建议安排部门里资深且优秀的老员工承担这个职责，而且最好不要经常换。进一步地，能够承担BP工作任务的员工，一般都会有更多、更好的晋升机会，原因是除了能做好本职工作，还可以处理关联部门之间的沟通协调问题，背后是有充足的经验、思考和对话能力。很多时候，部门负责人的梯队也需要经过这个场景的刻意锻炼，无非是正式地叫BP的名字还是非正式地执行。

## 9.5　关键动作：一句做到有效沟通

为了能真正高质量地把战略执行做到位，前面已经谈了数据报表体系的重要性。在此基础上，也专门强调了如何做穿透管理，如何拆掉部门之间的隔阂；最终还有一个绕不开的话题，那就是当你发现了好的或者不好的行为时，该如何和当事人展开对话，让对方明白这件事情，并且加以坚持或者立即改正？更重要的是，这个对话或者管理动作，在旁人看来有没有清晰地传递了你要什么、不要什么的要求，还是说造成了他人的误解。把本来应该就事论事、实事求是的事情，反而变成对你个人喜好的猜测，去研究怎样才能拉近与你的关系、获得你的赏识，或者避免被你批评。

这其实是最小单元的沟通动作之一，随时随地都会发生，其中比较正式和重要的应用是上级和下属做辅导及绩效对话的场景，也可以用在员工彼此间的反馈上。作为创业者、管理者，你一定要讲明白自己到底要什么、不要什么，并且只能依据事实、实事求是地讲，从而确保对方真正听懂了你的意思，别人也不会误解。这个场景如此普遍，但又经常做不好。做不好的表现，最常见的有如下几种。

**第一种，官话、套话太多。**

最常见的是，明明你作为上级是要给下属提出改进要求的，但因为你不好意思讲得太直接，所以会非常绕，先讲一堆有的没的，甚至并没有太大意义的夸赞，比如"这段时间你工作还是很认真的，表现得不错"等，然后加一个"但是"。聪明人都知道"但是"后面的事情才是最重要的，搞笑的是有相当数量的管理者，一不小心前面讲得太多、太长，后面讲得太隐晦，导致下属听完之后抓不住重点，甚至没搞清楚老板到底是表扬他还是批评他，也不知道到底是因为什么。

**第二种，不能很好地做到就事论事，而是更多地反馈虚的感觉。**

经常有上级跟下属讲，你要再积极一点、要谦虚、要多跟某某学习等，但到底哪里出了问题、出了什么问题？如果对方不够聪明，你会发现，他经常不知道你到底在说什么。对于大部分员工而言，你不要让他猜，这没有太大意义。

**第三种，不能做到及时沟通，遇到问题不立即指出，而是累积着。**

对于发现的问题要及时指出和处理，等到问题已经很严重的时候才去谈，就晚了；等到过去很久才去谈，效果往往也非常差。经常遇到的情况是月底谈话的时候跟下属说，上个月你怎么怎么样，对方可能已经完全不记得，这就增加了大量的沟通成本。所以阿里有一句土话，叫作"人的事情不隔夜"；民间有句土话，叫作"夫妻不吵隔夜架"。

其实这里还有一个深层次的心理学解释。那就是在管理工作中，要避免从感受到情绪的质变。在日常工作、生活中，当你看到一些不好的或者让你不满意的事情时，你会产生不好的感受，英文是Feeling；而这些不好的感受堆积得时间长了，就会发生质变，变成了情绪，英文是Emotion。这两种东西要注意区分。

及时的表达能够带来对话的机会、误会的消除、行为的改变，但是一旦感受累积演变成情绪，那就很难理性处理了。所以说，很多的爱是盲目的，为了爱而爱；很多的恨是决绝的，因为恨而恨，这些都会给管理工作带来巨大的麻烦。所以请牢牢记住，及时的反馈沟通是非常必要的，除非你就是想要攒足了制造惊喜或者震撼，那是另外一回事。

在实践中，我一般会建议创业者、管理者练习一个结构化的沟通模式，叫作SBI。这是一个很基础的教练工作，但是如果练习到位，效果会非常显著，难度也比较低。S（Situation）是情境，B（Behavior）是行为，I（Influence）是影响，实操的时候有正面和负面两种用法。

**先看SBI的正面用法。**

如果你发现员工做了某件你想鼓励所有人都跟着学习的事情，那么你可以

**穿透：理顺业务和组织的22个关键动作**

及时告诉他（必要时选择合适的公开场合）：在什么样的情景下，你做了什么事情、产生了什么好的影响，为此你要表达你的认可或者感谢。这样一来，对事情的描述就变得非常具体，言之有物，对方会非常清楚你到底在谈什么，其他人也会明白你到底在说什么。这其实是非常好的领导力的体现，尤其是当你希望对方重复做出你所希望的行为时，员工都希望被看到、被认可。所以如果沟通到位，往往会有非常好的效果。

这件事情非常好理解，比如家里老人准备了晚饭，你吃了之后不经意说了一句某道菜真好吃，往往会带来一个很有意思的结果，那就是老人会经常做这道菜给你吃，直到你明确表示吃腻了。还有一个是我从小记到大的案例，我初中在乡村中学上学，每周五或者周六的傍晚下课之后蹬着自行车回家，其他时间都住校。有一次星期五我走得比较晚，当时风雨大作，学校里有个非常有名的小混混，平时不学无术、到处惹是生非。当时不知道出于什么原因，我亲眼看到他挨个儿教室走了一圈，把门窗都关好。校长因为要巡查校园，也看到了这件事情。等到下周一早上，大家集合升国旗的时候，校长面对全校同学非常简短地讲了这件事情，校长说在上周五傍晚，大家都离校之后，风雨比较大（Situation，情境），看到某某同学走遍了学校的教室，把所有的门窗都关紧了（Behavior，行为）。这件事情的价值在于避免了学校的财产损失，更重要的是，同学们星期一来上课的时候，不会被碎玻璃伤到（Influence，影响）。所以在这里，作为校长，对这位同学表示感谢，请大家一起为他鼓掌。

如果你以为这位同学会因为这一件事情，就从一个小混混彻底变成一个好学生，那就太过于乐观了，但至少在周末放学回家的时候，我看到过好几次他跑遍每个教室去关门、关窗，而且需要他关的门窗越来越少，班主任、班长都记住了要提醒所有人在离校的时候关好门窗，也有很多同学主动做这个事情。这件事情过去二十多年了，在帮助企业做战略和组织工作的过程中，看到了非常多糟糕的对话之后，我经常会把这个故事讲给客户，盯着他们练习，效果往往很好。

要特别注意的一个细节是，前面写的SBI的应用指向的是你想要对方重复做出的，以及让更多人有样学样的好的行为，在具体用的时候，尽量不要说定性层面的话，比如"这就是×××精神的代表"等，否则很可能给当事人带来不必要的压力，甚至可能造成周边其他人的嫉妒或者冷嘲热讽，就事论事、只讲事情就可以了，其中的差别请读者仔细体会。

**再看SBI的负面用法。**

针对你发现的员工的不好的行为，在使用SBI沟通模式的时候，大致结构和前面基本类似，你要让对方弄清楚在什么样的情境下（Situation，情境），他做了什么或者没做什么应该做的事情（Behavior，行为），产生了什么不好的影响（Influence，影响）。接下来你要表达的是你对这个问题的看法，然后加上你的建议或者要求，最好再加上你能为此提供的帮助及支持。这样一来，对方才能够比较重视这件事情，也能感受到你的真诚。

对比之下，你会发现正面用法要避免说定性层面的话，负面用法同样也要谨慎，避免过激的反应，除非你是有意想要刺激一下对方，对这个细节的掌握有一定的难度。

举个例子，假设有一天你给你下面的经理做如下反馈："在本季度的绩效考核过程中，我旁听了三次你和你下属的绩效对话，发现你没有运用类似SBI这样的模式，没有清楚地告知你的下属具体哪些事情没有做好，以及这背后反映了什么样的问题，反而在沟通的时候讲太多的官话、套话，轻易地帮助下属找理由，这可能导致你的下属不能非常好地理解你的管理意图，甚至养成惰性。这件事情反映出你绩效对话、给下属反馈、督促改进的能力还需要提升，我建议你认真练习这方面的管理动作。这样，下一次你再和下属沟通绩效的时候就可以用类似SBI的模式，你也可以邀请我在场给你打样，希望可以对你有帮助。"在这个例子里，如果你想进一步刺激对方更深刻地认知到问题的严重性，你可以说"这件事情不仅反映出你绩效对话、给下属反馈、督促改进的能力还需要提升，更重要的是，你到底有没有做好承担一个经理的身份和责任的准备？还是你在回避这个事情？"这句话就有定性的味道了，就比较重了，大家自行体会。

**最后注意沟通场合的问题。**

阿里有一句土话叫"直言有讳"，讲的就是在直言的时候，要注意方式方法和场合，给下属正面反馈的时候当着众人讲会事半功倍；给负面反馈的时候除非这件事情需要引起众人的关注，否则一般建议在小范围内讲，以免容易事倍功半。有时候，要让子弹先飞一会儿，即便会带来一些小问题，但只要不是伤筋动骨的，后续给下属的痛和教训就更容易让他们记住。千万别学溺爱孩子的父母，一点儿风吹草动就马上添衣关窗。尤其现在很多"00后"说自己要整顿职场，和他们的沟通更是一门需要重新学习的功课。

第10章

# 持续增长：
# 第二曲线与增长飞轮的实操

本书写到这里已经累积了很多信息，但隐约有个问题，那就是用到的案例都比较琐碎。在线下分享交流的时候，我也被问到过有没有更复杂或者更"高级"的玩法？如果你是一个爱学习的创业者、管理者，那么你大概率听过一些比较激动人心的概念，如第二曲线、增长飞轮。尤其增长飞轮，其一旦实现，你的企业确实可以获得更高质量、更高速度、更可持续的增长。伴随着知识付费的浪潮兴起，这些概念一度非常流行；但如果真的去做，就会发现里面的"坑"不是一般的大。

所谓第二曲线是相对于第一曲线或者你起家的核心业务而言的。至于增长飞轮，本质上可以将其理解为多个第二曲线叠加后的结果。我们先看一下大企业的增长飞轮长什么样子。注意，大企业的增长飞轮一般企业只能看看，基本上很难复制，后面会举一个相对完整且比较容易理解的案例。

## 10.1 大企业的增长飞轮，仅供参考

一般而言，提到增长飞轮都会举亚马逊的案例，还有人专门整理了阿里的增长飞轮，如图10-1所示。我们现在所处的时代，加速奔向AI方向，叠加大国之间的竞争，未来的不确定性陡增，一切都需要重新审视和规划了。

## 穿透：理顺业务和组织的22个关键动作

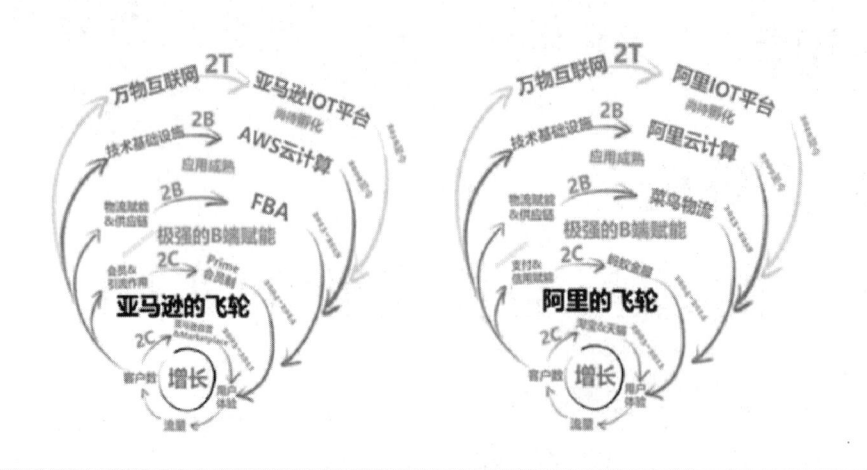

> 大厂的增长飞轮仅供参考，时代已经过去，无法复制；
> 注意，太多关于"飞轮"的说法过于指向增长，事实上其核心指向客户及客户价值。

图10-1　亚马逊和阿里的增长飞轮示例

增长飞轮是指通过不断构筑新的能力、场景、业务，不断有新的第二曲线进来，一圈又一圈地带来不断加速的、量级层面的增长。什么叫量级？在互联网创业者圈子里，广为流传的一句话是"10倍好才叫创新，30%~50%最多算优化"，但是做到这种程度，已经难倒了绝大部分企业。

事实上，图10-1中的这两个增长飞轮是商业史上第一梯队级别的案例，里面每一圈都是巨大的决心、投入和冒险，一般企业根本学不来。拿阿里比较被外界熟悉的几个飞轮来说，第一块业务中国供应商千辛万苦才做起来，2002年的KPI居然是"赚一块钱"，你就知道有多难；等2003年开始做淘宝的时候，内部争议很大，因为你这个小不点，居然要跨界去正面硬刚当时的庞然大物eBay；2004年支付宝从成立到独立，背后也是巨大的决心和争议；后来2007年宁波会议讨论要不要做云服务，到2009年才正式成立阿里云，然后因为投入实在是太巨大了，又迟迟不见产品、技术的突破及实际商业产出，导致连续三年的战略会上都在讨论要不要把阿里云关掉。你把自己带入当时决策层的角色体会一下，想做、可做、能做，挨个儿思考一下，就会感知到到底有多难。而这些一旦做成，确实就会带来量级层面的增长。

很多人可能没有见过机械设计领域常见的实物飞轮,所以对飞轮没有感觉,那你就抡胳膊,一开始小幅度用手腕、小臂画圈,然后将整个胳膊抡起来画圈,再然后手上抓一个重物抡起来画圈,你会感受到越来越大的力量拉着你,提高和保持速度都会比较容易,停下来反而费力气。

对于绝大多数企业而言,实际上连增长飞轮背后的细节都还没搞清楚,更别提真的去操盘图10-1中这种有难度的事情了。事实上,阿里也好,亚马逊也好,他们能有今天的成就,也没有谁真的好意思说这是自己英明神武规划出来的,中间死掉的业务、走过的弯路数不胜数,更合适的说法是这些都是长出来的。

## 10.2 关键动作:从三个要素中找支点

在图10-1的基础上,把第二曲线、增长飞轮背后的关键细节为大家理一下,看看它们的本质到底是什么,让大家不要轻易地被看起来激动人心的东西所迷惑,也方便阅读后面的案例。我在第7章七个缸四个盖和九宫格部分其实已经提过第二曲线,对应章节强调了三个重点,大家可以翻回去再看一下。

- 业务上,不要被第二曲线的概念迷惑。
- 组织上,要警惕插根扁担也开花的现象。
- 坐标系,看客户、客户价值、组织能力。

前面提到,我在给企业做咨询的时候,一般都会要求企业沿着客户细分、客户价值细分、组织能力三个维度琢磨拓展业务场景及选择业务策略的问题(见图7-9)。对于普通的企业而言,在这三个维度里,我的建议是至少得有两个维度能站住脚,才可以比较稳妥地开展新业务场景;只有一个维度站住脚的话,就得看是不是站得足够稳、足够深,否则绝对不要轻易开展。这个新业务场景,就是很多创业者、管理者所理解的第二曲线,如果有多个第二曲线叠加,就成了增长飞轮。但是要注意,飞轮是要有"支点"的。

我还是用阿里作为案例,对这三个维度进行更加清楚的说明。

**穿透：理顺业务和组织的22个关键动作**

从最早的中国供应商业务开始，阿里的追求就是"让天下没有难做的生意"，只不过在这个阶段，它的核心客户以外贸型的商家、工厂为主，具体的客户价值是通过互联网手段帮助这些商家、工厂把货卖到国外去。这是这一阶段的客户细分与客户价值细分，那么组织能力呢？

可以说，一开始也没什么组织能力，核心是创始团队的心比较齐，也拿到了融资，其他都是慢慢建设起来的。但是建设的方向很重要，比如为什么阿里当年选择建设地面直销队伍，而不是选择建设电话销售队伍？原因是2000年，互联网的普及在国内还比较初级，很多商家和工厂主不知道互联网是什么、能做什么事情。当时阿里的人去跟商家工厂主说互联网、Internet的时候，经常会被认为是骗子。因为这个巨大的认知问题，阿里不得不组建一个直销团队，派人当面去跟这些客户交流、讲解，打电话根本行不通。另外，这些客户以金华、佛山等地的中小规模制造厂为主，大部分都是远郊的工厂。你去登门拜访的时候，第一个出来迎接你的可能是看门的大狗，所以那时阿里跑业务的人经常会带一个硬质的皮包，一方面是为了装文件，另一方面是为了挡一下这条大狗。

在如此艰难的创业环境下，叠加当时阿里也没什么钱，因此他们不得不选择低底薪、高佣金的模式，事实上就是包产到户的个体户模式，每一个来做中国供应商的阿里员工，卖一单中国供应商的产品，佣金是数千元乃至上万元，注意那是2000年年初。小结一下，这一阶段阿里的客户是外贸型的商家、工厂主，客户价值是通过互联网帮助他们把货物卖到国外，组织能力的选择是建设直销队伍，采用低底薪、高佣金的模式。

后来中国供应商发展得相当不错，那阿里为什么还要做淘宝？核心原因是他们发现eBay的业务有可能会威胁到自己，要知道eBay是当时全世界最大的购物网站。阿里发现eBay上有一定数量的卖家会选择从中国供应商处进货，既然eBay有这么大的体量和资金，那它随时可以选择延展自己的业务，侵略阿里的领地，这就是阿里选择做淘宝的初始原因，原本是一个防御性进攻的策略，当

## 第10章 持续增长：第二曲线与增长飞轮的实操

时也没有想到能做这么大。

淘宝的客户细分，和中国供应商是有细节差异的，虽然都是"让天下没有难做的生意"，但是客户从外贸导向的商家和工厂主，转向了以内贸为主的商家和个人。客户价值从表面上看变化不大，依然是让他们能够更好地把自己的货物卖出去，但是底下支撑客户价值实现的组织能力却有变的地方，也有没变的地方。没变的地方是基于前面做中国供应商积累的团队和产品技术的优势，可以相对比较容易地建设淘宝的网站，而不再是零基础。变的地方是什么呢？淘宝在最开始就想明白了，因为淘宝要服务的卖家是分布在全国的，数量也远超中国供应商，因此不能用直销的方法去触达客户。而且那个时候，对于这群客户而言，互联网的普及也有了一定基础，所以淘宝在建设组织能力的时候，一开始就没有设置直销或者销售岗位，而是全力建设运营团队，这就是服务商家的"小二"。至于为什么阿里做了淘宝还要做天猫，这在第7章拼多多和淘宝的折腾部分已经介绍过，这里不再赘述。

再往后，伴随着淘宝、天猫规模的不断扩大，阿里遇到了影响客户价值的问题，那就是必须要解决支付及物流的问题，因为这两件事情而发展出了支付宝和菜鸟。这两块业务的客户、客户价值变化不大，但对组织能力的要求是完全不一样的，好在阿里前期的积累非常深厚，品牌影响力、企业文化、人才梯队建设等都没有拉胯，融资工作也做得非常到位，因此他们最终做成了，这里就不详细介绍了。

随着支付宝和菜鸟的逐步成熟，淘宝和天猫的交易规模也越发膨胀，这是量级的增长。但是这时，阿里发现限制自己的是算力、存储，发现自己将来赚到的钱，全部都要用来向IOE[1]这三家企业买设备，这是当时主流的互联网公司算力、存储解决方案。但事实上这三家企业也没有处理量级如此庞大的数据的经验。换句话说，他们花了钱也不一定能解决阿里的问题。所以阿里不得不选择自己去做云服务，也就是后面的阿里云。

---

1 IBM小型机、Oracle数据库、EMC存储设备，这三家公司的首字母简写为IOE。

而阿里云逐步走向成熟之后，发生了一个很有意思的客户及客户价值的变化，那就是政府、银行等大型企事业单位，成了云服务的重要客户。这群客户的付费能力和商业价值对于阿里云而言，意义重大，但是服务他们却是阿里一直以来比较缺失的组织能力。过去无论是中国供应商时代，还是淘宝、天猫时代，还是做支付宝和菜鸟，阿里主要都是服务中小商家。与服务政府和大型企事业单位相比，需要的能力、流程和细节均有很大差异，在这方面，华为是走在前面的。为此，阿里云曾经花费很大力气去吸引华为的人才，目的是尽快补齐组织能力的短板。

上述内容结合图10-1和图7-9来看，就能品出客户细分、客户价值细分及组织能力三个维度，与第二曲线或者增长飞轮之间的关系了，这都是业务与组织的基本功，本身都是很朴素的道理；但是因为一些流行概念的影响，有不少创业者和管理者在对自己这三个维度没有想清楚的时候，就贸然地去追求第二曲线或者增长飞轮，尤其是在自己的基本盘还没有做到极致、积累不够深厚的时候就展开这些动作，最终造成的影响往往是毁灭性的。

## 10.3 五年增长十倍的实操案例

我拿一个身边能看得到的、几乎人人都能看得懂的行业案例来具体聊一聊，到底什么是第二曲线和增长飞轮，到底该怎么去搭建。看完之后，你基本上就能捋顺第一曲线、第二曲线、增长飞轮的逻辑了。这个案例对应的行业是美业，大家应该都听过、见过或者接受过美业的产品或服务。我在这个行业里有三个客户，其中有一个客户比较低调也不算大，最近5年时间，年营收从6000万元增长到超过6亿元。里面的逻辑和方法现在再去看，已经不是什么秘密，可以写出来与大家分享。我们一起来看一下她是怎么做到的。

## 10.3.1 美业行业的基础信息

先把行业的基础信息向大家做个介绍，方便后面展开讲。

☑ **行业分类**

美业可以粗糙地分为生活美业、医疗美业，也就是生美、医美两大类。

生美就是你在城市里经常看到的，各类主要面向女士服务的SPA馆、美容院，主要做身体按摩、面部清洁、皮肤美白、头皮护理等各类项目。严格来讲，美发算是另外一个行业，规模也很大，有自己的体系，但也可以归属于生活美业。有很多女性朋友喜欢约上三五闺蜜，或者自己去享受生活美业的服务。生美商家可以使用一些皮肤表层的护肤品、有批号的保健品和药物，但是不可以进行任何侵入性的操作，包括划伤皮肤、打针、手术等。生美类的业务使用任何侵入性的医疗器械、注射任何药物，都是越界的，需要有相关的资质才行。

医疗美业，又细分为几类，第一类是光电类的，最常见的有光子嫩肤、激光祛斑、超皮秒、热玛吉等；第二类是注射类的，比如玻尿酸填充、肉毒杆菌除皱、水光针美白等；第三类是风险比较大的手术类，从割双眼皮，到抽脂或者自体脂肪填充，再到肋骨隆鼻、假体隆胸、颧骨切削打磨等，甚至还有腿部断骨增高，有些项目真的可以用疯狂来形容。事实上，抽脂或者自体脂肪填充有很大风险，后者甚至有可能造成血栓，所以它们被归入手术类。

☑ **发展阶段**

爱美之心，人皆有之。伴随着经济的发展、物质水平的提高和人们思想的越加开放，从二十世纪七八十年代化妆、涂口红都是害羞的事情，到亚洲四大"邪术"（中国美颜术、日本化妆术、韩国整容术、泰国变性术）成为网络流行名词，再到现在几乎泛滥的双眼皮、玻尿酸、水光针、抽脂、肋骨鼻甚至削颧骨等，美业已经走过了40多年，成为一个经济的增长点。成都、深圳、杭州等城市甚至有了"美容之城"的称号，可以说前景非常好，各种数据都显示这

**穿透：理顺业务和组织的22个关键动作**

是一个巨大的市场。

粗糙地看，美业的发展可以分为萌芽期、生美连锁门店扩张期、乱象期和规范发展期几个阶段。萌芽期从二十世纪八九十年代就已经开始，只是那时还不成气候，大部分是从美发衍生出来的一些服务。慢慢地，生活美业开始独立发展，常用的手段就是连锁加盟。1994年，上海第一家连锁式专业护肤中心上海雅芳护肤中心成立，在全国开设了数百家分店成为标志性事件，这个阶段的业务策略非常强调销售、办会员卡，很多直销行业的人进入了美业。

到了2010年左右，开始出现一些乱象，其实乱象一直都有，只是那时更加严重。美业在性质上发生了变化，推销、办卡、捆绑销售、卷钱跑路都不算什么，有一段时间似乎街边随便哪家生美店拿葡萄练几天手之后，就敢给你割双眼皮。这是很恐怖的事情，因为这是医美的范畴，要有资质。医美方面发展速度很快，其中光电类的还好一些，毕竟主要依赖设备，所以新的概念、设备层出不穷，背后的主要设备制造商至今毛利率都在70%以上。但是涉及动刀子、注射的乱象则更加严重，各类丑闻和失败案例层出不穷，最终引来了国家的强力管制。整体来看，医美行业的投资门槛已经越来越高，监管越来越严格，行业有了品牌化的趋势，生美也越来越规范，这都是好事，有利于行业往健康的方向发展。但是这个行业的整体问题，其实不在于行业本身。

随着经济的发展、物质水平的提高，人们有了消费能力和消费意愿，这本身是好事。但是随着竞争和内卷的加剧，文化的自信、审美的多元化与包容性还没有跟上，青少年群体对颜值的崇拜已经有了过分的趋势，媒体和商家也在不断灌输"这是一个花钱就能变美的时代"这种思想，大量消费者有意无意地被卷了进去。如最近几年高考后，很多青少年会去做整形手术，本来应该好好学习的时候，却花太多精力在变美上面，这类现象可能还不算什么，越来越多的肋骨鼻、整容脸或许也不是太大的问题，但是一些人为此背负了高额贷款，最后甚至误入歧途，这就很严重了。到底怎么看待这一层层现象，已经是一个社会层面的问题了。

民众对美的看法，从保守到开放，到可能有些过分的追求，再到真正地认识、接纳自己，包容多样性，这背后是整个国家经济、文化的建设，这里的核心驱动力除了政府的引导，还包括有责任心、有使命感的企业的努力。更具体一些，主要考验的就是创业者、管理者自己的坚持，期望这个过程能再快一些，大家都能尽快活得轻松一些。

☑ 业务特点

每个行业都有自己的Knowhow，指的是伴随着行业发展一并起来的一些规律，或者约定俗成的一些行规、窍门等，美业的Knowhow很有意思。

**第一，这个行业比较浮夸。**

用这个行业里一个创业者也是专家的话讲，"美业的老板们至少都有一辆玛莎拉蒂"，不管是买的，还是租的，至于是几手车就根本不重要，关键是要营造美丽、精致、成功的人设。翻开他们的朋友圈、抖音、小红书，动不动就是各种酒会、峰会、写真级别的"日常"，这是由行业发展阶段、从业者整体素质，以及目标客户群体、客户价值本身的特性决定的，都会有这么一个时期。

这个阶段会产生一些不好的现象，比如借助各类媒体的推波助澜，有一定数量的消费者过度地追求美，过于攀比，甚至为此不惜借贷。一些商家看到商机，专门做"美容贷"之类的生意，结合医美消费只有零次和N次的特点，造成一定数量的消费者误入歧途。目前还没有特别好的方法去管制这个问题，也许只能依赖时代的发展，等到大家不那么卷了，才能真正开始做到包容彼此、接纳自己。

**第二，行业从业者情况特殊。**

生美一线的员工，绝大部分是学历不高的小姑娘，生美门店的店长就是她们的大姐。实际统计发现，生美门店的店长们大部分都有强烈的改善生活的需要，也很能吃苦。

医美发展起来之后，本来应该是属于医学范畴的、极其严格的行业，可无奈来钱太快、监管有一段时间没有跟上，于是业内人士鱼龙混杂，动不动就有不知道从哪里冒出来的"韩国整形专家"，经常被曝出各种违法行医丑闻、整容失败案例。随着监管陆续到位、产品及技术迭代，行业的集中度也在提高，这方面的问题也在减少。很多三甲医院也在开设美容科室，改善还是看得见的。

**第三，生美主要是线下生意，最大的问题就是服务和叛变。**

简单来说，你在某个城市开了一家生美的店面，你的客户主要来自周边几公里范围内，再远的消费者光顾的概率就很小了。所以本质上你做的是区域性很强的生意，服务好周边辐射范围内的人群。而在这个范围内，有一定消费能力的客户数量是相对稳定的，一般不会有太大波动。在这个背景下，生美业务的格局类似于餐饮业，小店到处都是，大店也有，也能发展出大大小小的连锁店，但是很难有谁真的走向垄断或者寡头。决定你的业务做得好与不好的核心要素有两个，第一个是服务质量，就是好服务；第二个是叛变的问题。

做过服务业的人就会知道，好服务真的是非常复杂的。它是由无数个细节堆积起来的，从客户进店一瞬间看到的装修、闻到的香氛味道、接受到的店员的笑脸，到座椅的舒适度、喝的茶的品质、店员的接待，到走进房间接受服务之前每一步的所见，以及接受服务过程中更换的衣物、使用的毛巾和护肤品、听到的音乐、躺着的床，再到按摩的手法、过程中的对话，最后结束时的感谢、结账、送客户离开，以及整个过程中怎么留下客户资料、在做好销售动作的同时又不引起反感，这些都是非常考究的。一个生美的店面从店长到工作人员，多的有几十人，少的可能就五六人，打磨出一次好的客户体验需要时间，但更多的是团队的管理和磨合，单店可能还好办一些，批量复制极其困难。

等你好不容易把服务做好，把周围的客户吸引过来成为你的会员之后，最烦的就是叛变的问题。选址好的店面，如果经营管理得当，店长的年收入可能会达到几十万元甚至过百万元。生美的门槛也并不算高，如何避免店长不动心思自己去街对面开一家店，同时带走成熟员工和优质客户？就算你搞加盟（加盟是要收加盟费的），但有一定资金实力的加盟者，当他运转得比较顺利之后，他为什么不自己做一个品牌来发展，而是要向你交钱？这就非常麻烦了，因为生美是一个线下的存量生意，辐射范围就那么几公里，一个城市好的地段其实也就那些，如果解决不了叛变的问题，你会发现，竞争者越来越多，有很多还是自己人，或者是通过加盟培养出来的，他们抢走的都是你最好的店员和客户。

进一步地，加盟模式有非常多的门道，对于有的行业，尤其是看重人的交付的行业而言，过于快速地扩张到一定阶段，会发现实在交付不了足够数量和质量的服务，于是，卷钱跑路甚至会成为唯一合理的选择。

**第四，医美门槛高、分散化，生美和转介绍是很好的渠道。**

因为医美行业的特殊性，国家对其的管制要求还是比较严格的，消费者也会比较谁家名气大、设备新、店面装修得富丽堂皇，更重要的是比较医生的背景，这一切的背后都是很高的投资。现阶段在一个一二线城市，你想打造一个有较强竞争力的、新的医美医院，动辄几百万元甚至更多投资是少不了的，门槛比较高。与此同时，在消费者的需求持续高速增长、新的产品技术不断涌现的背景下，这个行业在很长一段时间内会呈现百花齐放的格局，如果资金实力允许，现在依然是入局的好时机，最终也会形成类似于餐饮行业的竞争格局，很多人都能在里面做生意，全国性的大品牌数量不多，并且很难占据非常大的市场份额，区域品牌的生命力顽强。

进一步地，为了尽快回收投资，就必须找到好的获客渠道，这个行业最好的获客渠道有两个，生美和转介绍。生美是因为本身就集聚了爱美的、有一定消费能力的客户；转介绍是因为假如你要去做隆鼻、隆胸，或者削颧骨之类的大手术，哪怕是打玻尿酸，作为第一次做的普通消费者其实还是很慌的。这个时候最好就是通过闺蜜、熟人之间的转介绍，她可以说"你看我自己的鼻子垫得多好，这个医生肯定是靠谱的"，这样一来你做选择就会少很多犹豫，毕竟如果医美手术出事，你将万劫不复。

你会发现，生美和转介绍经常会巧妙地聚合在一起，这个情况也为区域品牌的生存提供了良好的支持。所以医美公司对生美渠道往往比较重视，同时因为医美利润非常高，可以给很多的佣金，因此有相当数量的生美从业者和医美消费者，都非常卖力地推销和转介绍，尤其是那些背负了高额"美容贷"的消费者，这类人群和这个行业已经成了共生体。有一个典型的现象就是，一些人从消费者变成了所谓"合伙人"，从负债累累摇身一变，成了成功人士。了解内幕的人看到之后真的是哭笑不得，慢慢地也就见怪不怪了。

**第五，医美消费只有零次和IN次，尤其是光电类、注射类消费。**

这件事情得到了很多医美从业者、消费者的验证。

你会发现，如果一次热玛吉处理得好，效果十分显著，那么人仿佛真的年轻了好几岁。等到它的有效期过去，你会发现区别如此之大，于是你会有极强的动力再去做一次，玻尿酸、肉毒杆菌、水光针之类的也是一样的道理。我有一个北京的客户，一个奔四的大老爷们，不知道已经打了多少次水光针，根本停不下来。这种复购率，与很多别的行业比，简直算得上是逆天的。

## 10.3.2 客户企业的背景信息

我们现在开始聊这家公司的具体情况。很有意思的是，这家公司的创始人也是从"叛变"走过来的。2013年左右，她加盟了一家生美品牌连锁企业，发现"哎哟，不错哦"（创始人本人是周杰伦的粉丝），挺赚钱的，于是很自然地做了自己的品牌，从三线城市开始做起。

在经营、管理上，这位创始人算得上很下功夫，也很有才华，用了不到五年的时间，就从一家店做到十家店，年营收从几百万元到6000万元。逻辑非常简单，更好的服务带来更好的体验，更好的体验带来更多的复购和转介绍，更多的转介绍带来更多的进店，更多的进店带来更多的营收。

真正难的是，如何定义和做到"好服务"？前面在业务特点里已经专门提到过这件事情的难度，本书不讨论这些细节，有兴趣、有能力的读者可以去研究北欧航空公司前总裁简·卡尔森的MOT理论[1]，也就是《关键时刻》这本书。这位创始人那个时候根本没听过这个理论，但却将它用得极好，具体做法就是

---

[1] 简·卡尔森在《关键时刻》中提出MOT理论，认为体验是由关键时刻所决定的。

## 第10章 持续增长：第二曲线与增长飞轮的实操

对整个流程进行原子化拆分，找出所有对客户体验有影响的地方，通过逻辑判断和测试，选择最关键的地方全力投入。我们认识之后，我跟她说了MOT理论，她深以为然，正所谓"有用就有用，没用就没用"，实践出真知。

更重要的是，这位创始人很愿意分钱，舍得给员工和店长提升薪酬、福利，真心对待他们；而服务行业有一个基本规律，就是从业者的薪酬、福利水平和消费者的满意度之间呈直接的正相关关系。到这里，第一个正向循环才算真正打通，那就是更多的营收带来员工更好的薪酬和福利，更加愿意配合MOT理论的管理要求，直接提升或者维护了好服务，这是她的第一曲线，如图10-2所示，这其实是线下服务行业的基础业务逻辑。

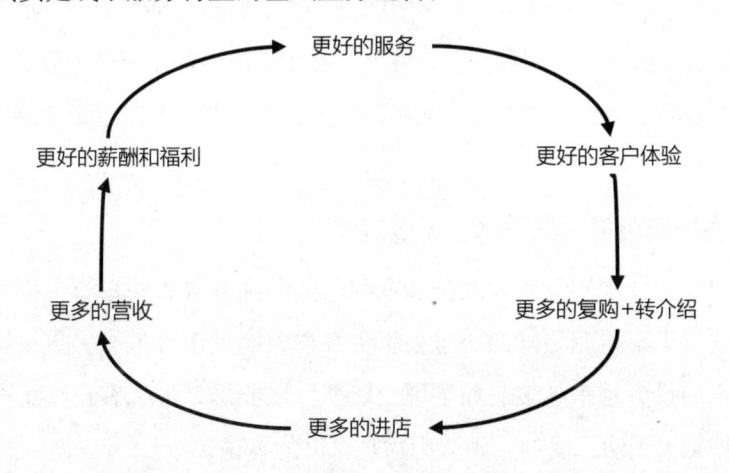

更好的服务 → 更好的客户体验 → 更多的复购+转介绍 → 更多的进店 → 更多的营收 → 更好的薪酬和福利 → 更好的服务

> 这是线下服务行业最常见的业务逻辑，难点在于如何提供真正好的服务，薪酬和福利与好服务直接相关，还要结合MOT理论做精益的流程、场景打磨才有效果。

图10-2 案例中的基础业务逻辑

总的来说，从一家店到十家店的滚动、复制、增长过程还算顺利——创业都这样，初期业务跑顺了，就会有一段舒服的时间，然后组织、人员、文化就会跟不上，就会出问题。这位创始人也不例外，到了十家店时就感觉走不动了，原话是"走不动，也不知道往哪里走，但停下会死得更快"。

没有真正经营过企业的读者可能会好奇，不是好好的吗？怎么就经营不下去了？表面上看确实挺好，从一家店做到了十家店，年营收做到了6000万元，但同时遇到了这么几个问题。

☑ **毛利润明显下跌，净利润开始萎缩**

从数据上看，原来赚钱的生意变得不那么赚钱了，十家店的整体盈利甚至不如最早的四家店，背后是很难再提升的薪酬和福利，以及各种严重的贪污、腐败问题，甚至有门店出现私自收银、截留收入的情况。

☑ **管理难度大幅增加，组织失控**

团队人数从十几人增加到接近三百人，最奇怪的是总部居然有将近50人，创始人自己说道："完全搞不清楚我们这种公司，怎么会有这么大的总部。"其中还有很多人是创始人的亲戚。最麻烦的是，几乎所有人都想着给自己赚钱，维护自己的利益，已经出现"叛变"的情况，有店长出走的，有高层偷偷在外面自己做的。人才明显流失，优秀员工的离职率大幅度上升，基本上都跑到竞争对手那里去了。

☑ **客户满意度明显下降，无法接受**

创始人明显地感觉到，薪酬和福利已经无法有效激励核心员工和干部；人心浮动，员工不再花足够的心思去服务客户，而是想着怎么去尽快榨取客户的钱；客户的投诉越来越多，如果说"叛变"还能忍，那么客户满意度的下降则是这位创始人无法忍受的，她认为这是自己的丧钟。

我认识这位创始人的时候，她自己真的有种难以为继的感觉，一度都不想干了，可是也卖不上好价钱，感觉自己陷入了"十家店，十面埋伏"的窘境，非常痛苦。

### 10.3.3 支撑破局的战略规划

我是在一次演讲上认识这位创始人的。演讲结束后，主办方组局，几个人一起喝茶聊天，当时我给她讲了本书开篇的逻辑层次，以及一家公司可以没有使命但必须有愿景的道理，一起分析了这个行业的特点。

## 第10章 持续增长：第二曲线与增长飞轮的实操

### ☑ 首先看远见

这个行业的前景可以说非常好，需求在快速增长，未来还有很大空间，是难得的巨大的增量市场；而且无论是生美，还是医美，都很难说会走向一家独大或者寡头垄断。即便有革命性的技术出现且技术被垄断，普通生美、医美也会有存在的空间，所以应当继续投入和经营，而不是放弃，不要轻易下牌桌。

进一步地，这个行业的核心，第一是服务、产品、技术的创新，第二是对客户资源的掌控。在这个背景下粗看下来，几年前的判断是，生美必将衰弱，竞争会加剧，盈利会下降，应当依托线下布点的优势，往获客渠道和维系客户关系方向发展。下一阶段的核心业务必然是医美，但是风险过高的外科手术类业务尽量不要碰，这类业务对医生的依赖度极高，一旦手术失败，对于普通消费者而言，很多时候会有他们无法接受的损失和风险，自身积累不够厚的企业也玩不起、赔不起，因此大规模复制扩张比较难。相比之下，光电类和微整形会是主要方向，尤其是光电类，其本身主要依赖机器设备和物理技术的进步，对人的依赖比较少，可以很好地复制、扩张规模。更好的选择是"卖水"，就是成为光电类设备的制造商。再下一阶段，目前来看干细胞、mRNA等高科技生物领域很有前景。

至于对客户资源的控制，要想彻底解决客源问题和"叛变"的问题，可以用数智化和一些跨界的办法，但是也很难一口气做全国性的推广运营，还得从区域下手。还有一个原因是，高需求和高消费人群非常扎堆，有实力的企业要重点和优先布局长三角、珠三角、北京、重庆、成都等城市；同时从实践来看，在三四线等下沉城市布局也有闷声发大财的机会，从哪里切入是个好问题。基于创始人对自己能力的评估，她选择从三线城市切入，觉得自己暂时也没有太大的野心，就想先好好赚钱、积攒能力。

### ☑ 其次看组织

先看人才的问题，这个行业的从业者参差不齐，这也是好事，就看谁能破解复制人才、稳定服务水平及稳定团队的问题，这也可以用一些跨界的方法，但是同样得先从区域做起，全国性的复制、快速扩大规模的操作难度极高。

再看组织能力的局限，对于案例中的企业而言，短时间（3~5年）内很难往光电类设备制造方向发展，高科技生物领域就更别想了，因为资金不够，一时半会儿也吸引不到顶级人才。

☑ **最后看使命**

这个行业真的到了需要有使命感的创业者去影响消费者的需求、引领行业的成长、提升从业者素质、为社会的良性发展做出贡献的时候，就看是谁了。案例公司的创始人是一个有追求的创业者，自己对行业的乱象比较排斥，同时很愿意分钱，很愿意帮助员工赚钱、改善生活和成长，这就有基本的使命感的土壤。我没有在一开始就聊这个，主要是感觉对她而言，暂时还不需要，等到下一阶段再聊即可。

在上述信息达成一致的基础上，我们一起制订了如下破局的战略规划。

**第一，树立新的愿景。**

组织核心团队一起讨论，告诉他们：我们在一起，未来五年成为区域的行业龙头，我们会有十倍增长，每个人都能赚更多的钱，重点是一个人可以走得很快，一群人可以走得更远。

**第二，给出实现路径。**

更重要的是，要讲清楚为什么能获得十倍增长，统一思想，实现"一张图、一颗心、一场仗"。

我和核心团队一起理清楚了这个行业是区域生意的特点，以及能做到十家店背后的第一个闭环的逻辑，讲清楚了实现好服务的关键点及重要性，重点提供了继续增长的解决方案，接下来就是打造新的业务和组织的增长飞轮，简介如下。

☑ **打造从业者的黄埔军校**

必须从源头开始，训练出足够多的优秀服务人员。这个行业的本质是服务，要靠人，必须建立一个类似于企业大学的部门，之后独立成公司，和集团结算并占集团股，专门去和对口的中专、职业院校合作，从学校里培养和筛选吃苦耐劳、性格温和、想要努力赚钱的小姑娘，尽早地让她们进入门店实习和工作。这块业务第一阶段的要求是尽快补充和储备基层员工，第二阶段的要求是提炼行业的服务标准，训练行业的管理干部，为快速增长做准备，这一切都以确保服务体验为目标和底线。

对于这块业务，创始人亲自抓，安排人力资源负责人牵头，组建了一个从大型制造业出来的三人团队，跨界用工厂校招资源和训练基层员工的经验，半年左右就跑得很顺了。这背后是跨界的应用——生美行业因为从业者素质参差不齐，所以很多工作做得不够专业和高效。但是对于大型制造业的人而言，这都是日常基本工作，必须做到很细致，这提升了团队信心和斗志。

### ☑ 打造行业最佳装修公司

要有最适配行业的装修公司，别的装修不管，只做生美店面的装修。正好公司里有一位这方面的人才，之后形成独立公司，和集团结算并占集团股。

这块业务第一阶段的要求是，在同一个城市，找不到能比他更安全的供应商，无污染、保证消费者体验是第一位的，其次是快速。第二阶段的要求是尽可能控制成本，做到可控，不求最便宜，但求在最安全、最快的前提下，性价比最高。第三阶段的要求是具有设计感，做出品牌的美感、质感，区别于其他竞争对手，这也是为了提升消费者的体验。

### ☑ 打造行业专用的供应链

要有最懂行业的供应链，别的东西不管，只做生美的供应，涵盖精油、毛巾、毯子、浴袍、基础护肤品等物料，之后形成独立公司，和集团结算并占集团股。

这块业务背靠我国的制造业资源，根本不是问题，专门安排一组人去做，从源头去抓供应链，第一阶段先做到绝对安全，以及在同样成本下尽可能舒适；第二阶段再做到尽可能降低成本；第三阶是在安全和低成本的前提下，尝试追求更好的体验和效果，核心都是要确保消费者的体验。

穿透：理顺业务和组织的22个关键动作

☑ 打造家族长裂变模式

上面这些还不够，更重要的是，对这个组织做了一个关键的变革，这在直销行业和生美行业里都有先例，那就是家族长裂变模式。

这是什么意思呢？如果沿用行业过去的发展逻辑，你已经有了十家赚钱的店面，有了学校能够输出人才，有了装修公司能够把装修搞定，有了供应链公司能够从源头供应物料，那么你完全可以开放加盟。而且此时你做加盟会比别人更有优势，因为你能提供人才，提供装修，提供原材料，你的十家店貌似也都赚钱，也有了一点点品牌效应，基本上解决了加盟商主要担忧的问题，只剩选址和日常运营的问题了。这个时候你去开放加盟，是不是就顺理成章了？如果这样做，短时间之内可能会带来很快的门店扩张和营收增加，但是第一，这没有从根本上解决行业的"叛变"问题；第二，因为扩张的速度过快，导致好不容易维护起来的服务质量又掉下来。这该怎么办呢？

所以我们做了一个战略级别的组织设计。简单来说，就是公司鼓励原来十家店的老店长走出去，去开新店，**从打工者往创业者方向转变**。为此公司提供了以下保障。

第一，你去开新店，集团和你共同参股。初期集团占大股，你占小股；等到经营稳定之后，你的股份比例可以逐年增加，集团的股份比例逐步减少。几年之后，你会成为这家新店的大股东。如果一开始你的钱不够，还可以向集团无息借款，这里面的比例关系、节奏设置得非常巧妙。

第二，如果你想要出去开新店、闯出一片天，那么你必须为原来负责的老门店培养出一个人来接管。如果暂时没培养出来，那你就兼着。无论哪种情况，这家老门店的收入依然有你的份，即使你的徒弟成为这家店的正式店长，你也依然有，无非是比例多少的问题，这里面的比例关系、节奏设置得也非常巧妙。

第三，你作为一个老店长，可以不断地开新店，不断地带新人，你的徒子徒孙们也是一样的。最终你的徒子徒孙们和你一起，就成为一个家族，你是家

## 第10章 持续增长：第二曲线与增长飞轮的实操

族长，其实很像创始人一手打出十家店的状态。经过实践和测算，考虑到人的精力有限，同时必须保证服务质量，因此一个家族的规模是受限制的，不能太大，门店到了一定数量，就必须设立新的家族长。

在上述信息的基础上，就可以画出新的业务大图，如图10-3所示。事实上线下服务行业很多都是沿着类似的逻辑在操作的，尤其是有发展加盟能力的业务（区别在于是公开招募加盟，还是类似家族长裂变模式，其速度不一样。公开招募加盟往往会比较快，更适合相对简单、高度标准化的业务）。

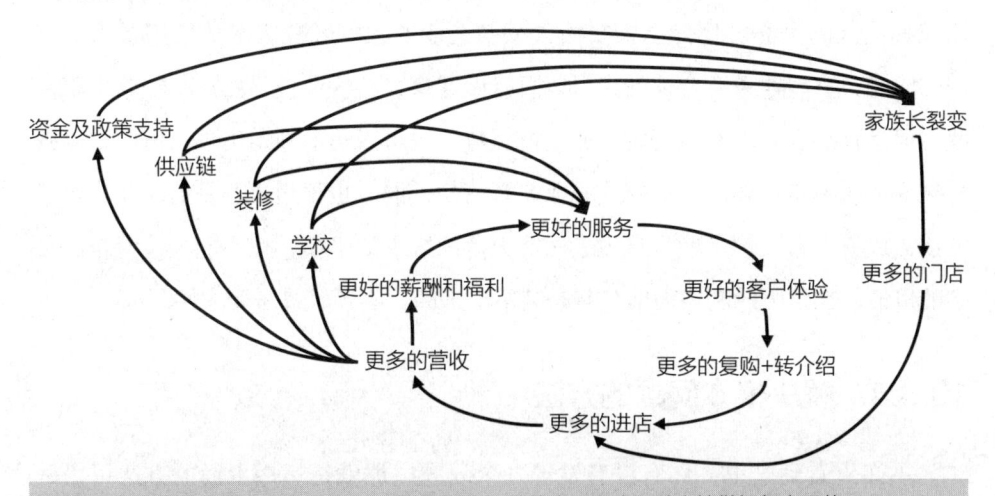

> 这其实是线下服务行业升级的常见路径，难点在于坚定、踏实地做好每个环节，真正提供价值而非单纯想盈利；
> 至于选择公开招募加盟还是家族长裂变模式，要看具体业务和组织的情况。

图10-3 案例中业务及组织的升级规划

仔细看上面这张图，是不是有一点儿增长飞轮的感觉了？

现在你回头去看，前面三条主要是为了更好地提供平台服务，帮助老店长们解决各种开新店的后顾之忧，然后资金及政策支持下的家族长裂变模式就是最后的催化剂，最大限度地引爆了老店长的意愿和潜能。在这个时候选择家族长裂变模式，徒子徒孙无穷匮也。假设一个合适的老店长能够裂变出三到五家不错的店面，然后他的徒子徒孙同样可以去裂变，那么这样一来，没有使用加盟模式，而是用了自己人就获得了更高的、规模翻倍的增长，而且忠诚度远比找陌生的加盟商高得多。

这背后其实有一个核心理念，就是视人为人——创始人自己能做到打拼出十家店，她自然希望自己的姐妹也能，这些姐妹都是要靠自己养家糊口的。在原来的业务规划里，只做一家店的店长就到头了，且就算她自己愿意做下去，可一旦公司扛不住了，她们也没招。而现在在新的战略规划下，她们被激发起来，有了新的追求，公司也因此破局，创始人自己的状态也大为改观，不再是自己战斗，而是带着大家一起赚钱。

上面这些事情难的是要找到具体的方法去建立信心，把握节奏，以及改变和成就他人的决心。比如学校要用大型制造业的人和经验去解决校招及人员培训的问题；有些业务有合适的人可以直接做起来，有些业务虽然没有经验可以借鉴，但是背靠我们国家独特的产业集群优势，也可以勇敢地走出去；再比如家族长裂变模式不是什么新鲜的模式，账要算清楚，同时也得迈过心里的坎儿，愿意分钱去成就大家。你不能盲目地去做能力范围之外的事情，也不能做违背自己心意的事情。在巨大的利益面前，装是装不出来的，不要轻易考验人性。

### 10.3.4　解决根本问题的方法

不知道看到这里，你有没有发现一个问题，那就是运用上面的方法可以破局，可以实现门店数量和营收的大幅度增长，但是好像没有解决最根本的"叛变"问题，那该怎么办？在实践中，可以用数智化的方法和社群电商的玩法来解决这个问题。

在更多营收的支撑下，我推动这家公司组建了一个IT部门，开发了一个很简单的门店数字化管理系统。这套系统帮助门店解决了日常管理工作上的很多难题，并大幅度减少了工作量。背后针对的是门店的店长和员工，因为本身学历和能力的限制，很多门店的日常管理工作对她们而言比较困难，会占用大量时间还容易出错。比如门店的排班还在用手工记录，某个客户是谁发展的，应该给多少佣金和奖励，以及客户充会员之后，什么时候、该由谁告知客户来接受下一阶段的服务，这些事情都比较混乱。这些门店日常管理工作占用了店长大量的时间，而店长真正的精力应该用在提升员工能力、提升客户满意度、挖

第10章　持续增长：第二曲线与增长飞轮的实操

掘客户资源上。所以这套门店数字化管理系统帮了大忙，使门店管理工作进一步规范化，同时提升了客户满意度。

进一步地，所有客户的信息都汇总到了总部。在这个基础上可以做进一步的业务和组织设计，效仿社交电商组织一群姑娘成立运营中心，专门用微信添加消费者，成为消费者的专属美容顾问。这样一来，总部运营中心直接受理消费者的投诉、建议，直接向消费者收集各种反馈，消费者心中就有了更强的品牌感受：不是一家单独的门店在服务我，而是这家公司在服务我；客户是可以接触到品牌方的，对门店有任何不满或者建议都可以直接传递到总部，而且反应和处理的速度极快。门店的小姑娘只需要安心做好服务即可，运营的事情由总部运营中心直接负责，运营中心的人才配置比较到位，各种运营活动就可以玩出花样来，店长有任何想要做的运营动作也都不是一个人在战斗。有一次，一家核心门店搞周年庆，组织了上百位优质客户参与现场活动，这完全不是一家门店自己能搞定的，运营中心从邀约到会场服务再到内容设计都能支持店长，成为店长背后的运营后台。这样一来，店长也乐于配合。到了这一步，业务和组织的模式有了质的变化，如图10-4所示。

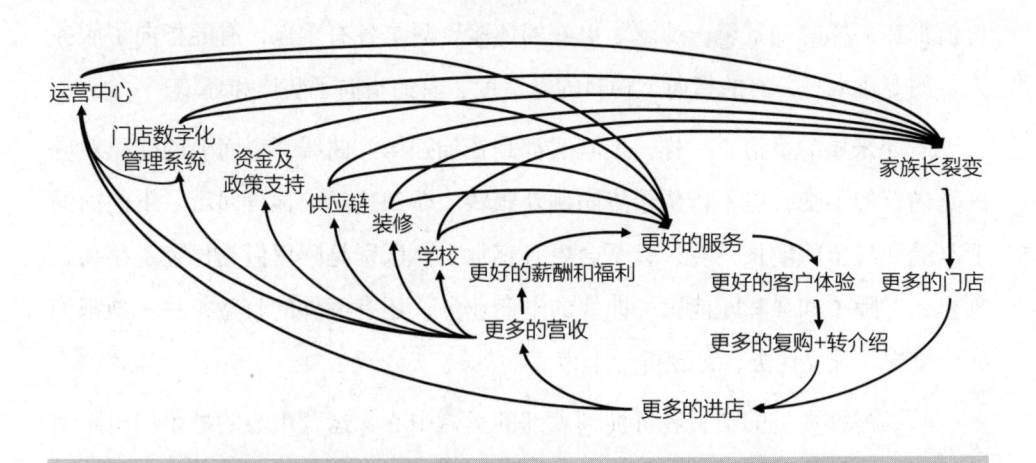

> 当使用门店数字化管理系统和运营中心，真正掌握了客户资产后，才算彻底解决了"叛变"的问题。

图10-4　通过门店数字化管理系统和运营中心掌握核心客户资产

在这样的业务设计和组织分工的基础上，客户真正成为资产，沉淀到总部的平台上，客户与公司打交道的界面，从单纯的只有门店，变成总部、品牌方直接对接和服务，这就从根本上解决了"叛变"的问题，因为你完全没有必要选择叛变——你想要更多的收入，最简单的办法就是背靠公司各方面的资源和支持，尽可能多地开店。跳出这个体系，你很难获得这样系统性的资源支持。最重要的是，客户不会轻易被你带走。

上面这些事情的难点，同样是要找到具体的方法去建立信心，把握节奏，以及改变和成就他人的决心。比如总部建设运营中心，怎么跟门店配合才能做到门店不排斥且有效果？实践中需要一步步地做案例、打样、积累经验和信誉，而不是一刀切，搞得鸡飞狗跳。

## 10.3.5　此时才考虑第二曲线

对于前面那些新的业务、部门，其实我都不认为那是第二曲线，看起来和原来的生美店面的业务完全不同。但仔细研究一下，就会发现，这三块新的业务，它的客户及客户价值和原来的业务是完全一致的，客户都是消费者，客户价值都在一样的场景里，那就是更好的体验，只是各有重点，有的指向了服务人员的专业水平，有的指向了物料的舒适度，有的指向了装修和环境。

看起来做的事情不一样，但其实都是在加强第一曲线，表面上的变化对应的是内核的不变，也不指望给集团额外赚钱。聊到这里，你再回看一下前面的亚马逊和阿里的增长飞轮，会不会更有感觉了？区别是阿里做支付宝、菜鸟、阿里云，除了加强和赋能第一曲线的电商业务，还有额外的收益，每一项都能完全被视作独立业务，甚至拆分上市。

等到足够数量的消费者沉淀到总部的运营中心，运营中心的姑娘们也跟消费者建立了很好的关系，可以组建群，大家在里面高频率地分享交流美容、护肤心得的时候，就可以考虑真正意义上的第二曲线了。**这个时候最重要的反而是克制，不要太轻易地开展太多业务。**当时我给创始人的原则建议是，不要轻易触碰任何可能造成人身健康风险的东西，因为在企业比较小的时候，这些事情会导致猝死；要紧紧围绕消费者对美的追求展开，因为本身这些消费者都是因为希望自己变美才聚过来的，尽量不要切换客户价值。

所以当时给这位创始人的建议有两个，第一个建议是优先考虑从买手服装切入，有以下几个原因。

第一，买手服装可以很好地满足这群消费者爱美的需求，本身利润也很高。

第二，背靠我国强大的服装产业，启动的成本很低，不需要自建设计、生产、研发、仓储。

第三，这类业务一般很难碰到危害人身健康安全的事情。

至于奶粉、食品、化妆品、教培、成人培训等，我都劝她还是慎重为好，因为奶粉、食品、化妆品类的东西，我们很难拼过各种平台，还有健康的风险。尤其化妆品类的东西，根本没有足够的资源去做研发，也很难拼过知名品牌。至于教培、成人培训等业务，当时觉得不符合这家公司的组织能力，也不是客户变美的需求范畴，因此没有必要去碰。

第二个建议是考虑适时开展光电类轻医美业务，毕竟这是美业里比较容易做成品牌、规模，且利润较高、风险较低的类目，而且就算她不做，也会向别的医美企业输送客户。

最终这位创始人选择了依托自己的客户群体，通过社群电商+直播的方法，用很轻的投入开展了买手服装业务，同时借助一些融资、合作正式开始了光电类轻医美业务，目前这两块业务都发展得相当不错，如图10-5所示。

2023年，这家公司营收超过了六亿元，利润也相当可观。算起来，这些业务和组织的战略设计是在2018年开启的，中间受疫情影响很大。如果没有疫情，估计营收会更高。

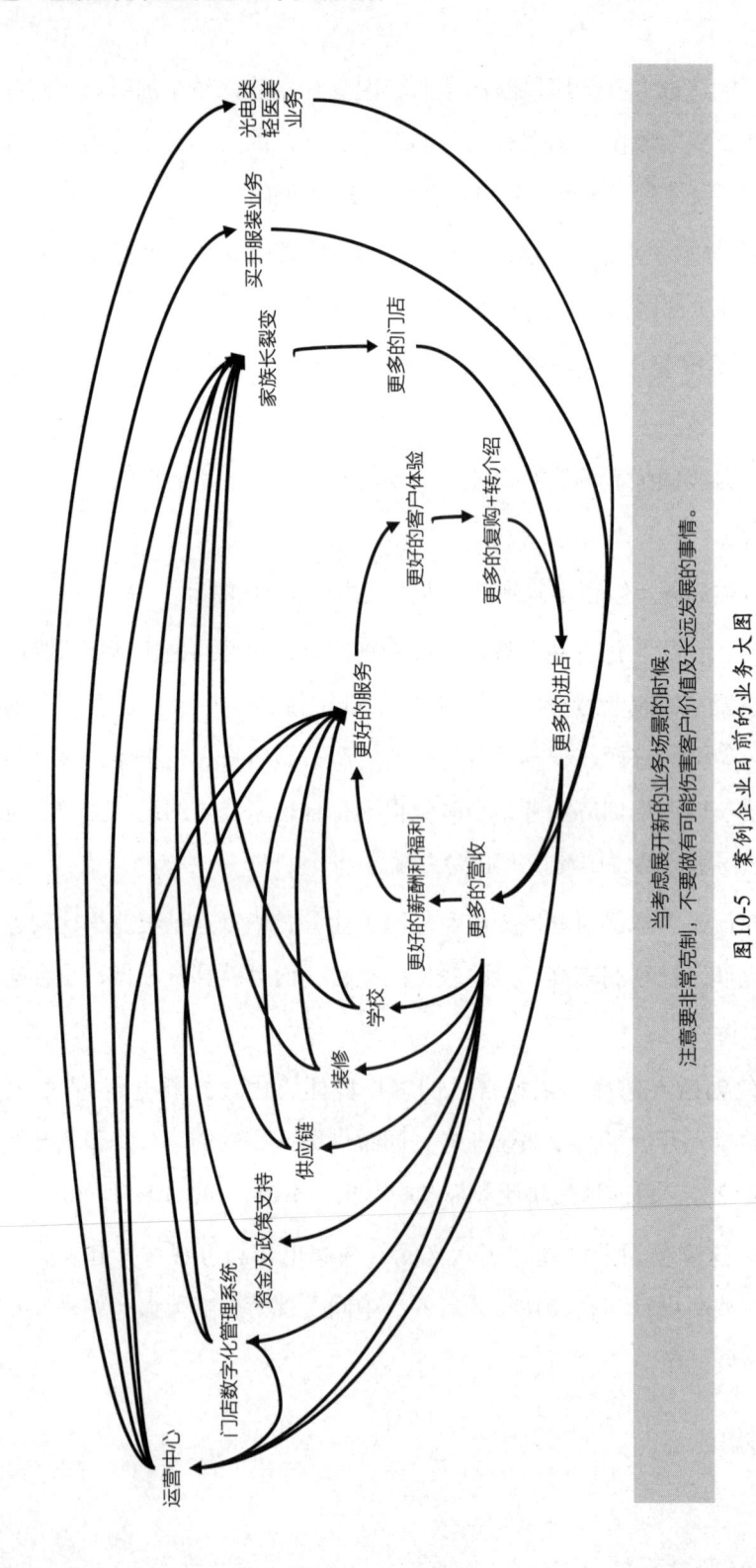

**穿透：理顺业务和组织的22个关键动作**

图10-5 案例企业目前的业务大图

当考虑发展开新的业务场景的时候，注意要非常克制，不要做有可能伤害客户价值及长远发展的事情。

260

## 10.4 傲慢与焦虑是战略的敌人

第二部分到这里就要结束了，这些年我有一个体会，任何时候都要以远见为牵引，紧紧围绕客户及客户价值做工作，要有足够的耐心，做第二曲线、多元化或者增长飞轮之前，一定先把第一曲线做到足够好。高手懂得围绕不变去构建变化，而不是随意分散，正所谓"不可胜在己"。

进一步，如果战略是成立的，那么一块业务被设计出来的时候，相应的节奏、打法、指标体系就已经很清楚了，真的去落地的时候，跑得也会很顺，就好像睡觉的时候它也在长，自己有生命力一样。也许这就是做战略的感觉。找到了这个感觉，一切都会变得顺利起来，除了业务本身逻辑通畅，更重要的是能够拉动关键人一起讨论和共同看见，他们自己会兴奋起来，组织自然就有战斗力。

接下来就是心态修炼的问题了，我们在第二部分的最后一章聊第二曲线、增长飞轮，聊怎么做到持续的、高质量的增长，但是在结束的时候反而强调的是，不要为了增长而增长，不要为了竞争而竞争，尤其不要被竞争对手或者KPI轻易左右了节奏，这背后是创业者、管理者自己要持续修炼的课题，那就是抚平自己的傲慢与焦虑，这是战略的敌人。

可惜这样的事情比比皆是，在某种意义上，越大的企业越容易掉进去。

### 10.4.1 2008年的通用和微软

2008年经济危机的时候，马云组织阿里的高管们去硅谷学习交流，网上可以找到很多相关的视频。当时马云说反正金融危机了，也没什么好折腾的，那就去全世界转转，看看优秀的公司。毕竟在压力之下扛得住的才是好公司，结果在通用、微软看到了典型的为了增长而增长、为了竞争而竞争的反面教材。

到通用的时候，要知道阿里早年是通过关明生学习的通用，可以说是去朝圣的，当时通用的CEO是杰夫·伊梅尔特。在交流的时候，他说自己很痛苦，

## 穿透：理顺业务和组织的22个关键动作

中国人最近流行搞世界500强企业的说法，那时候世界500强企业的门槛是年营业额100亿美元；他说通用每年要长出1.5~2个世界500强才能完成董事会给自己的增长目标，一年长不出100~200亿美元，他作为CEO就没法向股东交代，所以他的工作就是围绕着怎么获得增长展开。在交流过程中还发现，通用已经不再执行"271"和轮岗了，执行不动了，通用一度是这方面管理实践的标杆。从通用出来之后，马云就问可以做空通用吗？他认为这个公司不行了，完全被股东和股价绑架，为了增长而增长。现在回头去看，通用的股价也非常有意思，2009年3月份跌到谷底，此后回升然后又跌，其间也是风波不断，真的是你越想要什么，就越得不到什么。

后来到了微软，阿里问了一个习惯性的问题"谁是你的竞争对手"。谷歌、苹果在这方面一般也就聊几分钟就结束了，谷歌当时说自己的竞争对手是NASA，这个案例前面聊使命的作用时聊过。微软当时的CEO是史蒂夫·鲍尔默，一谈竞争就来劲了，一口气聊了快一小时。微软产品线这么长，他能一个产品一个产品地去讲谁是竞争对手，市场份额他占多少、对方占多少，第二年的策略怎么打，争取多少份额回来，二十几个产品线一个个讲下来，大概不下十几家公司的名字，出现在微软的竞争对手名单上。从微软出来后，马云说觉得他像职业杀手，但是当时阿里的高管大部分都看金庸，金庸的书里就没有哪一个真正的顶尖高手是职业杀手。马云当时跟高管们说，我们创业如果以消灭对手为使命，心里永远想着增长、竞争，都不怎么谈使命、愿景，那么战略就没了。当时马云说微软也会遇到问题。后来在史蒂夫·鲍尔默的时代，微软一直横在两三千亿美元，等到2013年8月23日，微软董事会宣布史蒂夫·鲍尔默要在未来12个月内卸任的时候，当时并没有说下一任CEO是谁，只说董事会正在遴选过程中，结果微软股价居然立马涨了7%，这就很不给面子了。更有意思的是，根据金融界的报道[1]，史蒂夫·鲍尔默不怎么出售自己持有的微软股票，比尔·盖茨则不断出售和转向多元化投资组合，并向自己的基金会和其他慈善机构进行了大量捐赠。结果2024年7月份，史蒂夫·鲍尔默的净资产超过

---

[1] 金融界，《微软前CEO鲍尔默富豪榜排名首次超过盖茨》，2024年7月2日。

了比尔·盖茨——史蒂夫·鲍尔默仍拥有微软约4%的股份,而作为创始人的比尔·盖茨只有约1%。

## 10.4.2 如何抚平傲慢与焦虑

前面列举了一些知名大企业的经典反面案例,类似的事情在反复发生。我的理解是,一个组织的成熟是需要时间的,道理谁都看得懂、说得出,但是只有栽跟头的教训来得最实在,这也是要多研究失败的原因。

这些事情无法从根本上避免,但可以降低发生的概率,随便想一想都能说出来几个办法,比如认真思考自己的使命,真正有使命的创始人和组织一般会稳很多;比如多打磨战略思考,以及制定、执行、反馈的流程和能力,反复训练自己去冷静地思辨。但最真心的话是,创业者要明白企业是自己的放大器,你自己怎样,你的企业就怎样,创业过程就是不断自我修正、自我超越的过程。所以说,作为创业者,表面上看是在做"世界因我有何不同",实际上是在答"我因世界有何不同",努力向前,与君共勉。

# 03 第三部分
# 同步松土

**穿透：理顺业务和组织的22个关键动作**

企业活过一定时间、发展到一定阶段、取得一定成绩后，会有很大的概率遇到创新枯竭、阶层固化的问题，就像长时间运动后不拉伸，会造成肌肉僵硬一样。如果放任不管，往往会衍生出三个社会学层面的现象，那就是越成功越保守、有权力就官僚化、有机会就贪腐。

这些事情在创业初期、激情燃烧的岁月里比较少见，等出现了往往就很难处理，而且直接瞄着这些问题去的话，一般都比较棘手。需要尽早筹备和开始松土的工作，尽可能培育创新的土壤，避免掉进保守、故步自封的问题中，想尽一切办法提升干部群体的流动性，不断地发现和使用新人，避免板结，这些是解决上述社会学层面问题的方法。

第11章

# 持续创新：
# 如何培育和激发创新的土壤

首先必须认识到，在企业的层面上创新，当然是非常重要的，但不是所有的部门、所有的员工都需要创新。有一些对安全或者标准要求极高的行业，甚至会禁止中基层员工开展创新和尝试的工作。对于这类行业而言，中基层员工能够按照规章制度执行好、不出事的优先级更高，就算真的有新想法，也必须经过专家组的反复审议，经过合适层级的上级领导批准、担责，才可以尝试。

最常见的培育和激发创新的手段往往是人力资源部或者总经理办公室发布一个文件，搞类似有奖征集的活动，甚至摊派名额，要求各部门提报一些新点子。这样的操作就有官僚化的味道，大家可以回到第7章关于横向部门与纵向部门的内容看一下，就会知道为什么这么说。那么实践中相对效果可能好一些的方法有哪些？这就是本章的内容。

## 11.1 关键动作：融入日常工作

对于企业、创业者、核心高层而言，在需要创新的时候，临时出政策、"抱佛脚"，往往很难有好的效果，实践中最好能够把创新融入日常工作，具体有三层操作方法。

第一层，非常简单，我们可以在各部门组织月度复盘的时候，稍微改一下对复盘工作结构的要求，要求各部门花一点时间，整理下这个月本部门及外界关联方有哪些新鲜的事情发生？有哪些新的想法？有哪些新的尝试？遇到过哪些新的情况？栽过哪些新的跟头？这项工作需要经年累月的累积，高层管理者对此要有极大的耐心和敏锐度，这就叫作"有意瞄准，无意激发"。

第二层，相对复杂一些，但也不难操作，在第1章一年12个月的工作节奏里已经提到过，公司层面要专门在下半年深入各部门去挖掘和鼓励提报新的想法，具体细节大家可以翻到对应的章节再看一下。

第三层，实操起来是最累的，那就是创业者、核心高层要坚持定期/不定期地与客户、合作伙伴保持交流，坚持做穿透式管理，确保各部门、各层级，以及与客户、合作伙伴之间没有"看不见的墙"，确保信息的健康、及时流通。

这三层操作，本质上其实都是日常工作，其中以第一层最为简单可控；第二层其实是第一层工作的升级，需要安排合适的人去做；第三层在前面的章节中已经做了相关的介绍，最终这些都要融入企业经营管理一年12个月的大节奏里。从逻辑上来看不难，难的是坚持去做。一旦发现有价值的创新点，一定要及时投入资源，效仿商鞅立木，尽快打出几个样本来，并且尽快兑现相应的奖励。这样，当所有人都看到后，就会有感觉。

## 11.2 关键动作：留出足够资源

在把对创新的留意融入日常工作的基础上，还需要切实地留出足够的资源来支持，这方面经典的案例是谷歌的721资源分配法则。这在前面已经提到过，大家可以参考关于谷歌的两本书：《重新定义公司》和《重新定义团队》。简单来说，就是70%的资源用到核心业务上，20%的资源用到已出现的新想法上，10%的资源用到疯狂的点子上。注意这里的百分之多少指向的不仅仅是真金白银的预算倾斜，还包括更灵活的人力资源的调动、更灵活的工作时间安

## 第11章 持续创新：如何培育和激发创新的土壤

排，以及实验室、设备的共享。

为了更好地确保员工能够有足够的时间去思考创新的事情，还有一些公司会强制要求员工每个月甚至每周，一定要分出时间来做和本职工作不直接相关的事情，还有一些公司会定期组织类似"黑客日"的活动，你可以理解为创新集市，搭建类似创业项目路演比赛一样的场域，组织员工、管理者甚至投资人来听有创新想法的人分享，然后用"脚"投票，而不是只听哪位领导的裁决。这类工作和第7章提到的内部创业平台有点类似，核心区别在于是否围绕主业展开，还是放开，随便什么都可以。具体选择主要看资源能否支撑，资源不够的，就算放开也只是嗨一下而已，如此反复多次，还会有反作用，要量力而行。

上面这些机制确实可以很好地激发创新，但不是所有企业都能这么操作。首先，最直接的是你得有钱、有时间，如果你的公司当下连活下去都很艰难，那么分出资源和时间去做这些事情，对你的公司而言，大概非常奢侈，不同的阶段有不同的活法，这没什么好说的。其次，上述各种玩法更加适合科技型公司、创意型公司；而整体风格相对比较严谨务实的企业，如果真的组织这样的事情，反而有很大的概率会不适应。不过这些其实不是影响最大的，因为最核心的资源支持其实就是发自内心的足够重视。谷歌前CEO埃里克·施密特关于激励创新曾给出建议，"要给予出色的员工无与伦比的待遇，无论头衔还是资历，重要的是他们的影响力。"换句话说，如果有条件，给够物质奖励；如果条件不足，至少不要吝惜荣誉头衔和公开的认可。在这些基础上，更重要的是给他时间、空间和团队，帮助他把事情做成，帮助他建立声望和影响力，这是最重要的，这样员工就会有非常大的成就感。多几个这样的案例，公司里的创新土壤就慢慢成熟了，要有极大的耐心和坚决的投入，坚决舍弃投机主义和官僚作风，接地气很重要。

第12章

# 人才辈出：
# 三个动作破解板结固化难题

对于一个企业而言，经过一段时间的努力，取得了一定成绩，在这个基础上，论功行赏、构建稳定的汇报层级关系，是很自然的事情。但是要特别关注的是，企业内部的上升通道是否依然通畅？这是企业和组织能够保持青春与活力的关键条件，一旦企业内部阶层板结固化，那么官僚作风甚至贪腐问题就会越发猛烈。很多企业为此设立了人才梯队项目，观察下来，大部分都不了了之或者流于形式，有时候还惹出一堆麻烦，常见的原因有如下三个。

第一，谁能够进入梯队？是某一个层级的都进入，还是符合特定条件的进入？如果都进入，那么训练的资源及后面的岗位够不够？如果要求符合特定的条件，那么谁来制定条件、谁来负责评审？单单这件事情就已经很麻烦了。

第二，训练的过程和内容的设定，大部分企业还是以购买外部的管理类课程为主，和自己企业本身的业务场景、内部环境关联度一般都不是很高，实际训练的效果往往很难保证。负责此类项目的部门一般是人力资源部门，花了很多钱采购课程，最后变成了采购部门。业务部门则经常会以工作忙为由拒绝参加对应的课程，有时候甚至会爆发冲突，本质上是谁对任职资格说了算，以及到底怎么训练才算正确且有效的争议，这就是前面提到过的横向部门和纵向部门之间的一个关键场景的交叉点了，这件事情处理起来也非常麻烦。